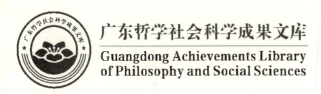

土壤环境风险法律规制研究

Turang Huanjing Fengxian Falü Guizhi Yanjiu

吴贤静 著

·广州·

版权所有　翻印必究

图书在版编目（CIP）数据

土壤环境风险法律规制研究/吴贤静著. —广州：中山大学出版社，2019.11

（广东哲学社会科学成果文库）

ISBN 978-7-306-06677-0

Ⅰ. ①土… Ⅱ. ①吴… Ⅲ. ①土壤环境—环境保护法—研究—中国 Ⅳ. ①D922.683.4

中国版本图书馆 CIP 数据核字（2019）第 174896 号

出 版 人：	王天琪
策划编辑：	金继伟
责任编辑：	周　玢
封面设计：	曾　斌
责任校对：	王　璞
责任技编：	何雅涛
出版发行：	中山大学出版社
电　　话：	编辑部 020-84110771，84113349，84111997，84110779
	发行部 020-84111998，84111981，84111160
地　　址：	广州市新港西路 135 号
邮　　编：	510275　传　真：020-84036565
网　　址：	http://www.zsup.com.cn　E-mail：zdcbs@mail.sysu.edu.cn
印 刷 者：	佛山市浩文彩色印刷有限公司
规　　格：	787mm×1092mm　1/16　14 印张　266 千字
版次印次：	2019 年 11 月第 1 版　2019 年 11 月第 1 次印刷
定　　价：	78.00 元

如发现本书因印装质量影响阅读，请与出版社发行部联系调换

内 容 提 要

　　土壤环境风险正日益成为公众讨论和法律论争的焦点。在此背景下，本书致力于探究法律规制在应对土壤环境风险方面的智识努力：界定土壤环境风险，阐释土壤环境风险规制的法理精神，探讨土壤环境风险法律规制的主体要素，探寻土壤环境风险规制的规范基础，构建完备的土壤环境风险规制制度体系。

目　录

摘　要 ··· 1

导　论 ··· 5
　一、土壤之殇的现实状况 ··· 5
　二、立法凸显环境风险规制 ··· 6
　三、土壤环境风险规制不足 ··· 7

第一章　土壤环境风险阐释 ··· 11
　第一节　土壤环境风险内涵 ··· 11
　　一、土壤环境风险概念界定 ··· 11
　　二、土壤环境风险实践价值 ··· 13
　　三、土壤环境风险法律应对 ··· 15
　第二节　土壤环境风险类型 ··· 24
　　一、环境质量风险 ··· 24
　　二、人体健康风险 ··· 28
　　三、生态系统风险 ··· 30
　　四、气候变化风险 ··· 37
　第三节　土壤环境风险特质 ··· 38
　　一、土壤环境风险表征 ··· 38
　　二、土壤环境风险特点 ··· 39
　　三、土壤环境风险来源 ··· 40

第二章　土壤环境风险法律规制基础理论 …… 42

第一节　土壤环境风险法律规制解析 …… 42
一、土壤环境风险法律规制内涵 …… 42
二、土壤环境风险法律规制对象 …… 45
三、土壤环境风险法律规制要求 …… 47

第二节　土壤环境风险法律规制基本语境 …… 51
一、土壤污染催生专门立法 …… 52
二、政府环境质量责任强化 …… 54
三、环境风险规制政策背景 …… 57

第三节　土壤环境风险法律规制目标 …… 68
一、改善土壤环境质量 …… 68
二、维护土壤生态系统 …… 75

第三章　土壤环境风险法律规制主体 …… 77

第一节　政府主导土壤环境风险规制 …… 77
一、政府如何主导环境风险规制 …… 77
二、政府环境风险规制角色嬗变 …… 78
三、政府实施环境公共行为 …… 82

第二节　企业土壤环境风险自愿规制 …… 84
一、企业自愿规制的制度基础 …… 84
二、基于市场的企业环境规制 …… 86
三、企业自愿规制的其他途径 …… 88

第三节　公众参与土壤环境风险规制 …… 90
一、公众参与价值何在 …… 90
二、市场化机制的运用 …… 93
三、公众参与如何保障 …… 96

第四章　土壤环境风险法律规制规范基础 …… 99

第一节　土壤环境风险规制规范梳理 …… 99

一、法律 ·· 100
　　二、行政法规和部委规章 ·· 100
　　三、地方性法规和地方政府规章 ···································· 103
　　四、土壤环境标准 ·· 104
第二节　土壤环境风险规制规范评价 ····································· 105
　　一、立法体系不完备 ··· 105
　　二、法律规范内容不充分 ··· 108
　　三、土壤环境标准不完善 ··· 113
第三节　环境风险预防原则之适用 ·· 115
　　一、彻底的环境风险预防原则 ······································ 115
　　二、环境风险预防原则理论价值 ··································· 117
　　三、环境风险预防原则实践价值 ··································· 118
第四节　土壤环境风险法律规制的应然规范基础 ····················· 125
　　一、以风险为基础定义土壤污染 ··································· 126
　　二、将环境风险视为环境损害 ······································ 128
　　三、确立土壤生态系统综合管理 ··································· 129

第五章　土壤环境风险法律规制制度体系 ································ 135
第一节　土壤环境风险评估制度 ··· 136
　　一、土壤环境风险评估制度理念 ··································· 136
　　二、土壤环境风险评估制度检视 ··································· 142
　　三、土壤环境风险评估制度完善 ··································· 148
第二节　土壤环境事件应急制度 ··· 155
　　一、土壤环境事件应急制度要点 ··································· 155
　　二、构建体系化的土壤环境事件应急制度 ······················· 156
第三节　土壤环境修复制度 ··· 157
　　一、土壤环境修复制度的实践价值 ································ 158
　　二、明晰土壤环境修复责任 ··· 159
　　三、重塑土壤环境标准体系 ··· 162

四、重述土壤环境修复目标值……………………………………… 167
第四节　其他土壤环境风险规制制度…………………………………… 171
　　一、土壤环境风险预警制度……………………………………… 171
　　二、土壤环境规划制度…………………………………………… 172

研究结论………………………………………………………………… 176
　　一、风险规制理念贯穿土壤污染立法…………………………… 176
　　二、完善土壤环境风险规制制度体系…………………………… 176
　　三、构建环境风险应对法律文化………………………………… 177

参考文献………………………………………………………………… 180
　　一、中文著作……………………………………………………… 180
　　二、外文译作……………………………………………………… 182
　　三、外文著作……………………………………………………… 188
　　四、中文论文……………………………………………………… 189
　　五、外文论文……………………………………………………… 199
　　六、其他…………………………………………………………… 211

摘　　要

在现代社会繁杂多样的环境风险之中，土壤环境风险正日益成为公众讨论和法律论争的焦点。以我国现有法律规范、环境标准和政策文本为基础，本书依次探讨以下问题：界定土壤环境风险并识别其来源，阐释土壤环境风险规制的法理和精神，探讨土壤环境风险法律规制的主体要素，探寻如何完善现有法律规范、环境标准和政策以为土壤环境风险规制提供规范基础，以及如何构建完备的土壤环境风险规制制度体系。在本书的最后部分，笔者提出土壤污染防治过程中贯彻风险应对法理以及构建环境风险法律文化的构想。

全书共分为五章。

第一章是"土壤环境风险阐释"。

第一节对土壤的多重功能进行了全方位阐释。土壤具有强大的生态功能、环境功能和社会功能。土壤是重要的环境要素，也是生态系统中最关键的环节，土壤是社会、经济和文化发展的空间基础。我国土壤之殇的现状是：土壤污染严重、土壤污染范围广、土壤污染事件频发、受土壤污染影响的群体不确定。理解土壤环境风险内涵的价值在于：土壤环境风险的内涵和特质必然要求运用全新的方法来规制土壤环境风险。

第二节通过对土壤功能的正确认识恰当地论证了土壤污染对人类的巨大影响以及损害之不可逆转。土壤污染有可能导致的环境风险有：①土壤退化和土壤环境质量下降；②土壤中有机物质变化、土壤生物多样性锐减，以及土壤生态系统风险；③人体健康风险。

第三节重点论证土壤环境风险的特质。如果某种环境污染对生态环境、人体健康产生的影响不能得到一定程度的确定，我们就可以认定该污染物具有环境风险或者生态风险。工农业污染产生的有毒有害物质是土壤环境风险的主要来源。土壤环境风险在表征上来源于土壤环境污染，其实质却是现代技术的产物。土壤环境风险存在不确定性和普遍性，土壤环境风险很难感知，土壤环境风险的来源和特质预设了土壤环境风险法律规制的特殊要求。

第二章是"土壤环境风险法律规制基础理论"。

第一节对土壤环境风险法律规制进行了理论阐释。环境规制是将规制措施和规制法律适用于环境领域的行为。土壤环境风险法律规制意味着运用法律制度体系对土壤环境风险进行界定、预防、评估、应急管理，以及对其他土壤环境风险相关事项进行强制性规定，以实现对土壤环境风险的预防、消除或减少土壤环境风险所导致的损害。

第二节阐述我国土壤环境风险法律规制的基本语境和基本战略背景。主要有如下几个方面：第一，我国土壤污染的严峻现实催生土壤污染专门立法。第二，政府环境质量责任在立法中得到强化。政府是土壤环境风险法律规制的主导主体，2014年修订的《中华人民共和国环境保护法》（以下简称《环境保护法》）不仅强调政府环境质量责任，并且规定了环境质量目标责任制和考核制度，将环境质量责任落到实处。第三，土壤环境风险法律规制的政策背景。生态文明、美丽中国建设和"十三五"规划都将环境风险防控作为重要建设目标。2016年5月，我国发布的《土壤污染防治行动计划》也重点强调土壤环境风险管控，这意味着土壤环境风险防控已成为我国环境立法和土壤污染防治领域中凸显的主题。

第三节探究土壤环境风险法律规制的内在逻辑和基本目标。土壤环境风险法律规制，始终无法绕开科学技术与法律的辩证关系。土壤环境风险法律规制制度体系和内容皆有其特点。一方面，应当考虑如何才可以将土壤环境风险纳入法律规制范畴；另一方面，应当考虑法律能够在多大程度上预防土壤环境风险和消除土壤环境风险带来的损害。土壤环境风险法律规制的具体目的有：预防土壤环境风险、改善土壤环境质量和维护土壤生态系统。

第三章是"土壤环境风险法律规制主体"。

环境的公共物品属性决定政府在环境风险规制中的主导地位。政府是环境公共事务的主要管理者和环境公共物品的主要提供者。土壤环境规制中政府角色的转向表现在以下几个方面：第一，土壤环境风险规制的主体，由原有的单一政府主体转向政府、非政府组织和公众多元主体参与其中。第二，土壤环境风险规制的措施，由原有的政府强力管控转向综合运用多种措施，包括经济激励措施等市场化机制。第三，土壤环境风险法律规制机制，从单一的政府行政管制转向多元主体参与的合作治理机制。政府对土壤环境风险加以规制的行为是公共行为，而非私益行为。政府在环境风险规制过程中所做的政策决策应当充分考虑土壤环境污染可能导致的环境风险问题，对可能出现的环境风险加以评估。

企业自愿环境规制指的是排污者与政府环境规制机构达成协议，自愿采取先进技术来减少排污量和防治土壤环境风险，并且就污染物减排和环境信息公开接受环境规制机构和公众的监督和质疑。企业自愿环境规制首要的主体是企业自我环境规制机构。与政府环境规制机构和公共机构相比较，企业自愿环境规制机构的运行成本更低，运行效率更高。企业自愿环境规制是土壤环境风险法律规制的重要力量。

土壤环境风险的特点决定了它必然衍生出一种公众关注和公众参与的规制模式。公众参与土壤环境风险规制的机制多样，政府作为土壤污染治理和土壤环境风险规制的主导主体，应当采取激励机制以促进更多的社会资本参与到土壤污染防治和土壤环境风险规制领域。政府购买公共服务是市场化机制的一种类型；完善政府环境风险信息公开，有助于提升公众参与环境风险规制的程度。

第四章是"土壤环境风险法律规制规范基础"。

第一节全面梳理我国现有的土壤环境风险规制规范，包括法律、行政法规和部委规章、地方性法规和地方政府规章，以及土壤环境标准。从立法理念的发展历程考察，我国已进入环境立法的"风险"时代。我国近年修改的几部重要环境法律都将风险管控视为立法重要突破，设置了环境风险应对制度框架。作为国家环境立法的有力补充，地方立法中也有一些土壤环境风险规制相关规范。行政法规、行政规章和环境标准中的相关条款也是土壤环境风险规制的重要规范依据。

第二节分析我国有关土壤环境风险规制的法律规范、环境标准和政策文本存在的一些显见不足。主要表现为：第一，现行有关土壤污染防治和土壤环境风险规制的立法体系不完善。第二，法律规范内容不充分，主要表现在污染土地修复激励机制不充分、土壤环境风险评估程序不周延、现存的立法和政策侧重农业用地、土壤污染物总量控制制度不健全等方面。第三，土壤环境标准不完备。

第三节论证风险预防原则是法律应对不确定的环境风险之最大创举。在土壤环境风险规制方面适用风险预防原则的积极意义在于：一方面，风险预防原则肯定土壤环境风险是可预防和可控的；另一方面，风险预防原则的规范意义在于为土壤环境风险管理者设定义务。针对环境风险的特质，应当在法律之中确立环境风险预防原则，并在该原则的引导下设置具体的风险预防和管控措施。

第四节分析土壤环境风险法律规制应有的法律规范基础，也即法律规范的应然范畴。第一，以风险为基础界定"土壤污染"；第二，将环境风险视为环境损害之一；第三，以土壤生态系统综合管理原则为基础设置法律规范。2018年8月31日通过的《中华人民共和国土壤污染防治法》（以下简称《土壤污染防治法》）对土壤污染和土壤的定义、关于土壤监督管理中的公众参与的规定等，都是贯彻综合生态系统管理原则。

第五章是"土壤环境风险法律规制制度体系"。

完备的土壤环境风险法律规制体系包括贯彻"事前严防"理念的土壤环境风险评估制度，贯彻"事中严管"理念的土壤环境事件应急制度和贯彻"事后处置"理念的土壤环境修复制度。即将出台的中华人民共和国土壤污染防治法律应当以风险规制作为贯穿始终的理念。

土壤环境风险评估为其他土壤风险规制制度提供依据，而其他土壤风险规制制度以土壤环境风险评估结论为依据做出价值判断以及决定采用何种规制措施。通过对现有法律规范和技术规范的梳理，可以发现我国土壤环境风险评估制度存在一些缺失和不周延。应当基于对土壤环境风险根源和土壤风险评估制度逻辑的剖析，改良现有的土壤环境风险评估制度。在程序层面应当保障程序正当和广泛的利益相关者参与，同时，土壤环境风险评估实体内容也应当延展至生态风险评估。

体系化的土壤环境事件应急制度应当包含如下几个方面：第一，完备的土壤环境风险应急预案。第二，突发土壤环境事件应急联动制度。第三，突发土壤环境事件应急保障制度，包括应急决策支持系统建设、环境应急监测机构及队伍建设、应急物资库与信息库建设、应急技术储备、应急资金投入等方面。

由于土壤环境修复制度在土壤环境风险规制制度体系中的承接作用，土壤修复制度这类社会规范中应当贯穿风险规制的理念。我国土壤环境修复制度存在一些不足之处，主要表现为土壤环境修复责任主体和责任形式不明确、土壤环境修复标准体系覆盖面不足、土壤环境修复目标值不恰当。应当立法明确土壤环境修复责任主体和责任形式，以风险为导向重塑土壤环境修复标准体系，以"土地未来的利用"为基础确定土壤环境修复目标值。其他土壤环境风险规制制度主要包括：第一，土壤环境风险预警制度。第二，土壤环境风险决策制度。第三，土壤环境规划和建设项目环境影响评价。

导　论

一、土壤之殇的现实状况

　　土壤这种独特的环境资源要素和生态系统当前正在受到各种形式的威胁，其中最严峻的就是土壤污染。2014年由环境保护部和国土资源部发布的《全国土壤污染状况调查公报》显示，全国土壤总的污染超标率为16.1%，其中轻微、轻度、中度和重度污染点位比例分别为11.2%、2.3%、1.5%和1.1%。污染类型以无机型为主，有机型次之，复合型污染比重较小，无机污染物超标点位数占全部超标点位的82.8%。[①] 2016年对土壤污染防治和土壤环境风险规制而言是至关重要的一年。面对我国土壤污染的严峻现实，环境保护部于2016年出台《土壤污染防治行动计划》。2016年，国务院开展全国土壤污染状况详查，明确了25项拟出台配套政策措施。国务院确定全国31个省（区、市）编制本省（区、市）的土壤污染防治计划，国务院的13个部门制定土壤污染防治重点工作实施方案。国务院还确定推进土壤污染综合防治先行区建设，实施土壤污染治理与修复试点项目，同时，重点强调重金属污染防控重点区域综合治理。[②] 2016年年底，环境保护部出台《污染地块土壤环境管理办法》，该部门规章立法体例完备，针对土壤污染防治责任、环境调查与风险评估、风险管控、土壤污染治理与修复以及土壤污染监督管理进行系统的法律规定。[③] 2017年，全国大气和水环境质量进一步改善，土壤环境风险有所遏制，生态系统格局总体稳定。[④] 种种迹象都表明我国土壤污染的严峻现实，也彰显出我国在立法和政策方面加大土壤污染防治和土壤环境风险规制的力度。

[①] 参见环境保护部、国土资源部《全国土壤污染状况调查公报》，2014年4月17日发布，第1~2页。
[②] 参见环境保护部《2016中国环境状况公报》，2017年6月5日发布，第2页。
[③] 参见环境保护部《污染地块土壤环境管理办法（试行）》，2016年12月27日发布。
[④] 参见生态环境部《2017中国生态环境状况公报》，2018年5月22日发布，第6页。

我们可以从功能主义的视角来认识土壤和土壤污染。土壤具有强大的生态功能、环境功能和社会功能。土壤是生态系统中最关键的环节，土壤中存在大量有机体，是一个生物原生地和基因存储库；土壤也是重要的环境要素，环境条件与生物有机体存在内在联系；土壤与人类发展息息相关，土壤是社会、经济和文化发展的空间基础。就土壤污染的表象而言，土壤污染比水污染和大气污染更为隐蔽、更易被忽视。土壤之中的污染物累积到一定程度，会对人体产生急性或者慢性健康风险，人体长期暴露于低浓度的土壤污染之中或者长期摄入受污染土壤中生长出的种植物，可能会在不知不觉中患上恶性疾病。土壤生态系统与生态系统中的每一个子生态系统都是密切关联的。土壤污染一旦产生，土壤生态系统受损，也会影响其他生态系统如水生态系统、大气生态系统的状况。一旦由于土壤污染造成大气生态系统平衡被打破，由于每个子生态系统在整体生态系统之中的"网结"效应，生态系统整体平衡会被打破，整体生态安全也会遭受威胁。土壤污染与大气、水污染容易产生交叉作用和污染叠加效应。因此，无论是直接施加至土壤的污染物质，还是由土壤污染导致的大气污染、地下水污染或者地表水污染，都会对生态环境造成致命的损害。

二、立法凸显环境风险规制

土壤环境风险是土壤污染的伴生物。可以说，环境风险要素的考量对土壤污染管制而言是一个不可或缺的视角，土壤环境风险规制是土壤污染防治领域的一个不可回避的论题。如何从土壤环境风险的政策应对转向法制应对，是近几年环境立法的一个引人关注的领域。《环境保护法》制度体系中仅原则性地规定了环境与健康调查、监测、评估制度，并未将其与相关制度进行衔接。[①]《中华人民共和国大气污染防治法》（以下简称《大气污染防治法》）第七十八条也规定了大气污染物名录制度和风险管控、土壤环境风险评估和防范制度。这是我国专门的大气污染防治立法中首次创立有关风险管理的制度。[②] 无独有偶，2017年新修订的《中华人民共和国水污染防治法》（以下简称《水污染防治法》）在2008年立法的基础上也增加了关于水环境风险防范的条款，注入水污染物名录和风险管理、水环境风险评估[③]、饮用水水源保护区以及地下水型饮用水源的补给区的水环境风险评

---

① 参见吕忠梅《〈环境保护法〉的前世今生》，载《政法论丛》2014年第10期。
② 《大气污染防治法》第七十八条。
③ 《水污染防治法》第三十二条。

估制度,并强调了政府的水环境风险防范责任。① 我国新修订的几部环境资源法律都贯穿着风险管控的理念。无论在立法理念还是在制度构造方面,2014 年修订的《环境保护法》、2015 年修订的《大气污染防治法》和 2017 年修订的《水污染防治法》均超越了之前的法律,开创了全新的环境立法和环境治理的"风险"时代。② 环境风险在立法中的凸显,能够更好地解释土壤污染防治和土壤环境治理的研究转向:土壤环境质量的"安全因素"和"保护因素"被"不确定因素"和"风险因素"替代。当然,这些因素提供了多样的视角来审视和研究土壤污染防治和土壤环境规制,只有将这些多样的因素都施加于土壤污染防治和土壤环境规制,才是最有效率的。③

然而,《环境保护法》《大气污染防治法》和《水污染防治法》仅仅从原则和框架上规定了环境风险管控制度,对于土壤环境风险的法制应对如何展开和铺陈亟待系统研究。2016 年,我国发布《土壤污染防治行动计划》,与此前发布的《水污染防治行动计划》和《大气污染防治行动计划》分别针对当前最严重的土壤、水和大气污染问题进行治理。该计划重点强调土壤环境风险管控。继《土壤污染防治行动计划》之后,于 2016 年 12 月出台的《污染地块土壤环境管理办法(试行)》贯彻和沿袭了土壤环境风险管控的思路。这部行政规章的第三章和第四章专门针对"环境调查与风险评估"和"风险管控"。2018 年 8 月 31 日通过的《土壤污染防治法》根据土壤污染防治的特殊性采取了分类管理、风险管控等有针对性的措施,并规定了具体内容。④ 种种迹象都表明土壤环境风险规制在我国环境立法之中的凸显,以及环境风险规制制度体系构建之迫切性。

三、土壤环境风险规制不足

2016 年最受关注的公共环境事件,莫过于常州外国语学校土壤污染事件。常州外国语学校搬迁新址后,493 名学生陆续被检查出患有皮炎、血液指标异常等症状,个别学生查出患有淋巴癌和白血病。经检测,该校区地下水和空气中均有污染物超标。事件的原委是:常州外国语学校周边"毒地"曾经建有化工厂,因工厂排放废气遭到居民投诉而被迫搬迁。然而,

---

① 《水污染防治法》第六十九条。
② 参见吴贤静《土壤环境风险评估的法理重述与制度改良》,载《法学评论》2017 年第 4 期。
③ Air Quality Guidelines for Europe (Second Edition). WHO Regional Publications, 1987: 26 - 27.
④ 参见《土壤污染防治法》第四章。

污染企业虽然搬离，但"毒"却留在了这块土地上。① 该事件暴露出我国在土壤污染防治和土壤环境风险规制方面存在的诸多问题，引发了人们对土壤环境风险防控的深层思考。本书研究的思路是以常州外国语学校毒地事件作为切入点，考察如何对土壤环境风险进行法律规制。该土地污染事件暴露出我国在土壤污染规制方面的问题有哪些？该校搬迁之前有没有进行环境影响评价？该校周边毒地修复标准如何？其作为学校，在周边环境进行选址时是否进行过环境风险评估？其周边毒地修复是否严格执行修复标准？该毒地污染是否能够为公众感知？这些疑问看似较多，对这些疑问的讨论也不绝于耳，但实际上可以归纳为我国土壤污染环境风险规制问题。对于土壤污染的防治，以及对于土壤污染所致环境风险的规制存在多种问题，包括如何识别土壤环境风险、如何评估土壤污染所致环境风险、如何治理土壤污染和修复土壤环境、民众感知土壤环境风险与土壤环境风险规制的关系如何、如何预防土壤污染所致环境风险、土壤环境规划与风险防范之间有何关系等，这些问题都亟待理论研究与制度应对。

与此同时，2016年出台的《土壤污染防治行动计划》作为我国土壤污染防治的行动指南，也强调土壤环境风险管控的理念，这也是为什么探讨土壤环境风险评估制度显得尤为迫切的原因。专家主导的风险评估仅仅是风险话语中的一部分事实，另一方面是利益相关者对于风险的感知。两者之间的区别可以被追溯至风险共同体的话语。然而，与其他类型的环境风险如大气污染所致的环境风险相比较，个人对于土壤污染的风险感知更多地取决于个人是否被暴露于风险来源之中。②

土壤环境风险正日益成为公众关注和广泛讨论的焦点，2016年发生的常州外国语学校土壤污染事件更是将土壤环境风险管控推至风口浪尖。土壤环境污染所致的环境风险表征不像水污染和大气污染那么显见，在一般意义上，普通民众只能对土壤环境风险进行日常感知，土壤环境风险评估却远非普通民众能够把握，民众感知土壤环境风险与土壤环境风险评估之间往往存在极大的差异。当前，普通民众对于化学品、杀虫剂、工业污染和农业污染导致的土壤环境风险都表现出越来越多的关切，为了避免民众感知土壤环境风险与土壤环境风险评估之间的沟壑，应当发展完备的土壤

---

① 参见冯子轩《学校污染，政府如何防范环境风险》，载《法制日报》2016年4月20日。
② Dirk Grasmück, Roland W. Scholz. Perception of Heavy Metal Soil Contamination by High-Exposed and Low-Exposed Inhabitants: the Role of Knowledge and Emotional Concerns. Risk Anal, 2005, 25 (3): 611–622.

环境风险管控制度。风险控制的前提是对污染场地进行科学的健康风险评估。① 土壤环境风险评估制度在土壤环境风险规制制度体系之中处于核心和先导的地位，也决定着土壤环境修复和治理的导向。风险感知随一系列定性因素而改变，而这些因素，如活动的可控性、活动引发的恐惧、可能造成的灾难、承担风险的意愿、风险分布的均衡程度、风险的可见性等，超出了纯粹概率和结果的范围。之所以要进行风险评估，恰恰是因为这些评估在一定程度上说就是哪些东西危险，哪些东西不危险。风险评估在制度防卫中处于核心地位。②

环境风险规制需要面对的基本问题和困难是风险的不确定性、预判的重要性、知识落差以及风险规制沟通的问题。所有这些风险规制的问题与传统法律规制存在显见的差异，也因此招致了一些环境风险规制的难题。如何规制这些不确定的议题，从而尽量减少环境风险所致损害？这给传统行政法的规制理论带来了挑战，也因此丰富了行政规制的领域和理论。③ 土壤健康、土壤环境质量和土壤安全所遭受的来自土壤污染的危害，以及由此可能引致的人身健康和生态系统受损，应当是今后行政规制的重要领域。这个领域也引起了诸多国家政府的关注。《欧盟土壤环境指令》要求欧盟成员国政府积极采取措施来应对土壤污染和修复土壤生态环境状况，而其中被应用最多的是土壤环境规划制度、土壤环境风险评估制度和土壤环境修复制度。④ 由此，也可窥见欧盟在土壤污染防治和土壤环境风险应对方面积极适用风险预防原则。在我国，从环境影响评价的技术规范中也可以发现，环境立法中最为贯彻预防原则的环境影响评价制度并不包含环境风险评价的内容。⑤ 因此，我国现有立法之中的环境影响评价制度无法为土壤环境风险规制提供充分的法律依据和有效的应对措施。

从立法理念的发展历程考察，我国已经进入了环境立法的高"风险"时代。我国近年来修改的几部重要环境法律都将风险管控视为立法重要突破。这意味着土壤环境风险防控已成为我国环境立法和土壤污染防治领域

---

① 参见孙秀艳《场地污染当严厉追责》，载《人民日报》2016年5月7日。
② 参见［英］彼得·泰勒·顾柏、［德］詹斯·O. 金《社会科学中的风险研究》，黄觉译，中国劳动社会保障出版社2010年版，第88页。
③ 参见［美］史蒂芬·布雷耶《打破恶性循环：政府如何有效规制风险》，宋华琳译，法律出版社2009年版，第66页。
④ Micaela Demichela, Eleonora Pilone, Gianfranco Camuncoli. Land Use Planning Around Major Risk Installations: from EC Directives to Local Regulations in Italy. Land Use Policy, 2014, 38: 657-665.
⑤ 参见王超锋、朱谦《重大环境决策社会风险评估制度的构建探究》，载《河南财经政法大学学报》2016年第2期。

中凸显的主题。对于土壤功能的正确认识可论证土壤污染对人类和生态系统的影响之巨大以及损害之不可逆转。土壤污染可能引发的环境风险有：第一，影响土壤生产力，有导致土壤退化和土壤环境质量下降的风险。第二，导致土壤中有机物质的变化和土壤构造的变化，引起土壤生物多样性锐减，可能引致生态系统风险。第三，引致人体健康风险。土壤污染、土壤环境修复和土壤环境风险问题正日益成为公众关注的焦点，土壤污染的特质以及我国土壤污染的现实状况催生了土壤环境风险规制的迫切需要。我国土壤之殇的现状是：土壤污染严重、土壤污染范围广、土壤污染事件频发、受土壤污染影响的群体不确定，而我国现有法律和政策对于土壤环境风险的规制不充分，这些都决定了土壤环境风险规制的紧迫性和重要性。

本书的研究既顺应了土壤污染的严峻现实和土壤环境风险应对的现实需要，又契合了国家立法环境风险管控的导向。本书研究土壤环境风险的法律规制既出于解决现实问题的需求，也有未来理论和制度建构的面向。基于对我国现有法律、行政法规、行政规章、地方立法、环境标准和政策文本的全面梳理和检视，本书致力于探讨如下几个问题：如何以风险规制为基本视阈来认识土壤的多重功能；土壤污染究竟与哪些风险密切相关，也即土壤污染可能引致的风险类型；土壤环境风险具有哪些特质，在辨识土壤环境风险来源的基础上探析土壤环境风险的内在逻辑；分析现有立法中关于土壤环境风险规制的法律规范和政策性文件存在何种缺失，以及土壤环境风险规制的应然法律规范；论证应当如何从程序和实体层面完善和改良现有土壤环境风险法律规制制度。在书末，针对我国环境风险规制存在法律理念不完备和法律制度构造不足的状况，笔者提出构建环境风险应对法律文化的构想。

第一章　土壤环境风险阐释

　　土壤是陆地生态系统的有机组成部分，它构成了陆地表面与岩石基底的中间层。根据其物理、化学和生物特性，土壤可细分为多个彼此相连且功用不同的水平层。从土壤利用的历史、生态和环境的观点看，土壤这一概念还包括多孔沉积岩、其他可渗水质及其中所含水分和地下水储量。[①] 土壤是综合了生物、气候、母质、地形、时间等自然因素和人类活动的产物。土壤圈作为一个整体，是岩石、水、大气和其他生物相互作用的综合体。我们称土壤圈是这五大圈层的纽带，构成了结合有机界和无机界，即生命和非生命联系的中心环节。[②] 土壤具有强大的生态功能、环境功能和社会功能。土壤是生态系统中最关键的环节，土壤中存在大量有机体，是一个生物原生地和基因存储库；土壤也是重要的环境要素，环境条件与生物有机体存在内在联系；土壤与人类发展息息相关，土壤是社会、经济和文化发展的空间基础。

第一节　土壤环境风险内涵

一、土壤环境风险概念界定

　　在对土壤环境风险进行适当的界定、识别和规制之前，有必要探寻什么是"风险"。贝克将风险界定为"预见和控制人类行为未来结果的现代方法"，风险是"激进工业化导致的未预料后果"。[③] 丹尼尔对于风险的关注着

---

① 参见［法］拉巴·拉马尔、让·皮埃尔·里博《多元文化视野中的土壤与社会》，张璐译，商务印书馆 2005 年版，第 4 页。
② 参见龚子同、陈鸿昭、张甘霖《寂静的土壤》，科学出版社 2015 年版，第 4 页。
③ Beck U. World Risk Society. Polity Press, 1999: 3.

重于它的消极影响,风险将给公司企业资源消耗、人力资本和机会成本带来消极影响。① 而在政治领域,风险也正在日益成为一个流行的话语,它将改变传统政治逻辑。② 风险离我们并不遥远,从人类历史产生之日起,人类社会就从未有过"零风险"的时代。在工业社会之前,风险展现为强大的自然力,譬如火山爆发、地震、洪水,人们对这些自然风险表现出原始的崇拜,人们在自然伟力面前显得如此渺小。与前工业社会相较,现代风险的种类在不断地变化,数量在不断地增加,风险影响的范围也在不断地扩展。以生态破坏和环境损害为主要表现的现代风险,呈现出全球化的趋势。如果说传统的风险,如饥荒、瘟疫仅仅局限在一个国家或者一个地区范围内,那么现代风险已经远远超越了国家之间的界限而在全球范围内扩散,危险物质的跨境转移、核辐射的蔓延都在顷刻之间。如何认识这些不断扩散的、形形色色的现代风险是进行风险管控的首要环节。

在对土壤环境风险进行适当的法制应对之前,有必要探寻什么是土壤环境风险,以及土壤环境风险的特点。如果某种环境污染对生态环境、人体健康产生的影响不能得到一定程度的确定,我们就可以认定该污染物具有环境风险或者生态风险。③ 土壤环境风险作为一个全新的法律话语和全新的法律事实,其调整规范必然不同于传统的法律,原因在于土壤环境风险的特殊性。对土壤环境风险的特殊性加以认知,首先应当辨析土壤环境风险的来源。土壤环境风险来自何处?工农业污染产生的有毒有害物质是土壤环境风险的主要来源。土壤环境风险在表征上来源于土壤环境污染,其实质却是现代技术的产物。无论何种形式的环境风险,都是工业社会和现代化的伴生物。现代技术和工业生产所致的污染物对人体健康和生态系统产生了潜在的危害。"技术创造出一个个人工世界并把致命的辐射废墟留了下来……技术处处表现出一种深刻的矛盾,它是一把双刃剑,因为其中正面与负面、出路与危机、进步与灾难都是不可消除地彼此交织在一起。"④ 识别出土壤环境风险的来源和特征,就不难理解土壤污染所致的风险形态了。大气中的污染物质累积和叠加,有可能会引起人身健康损害,或者从长远的角度来看会破坏大气生态环境平衡,并且引起生态环境整体的损害。

---

① Daniell M. H. World of Risk: Next Generation Strategy for a Volatile Era. John Wiley & Sons (Asia), 2000: 10.

② Daniell M. H. World of Risk: Next Generation Strategy for a Volatile Era. John Wiley & Sons (Asia), 2000: 4.

③ Edward Soule. Assessing the Precautionary Principle. Public Affairs Quarterly, 2000, 14 (4): 309–328.

④ [德]汉斯·约纳斯:《技术、医学与伦理学》,张荣译,上海译文出版社2008年版,第3页。

如果土壤污染有可能对人身健康、生态环境或者气候变化产生的影响不能够得到确定，就可以视为土壤污染具有产生环境风险的可能性，从法律和政策层面审视这些"隐患"和可能性即是一种风险。

二、土壤环境风险实践价值

环境风险的层出不穷也引发了有关人类和人类社会知识的危机。现代风险的不确定性和由此带来的危害远远超出传统风险。现代风险的高度不确定，使得现代科学很难充分认识它。现代风险的这种特性对传统的自然科学知识和社会科学知识，包括人们的经验传统提出了挑战；传统的以确定性为基础的自然科学和计算方法变得不适应，单凭人们的经验和想象力更是无法判断和评估风险；现代风险对社会建制也提出了挑战。环境风险将以相同的方式影响着不确定的人群，现代风险不分施害者和受害者，每个人在风险面前都是平等的，最终现代风险将有可能伤害到每一个人。[①] 在更为广泛的意义上，土壤环境风险影响到了所有的生命体，包括人类、动物和植物，会给地球上所有存在的生命体带来健康风险、给整个生态系统带来不确定的风险。[②]

理解土壤环境风险特质的当下意义在于：土壤环境风险的特质必然要求运用全新的方法来防控土壤环境风险。由于民众对于环境风险的意识日益增强，现代社会倾向于将"风险"作为影响环境管理的全新理念，并且影响法律和政策导向。[③] 土壤环境风险的不确定性与很难感知的特性决定了对土壤环境风险的规制方法不同于传统的法律调整对象，土壤环境风险的特点决定了它必然产生出一种以风险为导向的规制模式。由于现代社会中风险的泛在性、不确定性及危害性，由于个人对风险缺少足够的认知，也欠缺相应的信息和知识，因此无法从容不迫地去应对风险；而风险问题涉及大量的科学政策问题，自由市场很难去对诸多社会现象所蕴含的风险和收益进行评估，在不同的甚或难以相互权衡的价值之间进行衡量。因此，风险社会要求行政法的转型，要求必须结合国家和社会的力量，进行有效

[①] Graciela Chichilnisky, Geoffrey Heal. Global Environmental Risks. The Journal of Economic Perspectives, 1993, 7 (4): 65–86.

[②] Lesley Rushton, Paul Elliott. Evaluating Evidence on Environmental Health Risks. British Medical Bulletin, 2003, 68: 113–128.

[③] Steven Picou J., Brent K. Marshall. Contemporary Conceptions of Environmental Risk: Implications for Resource Management and Policy. Sociological Practice, 2002, 4 (4): 293–313.

率的风险规制。①

环境风险是科学的、政治的、经济的或普遍的,环境风险不属于哪个特定阶层的生态人,是每个生态人都必须面对和思考的。环境风险的普遍性和广泛性决定了应对环境风险是各个阶层的生态人都要进行参与的,"因为从工业社会向风险社会的转变是在工业现代性'漠视启示'的基础上,在缺乏考虑的情况下自动发生的,……这种情况——已经变成了政治和公共讨论的主题与重心——导致了对活动重心和社会决策的质疑、分裂"②。因此,如何克服环境风险不再是一小部分专家的事情,而是一个"关于公共权威、文化定义、全体公民、议会、政治家、道德规范和自愿组织的问题"③。环境风险的特点决定了它必然产生出一种公众关注和公众参与的应对模式。

由于民众对于环境风险的意识日益增强,现代社会倾向于将"风险"作为影响环境管理的全新理念,并且影响法律和政策导向。④ 土壤环境风险的特点决定了它必然生产出一种以风险为导向的规制模式。

风险规制给传统行政法带来了一系列的挑战,其中最为主要的是如何应对不确定性的挑战。传统法所规范的事项主要面向确定性的决策,出于规范确定性事项的需要,法律的要求是:确定性的事实认定、确凿的证据支持、法定的程序规则,以及成本效益分析等。然而,环境风险带给法律的挑战是规范不确定性,这是环境风险规制的核心。法律规制事项的不确定性涉及环境风险是否存在,环境风险究竟有多大,环境风险是否是可控的,环境风险决策过程是否合法等重要问题,也关涉环境风险信息的公开和共享。这些事项都对法律规范提出了新的要求,法律原则、法律制度的框架都需要得到新的诠释。

---

① 参见宋华琳《风险规制与行政法学原理的转型》,载《国家行政学院学报》2007 年第 4 期。
② [德] 乌尔里希·贝克:《世界风险社会》,吴英姿、孙淑敏译,南京大学出版社 2004 年版,第 104 页。
③ [德] 乌尔里希·贝克:《世界风险社会》,吴英姿、孙淑敏译,南京大学出版社 2004 年版,第 182 页。
④ Steven Picou J., Brent K. Marshall. Contemporary Conceptions of Environmental Risk: Implications for Resource Management and Policy. Sociological Practice, 2002, 4 (4): 293 – 313.

三、土壤环境风险法律应对

（一）环境风险的界定与分配

环境风险在最广义的范畴上，是指自然环境在物质生产中自发产生的或者由于人类的行为导致的与环境相关的潜在危害。环境风险包括已经产生的危害和可能产生的危害两个方面。① 狭义的环境风险是指次生环境问题，也就是人类行为引发的在将来某个时间危及公众的潜在可能性。② 《欧洲议会和欧洲委员会关于预防和补救环境损害的环境责任指令》中明确规定："损害"指自然资源可测量的不利变化或者可能直接或间接出现的自然资源服务功能可测量的损伤；"潜在的损害威胁"指的是，有充分的可能性环境损害会在不久的将来发生。③

以往，人们倾向于将环境风险看作纯粹的科学技术问题，因此对环境风险的认识和评价也是自然科学家的工作，对于环境风险的研究也大多在自然科学领域进行。贝克也指出，"令人惊异的是，对于环境的工业污染和社会生活的多种多样的影响，居然缺少社会的思考。这种欠缺正变得具有讽刺意义——它似乎没有触动甚至包括社会学家自己在内的任何人"④。从自然科学角度来认识环境风险的前提是：环境风险是确定的、可知的和可以量化的，这样才能够对环境风险进行程序化的分析。但是，由于环境风险的产生往往有很多不确定的因素，并不完全是科学所能够把握和掌控的。因此，仅仅运用自然科学的方法，难以接近环境风险的真实状况。这样就出现了一种状况，"在完全由化学、生物和技术术语引导的对环境问题的讨论中存在着一种危险，即不知不觉地把人仅仅归结为一个有机物。从而，这样的讨论就有着重复它长久以来正确地指责的一种有关工业化进程的广泛乐观主义观点的危险，有着退化为一场忽略人、没有对社会和文化意义加以考虑的有关自然的讨论的危险"⑤。而且，"以自然科学术语进行的有关污染的讨论，在基于生物学的社会苦难的错误结论和一种排除了人的选择性苦难及与之相联系的社会文化意义的自然观之间摇摆。同时，没有考虑

---

① 参见杨晓松、谢波《区域环境风险评价方法的探讨》，载《矿冶》2000 年第 9 期。
② 参见蔡萍《环境风险的社会建构论阐释》，载《兰州学刊》2008 年第 11 期。
③ 笔者译自 Directive 2004/35/CE of the European Parliament and of the Council of 21 April 2004 on environmental liability with regard to the prevention and remedying of environmental damage.
④ ［德］乌尔里希·贝克：《风险社会》，何博闻译，译林出版社 2004 年版，第 24 页。
⑤ ［德］乌尔里希·贝克：《风险社会》，何博闻译，译林出版社 2004 年版，第 22～23 页。

到的是同样的污染,依照年龄、性别、饮食习惯、工作类型、知识和教育程度等,对于不同的人会具有十分不同的意义"①。

环境风险的界定和分配昭示着科学的祛魅和道德的凸显。环境风险的广泛存在和蔓延导致人们安全感的丧失和信任的崩溃。尽管技术为我们提供了很多方式去化解这些风险,风险的观念还是深深植根于人心。必然地,一个古老的问题会被重新提出:人们在风险弥漫的时代希望如何生活,人类如何应对这些大灾难,如何保留人的人性特质和自然的自然特质,这些都深入到对人性的深层关怀。"这些复活了人的问题——人类是什么?我们将自然看作什么?——或许会在日常生活、政治和科学间变换它的叙述口径。在最发达的文明发展阶段,风险甚至——或者尤其——在它们被传统的数学公式和方法论争执的魔术帽子变得不可见的地方,再次占据了议事日程的高度优先位置。"② 环境风险的社会建构意味着,环境风险是风险事实和社会、文化、道德综合作用的结果。关于环境风险的议题必然含有对人的关怀和对自然的关注这两个道德话题。

1. 对人的关怀

那个古老的箴言"认识你自己"似乎又在耳边回荡,在风险社会,人类以何种态度应对环境风险、人类以何种方式生存于环境风险扩散的社会,都是人类的忧患。"它会重新提出那个古老的问题:我们希望如何生活?什么是应该保留的人类的人性特质和自然的自然特质?在这种意义上,广泛的有关大灾难的讨论是一种客观化的、直接的、激烈的表达。"③

2. 对自然的关注

环境风险不仅仅会对一个环境系统或者一种生态资源产生破坏,而且会以一种整体的方式损害着每一个人。例如,水体的污染不仅使水生生物的栖息地受到破坏,也造成地下水污染和土壤质量的下降,同时也使得土地的财产价值下降。这个原理就是,环境问题和环境风险造成了财产的贬值和对人类的生态剥夺。"那些被污染的和认为被污染的东西是属于你的,无论你是谁——因为社会和经济价值的丧失,区别已经没有意义了。即使维持着法律上的所有权,它也会变得无用和无价值。"④ 自然和人类社会的差异是如何产生的?自然是如何被人类文化构建的?在社会生态学的领域,学者认为环境问题和环境风险是人与自然关系中的社会危机,言下之意,

---

① [德]乌尔里希·贝克:《风险社会》,何博闻译,译林出版社2004年版,第25页。
② [德]乌尔里希·贝克:《风险社会》,何博闻译,译林出版社2004年版,第28页。
③ [德]乌尔里希·贝克:《风险社会》,何博闻译,译林出版社2004年版,第28页。
④ [德]乌尔里希·贝克:《风险社会》,何博闻译,译林出版社2004年版,第42页。

环境问题、环境风险和自然的状况是在文化中被构建的。因此，从文化和制度的层面思考和重构自然变得更为关键，社会生态学的研究试图通过科学与知识不同形式之间的互动过程，解决自然主义或社会中心主义的窘境。在性别研究领域，这方面的努力也很多。"尽管自然与文化二元论是文化的产物，我们却无论如何都不能有意识地选择通过加入男性文化而将妇女与自然的结合割裂。相反，我们可以把它作为一个制造能整合直觉的、精神的和知识的理性形式的不同文化和政治的好机会，包含科学和魔力，只要我能使我们改变自然与文化的差异，并看到和创造一个自由的、生态的社会。"①

（二）环境风险的法学研究

"风险社会"（risk society）的概念首先是由德国社会学家乌尔里希·贝克（Ulrich Beck）提出的。贝克在1986年出版的《风险社会》一书中提出以"风险社会"这个概念来描述当时人类所处的社会结构和社会特征。"风险社会"这个独特的话语，选择以"风险"这个视角来理解现代社会的发展和现代化的进程，也是我们全面认识社会的思维工具。首先要强调的是，"风险"概念并不是随着"风险社会"的概念提出的。自从人类社会产生以来，就存在着"风险"的概念。无论是在农耕文明，还是在工业文明中，人们都始终面临着各种各样的风险。但是，简单的面临风险还不足以构成真正的"风险社会"。在贝克看来，只有当"风险"强大到足够影响人们的生活，风险与过去相比发生了本质的变化，才足以称为"风险社会"。和过去的风险相比，现代风险有以下一些特质。

1. 环境风险具有不可感知性

贝克指出，产生于晚期现代性的风险，在本质上与财富不同。现代社会的风险，首先指的是那些人类完全无法感知的水污染、空气污染、放射性污染、土壤污染和毒素，以及这些污染物对人、动植物产生的短期和长期的影响。② 这些风险造成的损害往往是巨大的、潜在的、不可逆的，而且这些伤害在日常生活中也难以被感知。对于这些风险的观察，只能通过科学数据的收集、通过统计的方法才能够证明其与损害之间的因果解释。对于风险的知识、对于风险的界定和建构不是一般民众所能够掌握的。"那些掌握着认知风险、规避风险的专业人士，比如科学家、法学家、医学家等，

---

① ［德］乌尔里希·贝克：《世界风险社会》，吴英姿、孙淑敏译，南京大学出版社2004年版，第35页。

② 参见［德］乌尔里希·贝克《风险社会》，何博闻译，译林出版社2004年版，第20页。

往往在社会中具有相当的社会和政治地位。"① 因此，风险的层出不穷也引发了有关人类和人类社会知识的危机。

2. 环境风险具有整体性

传统风险影响较小，范围基本上局限在特定个人和社会群体，而现代风险则是对不特定人群或者人类整体的威胁。如果说传统风险是具体的、可知的，人们依靠群体的力量尚可以抵抗。那么现代社会的风险，则是人类无法预知和抵抗的，食品安全、空气污染，谁都无法逃脱，谁都不能置身事外。"由于风险的分配和增长，某些人比其他人受到更多的影响。在某些方面，这些现象伴随着阶级和阶层地位的不平等，但他们带来了一种完全不同的分配逻辑。或早或晚，现代化的风险同样会冲击那些生产它们得益于它们的人。他们包括着一种打破了阶级和民族社会模式的'飞去来器效应'。"②

3. 环境风险具有不确定性

现代风险的不确定性和由此带来的危害远远超出传统风险。现代风险的高度不确定，使得现代科学很难充分认识它。现代风险的这种特性对传统的自然科学知识和社会科学知识，包括人们的经验传统提出了挑战；传统的以确定性为基础的自然科学和计算方法变得不适应，单凭人们的经验和想象力更是无法判断和评估风险；现代风险对社会建制也提出了挑战。现代风险不分造成损害者和受害者，每个人在风险面前都是平等的，最终现代风险将有可能伤害到每一个人。

4. 环境风险具有全球性

以生态破坏和环境损害为主要表现的现代风险，呈现出全球化的趋势。如果说传统的风险，如饥荒、瘟疫仅仅局限在一个国家或者一个地区范围内，那么现代风险已经远远超越了国家之间的界限而在全球范围内扩散，危险物质的跨境转移、核辐射的蔓延都是在顷刻之间。

5. 环境风险具有自反性

现代风险是高度现代化的产物，它"可以被界定为系统地处理现代化自身引致的危险和不安全感的方式"。现代化的程度越高，社会风险就越多、越强大。现代风险的这些特征，改变了工业社会的发展模式和基本结构，因此改变了人们的思维。人们思考如何从工业社会的财富分配模式转向现代性的风险预防模式，由此便进入了风险社会。风险社会与工业社会的最大区别在于，后者的社会结构是由财富和资源分配决定的，而风险社

---

① [德] 乌尔里希·贝克：《风险社会》，何博闻译，译林出版社2004年版，第20页。
② [德] 乌尔里希·贝克：《风险社会》，何博闻译，译林出版社2004年版，第20～21页。

会的社会结构是由人们对风险的分担和规避决定的,对于现代风险的恐惧心理促进了集体行为的产生。

现代风险的这个特征可以概括为"反思性",也就是反思工业社会的过程。"在风险社会中产生了完全新型的对民主的挑战。它包含了一种使预防危险的极权主义合法化的倾向。"风险社会的不期而至,使得传统工业社会形成的以科学和技术进步为评判标准的社会发展理念受到质疑,相反,人们进行了更多的文化层面的思考,这就为风险社会的社会制度提供了基础。对于科学和技术信仰的终结,使得未来的发展充满了重重迷雾。那么,风险社会该往何处去,贝克提出了三种可能性:①回归工业社会。尽管风险社会是工业社会高度发展的必然结果,但如果人们执着于工业社会带来的高度经济增长,仍然可以沿用工业社会的发展模式,而无视风险带来的不可预测的后果。这种方法对现代风险的不可知和不确定,采取逃避的、得过且过的政策,即使明天就是世界末日,也要在今日尽情享乐。②技术-经济发展的民主化。这是在社会政治领域应对和共担现代风险,将与现代风险有关的各个方面都置于桌面上,将公众纳入社会风险认识和分担的各个程序之中,一切都由公众来决定。这也许是政治改革的一个契机,可以逐步扩大普通民众的政治民主权利。③分化的政治。这意味着将社会风险纳入公共的视野,打破原有的制度垄断行为,打破一切经典的、固有的东西。政治和行政分化为没有中心的、多元的治理。对社会风险的研究和讨论不仅仅局限在一个阶层或者群体之中,也不能局限在学术圈内,而是应该在公共领域进行。这体现了对工业社会和现代社会的批判精神,这样也可以调动所有人对风险的热情和关注。

(三) 环境风险的法制挑战

法律是否可以调整环境风险?环境风险的普遍存在带来了不确定性,"安东尼·吉登斯和我称这种不确定性为'认为的不确定性'。这种类型的内在风险与危险假定了科学专家的三重参与,即以制造者、分析者的角色和从风险定义中投机的人的角色参与。在这些情况下,许多限制和控制风险的尝试转化成了对不确定性和危险的扩大"[1]。我们对环境风险的基本经验是,环境风险没有边界,它们因为空气、水等的自然循环而普遍化和全球化。因此,环境损害的风险也被纳入法律调整的范围,这主要体现在环境风险预防原则中。"因此可以证明,社会的组织措施,伦理和法律原则如

---

[1] [德] 乌尔里希·贝克:《世界风险社会》,吴英姿、孙淑敏译,南京大学出版社 2004 年版,第 181 页。

责任、过失和'谁污染谁治理'原则（诸如在履行赔偿金时）及政治的决策程序（如多数决定原则）并不适合于把握这个动态的过程并（或）使之合法化。类似地，社会科学的范畴和方法在遭遇需要被描述和理解的环境的复杂性和模糊性时也不再起作用。这不仅仅是一个决策的问题；更为重要的是，在面临大规模技术的不可预见的、无法说明的后果智识，重新定义关于决策、应用范围和评价的规则与原理就很有必要。社会发展的这种反思性与难以预测性因此蔓延到社会的各个部门，打破了地区的、特定阶级的、民族的、政治的和科学的范围与界限。……这种极端的情况下，不再有旁观者。相反，这也意味着在这种灾难之下每个人都受到了影响，每个人都被卷入，因而每个人都有资格发言。"[1]

1. 法律规范调整范围的挑战

事实上，环境风险已经被纳入一些国家的法律范畴。从2003年7月开始，法国《环境法典》的调整范围从仅仅包括"被丢弃的废物"扩大到包括"土壤污染"或者"土壤污染风险"。[2] 因此，在最高行政法院已经明确禁止环境保护管理机关适用废弃物法的情况下，《环境法典》Article L. 541-3的规定允许市长管理土壤污染事务。市长对废弃物的管理，不仅可以针对工业厂址操作者，也可以针对废弃物持有者，以及其他有可能的相关责任人。风险预防理念贯穿于法国土壤污染管理的全过程：①在对每一个新的工业厂址进行环境行政许可时，要求工业厂址操作者必须确定该工业厂址关闭后对于土地的使用类型；②每个工业厂址的操作者都必须提交关于该工业活动对于环境影响的报告书；③对于工业厂址关闭时操作者进行土壤环境修复资金的保障，也是为了预防工业厂址操作者修复能力不足。对于污染土壤的修复是基于环境风险和未来的利用。可以说，风险预防理念在土壤污染法律和政策中得到了很好的发挥。另外，2004年欧洲议会和欧盟理事会发布的《关于预防和补救环境损害的环境责任指令》（Directive 2004/35/CE of the European Parliament and of the Council of 21 April 2004 on environmental liability with regard to the prevention and remedying of environmental damage）为代表，该指令共有21条，包括6个附件。欧盟环境责任指令的目的是基于"污染者付费"原则建立一个环境责任框架，以预防和救济

---

[1] ［德］乌尔里希·贝克：《世界风险社会》，吴英姿、孙淑敏译，南京大学出版社2004年版，第103～104页。

[2] Code de l'Environnement de la France, Article. L. 541-3.

环境损害。该指令指出，环境损害包括以下内容：①

（1）对受保护物种和自然栖息地的损害，此种损害对受保护栖息地或者物种的保育状况的延伸或者保持产生了重大不利影响。参考基线条件，同时根据附件1规定的标准评估此种重大影响。

（2）水损害，指对有关水体的生态、化学和/或者数量状况和/或者2000/60/EC指令定义的生态潜力造成的重大不利影响的损害，指令第4（7）条适用的不利影响除外。

（3）土地损害，是指任何能产生由于物质、生物体或者微生物在土地里面、上面直接或者间接地引入而导致对人类健康造成不利影响的重大风险的土地污染。

可见，该指令所指的"环境损害"还包括"潜在的损害威胁"。

"潜在的损害威胁"指的是，有充分的可能性证明环境损害会在不久的将来发生。欧盟环境责任指令是为了深化欧盟环境责任白皮书指出的"污染者负担"原则，以实现预防和补救环境损害。因此，指令的原则是，其活动已经产生环境损害或者潜在的环境损害威胁的经营者必须承担经济责任，以此来促进经营者采取措施将环境损害的风险降到最低，这样，经营者面临的经济责任就会减少。

1987年《关于消耗臭氧层物质的蒙特利尔议定书》首次规定了风险预防原则。序言中规定："决定采取公平的控制消耗臭氧层物质的全球排放总量的预防措施，以保护臭氧层。"1992年在里约热内卢召开的联合国环境和发展大会上通过的《关于环境与发展里约热内卢宣言》的第15项原则表达出了风险预防原则的核心理念："为了保护环境，各国应该根据他们的能力广泛地采取预先防范性措施。当存在严重的损害威胁或可能发生的损害的后果具有不可逆转的性质时，缺少充分的科学依据不能成为推迟采取费用合理的预防环境恶化的措施的理由。"

2. 环境风险分担与环境正义

环境风险发生在社会场域之中，经济利益、社会状况、政治权力、道德意识等共同影响风险的认知。由于这些因素的共同作用，环境风险在不同的社会阶层或者生态人之中会有不同的分担。每一个生态人由于社会经济状况不同，他们对环境风险获知状况的差别很大，他们的智识状态决定他们对环境风险的态度不同。因此，在很大程度上，每个生态人对于环境风险的负担在社会结构中已经被决定。在美国，环境行动很大程度上是由

---

① Directive 2004/35/CE of the European Parliament and of the Council of 21 April 2004 on environmental liability with regard to the prevention and remedying of environmental damage.

白人、中产阶级发起的。环境运动先于环境正义运动出现,有数据显示,白人比黑人更担心与环境相关的议题。尽管非洲裔美国人与白人一样关心环境,但却不大可能积极参与环境运动,原因或许在于非洲裔美国人将力量投入到了其他他们认为具紧迫性的议题中。①

对于环境风险的判断不可能是纯粹客观的、科学的,而是由各种社会因素复杂影响的。对于环境风险的社会建构应该放大至更为广泛的政治经济背景中,对于环境风险的研究和环境风险知识传播应该考虑每个具体生态人的社会经济状况。在我国,少数民族聚居区在经济开发洪流中受到的环境破坏和被强加的环境风险也受到更多的关注,对于环境风险的分析和环境风险的建构也被置于少数民族这个社会情境中。少数民族群体作为一个特殊的生态人群体,由于其生产生活与自然环境更为紧密和直接的天然关系,对于这类生态人群体遭受的环境风险应该具体分析。分析环境风险与少数民族传统文化、传统知识、传统生活方式、风俗习惯的交互关系,并在此基础上传播关于环境风险的知识和规避方法。换言之,对每一个不同的生态人,应该有不同的环境风险的主张。

我国社会正处在快速的转型时期,各种思潮和各种社会发展模式交织和互相作用。作为发展中国家,将经济发展视为社会发展的原动力是必需的,但是经济社会的高速发展极大地依赖环境和资源,尤其是我们要实现赶超发达国家的任务。这种快速的发展和社会变迁导致了我国社会的模糊特征。一方面,由于传统文化的强大影响,我国仍然表现出传统社会的特质;另一方面,一部分经济发达地区也步入了后现代社会和风险社会时代。这就意味着,我国社会的转型无法避免地要应对来自传统风险和现代风险的挑战。如何界定、分配和应对环境风险、如何对土壤环境风险加以系统的法律规制为我国社会发展提供了一种独特的、不可或缺的研究视角。风险文化是可以建构的,风险社会的概念是建立在对社会或社群关注的假定之上的。社会的概念假定可以对个体成员按其功利性利益做一种决定性的、制度化的、标准的、规制制约性的等级化排序。②

(四) 环境风险的司法实践

下文通过分析一个美国经典案例来辨析法律实践中如何调整环境风险。

---

① Mohai Paul. Blacke Environmentalism. Social Science Quarterly, 1990, 71: 744 – 765.
② 参见 [英] 芭芭拉·亚当、[德] 乌尔里希·贝克、[英] 约斯特·房·龙《风险社会及其超越:社会学理论的关键议题》,赵延东、马缨等译,北京出版社 2005 年版,第 68 页。

这个案例是美国马萨诸塞州等州和一些环保组织诉美国联邦环保局案①。1999年，美国几个环保组织共同向美国联邦环保局提出申请，认为大量排放的二氧化碳和其他温室气体对人体健康和环境造成潜在危害，要求环保局按照《清洁空气法》第202（a）（1）条之规定，制定规章，对汽车尾气排放的二氧化碳和其他温室气体进行管制，以最大程度地减少温室气体排放和对人体健康的危害。美国联邦环保局认为，二氧化碳及温室气体的环境影响以及对人体健康的影响并没有得到科学的证明，并且以此为依据驳回了原告的申请。

2003年10月，美国马萨诸塞州等12个州、3个城市和一些环保组织等一共29个原告，共同向美国联邦地区法院起诉，要求法院裁决美国联邦环保局履行制定规章的职责。初审法院以同样的理由驳回了原告的诉讼请求，原告于2005年4月向美国联邦上诉法院哥伦比亚地区巡回法庭提出上诉。在上诉法庭审理中，被告联邦环保局认为：《清洁空气法》没有把二氧化碳列为污染物，因此美国联邦环保局没有监管权力和义务；原告声称自己受到的健康和利益损害与美国联邦环保局没有针对二氧化碳排放标准制定规则之间不存在事实的因果关系。并且，被告按照美国宪法第3条之规定，向上诉法院提出原告没有起诉资格。然而，原告的主张没有得到上诉法院的采纳，上诉法院认可了原告的起诉资格。

上诉法院合议庭认为：机动车排放的二氧化碳仅仅是温室气体的一个来源，原告提出由被告制定管理二氧化碳的规章无法解决二氧化碳以外的其他温室气体的减排问题。影响全球气候变化的因素很多，仅仅依靠目前的科学证据很难证明全球气候变暖和人们健康受损与机动车排放的二氧化碳、其他温室气体的排放有直接的因果关系。如果以后有更加充分的科学证据证明有必要限制机动车排放二氧化碳和其他温室气体，美国联邦环保局便有义务来制定规范。根据《清洁空气法》第202（a）（1）条之规定，不能推导出美国联邦环保局有对新车和新马达制定温室气体排放标准的正当性，即法院承认美国联邦环保局的判断是合理的。

2005年7月，上诉法院的3人裁决美国联邦环保局胜诉。原告不服，于2006年3月向美国联邦最高法院提出调卷审理请求。同年6月，美国联邦最高法院决定接受申请，调卷审理该案。2007年4月2日，美国联邦最高法院的9名大法官以5票对4票的比例通过判决，认定：①二氧化碳属于空气污染物，对人体健康和环境存在潜在的危害；②除非美国联邦环保局

---

① 参见苑宣《美国政府必须管制汽车排放二氧化碳》，载《中国环境报》2007年4月13日，第5版。

能证明二氧化碳排放与全球变暖无关，否则就必须制定规章予以管理；③美国联邦环保局没有能够提供合理的解释说明为何拒绝管制汽车排放的二氧化碳和其他有害气体。美国联邦最高法院裁决，美国联邦环保局声称其没有管制二氧化碳排放的权力和义务，是没有正当理由的，联邦环保局必须制定规章管制汽车尾气排放造成的污染。

这个案件在司法诉讼中确立了风险预防原则，风险预防原则的含义是不能以科学的不确定性为理由，拒绝或者延迟采取预防环境问题产生的措施。风险预防原则在环境法中得到规定，并在司法中得到运用，主要针对的是具有科学不确定性的环境风险或生态风险。之所以将预防原则和应急原则纳入行政法基本原则之中，原因在于：从风险规制实践的角度而言，忽略预防原则和应急原则是风险行政法制建设滞后的一个重要原因，在客观上也无法引导行政机关预防各类风险，特别是非常规的风险。①

第二节 土壤环境风险类型

一、环境质量风险

土壤污染是指自然因素和人为因素影响下土壤质量及其可持续性所发生的暂行性和永久性下降，包括弱化和破坏土壤农业生产能力或土地利用和环境调控潜力，甚至完全丧失其物理、化学和生物学特征的过程。② 土壤污染可能导致的环境风险是多样的。本书对环境风险做扩大解释，将土壤污染所致环境风险类型解析为包括土壤环境质量风险、人体健康风险和生态系统风险。从学术习惯和固定用语的视角，土壤环境风险包括了一系列由于土壤污染引起的土壤退化、土壤环境质量下降、土壤生态系统受损、人体健康受损等损害的可能性。

（一）土壤的环境功能

土壤作为一个环境因素，越来越被人们所认识。土壤学中有关土壤与环境的知识，也随着研究的深入、资料的累积，发展为一个具有完整体系

---

① 参见戚建刚《风险规制的兴起与行政法的新发展》，载《当代法学》2014年第6期。
② 参见龚子同、陈鸿昭、张甘霖《寂静的土壤》，科学出版社2015年版，第110页。

的学科分支——环境土壤学,发挥着越来越重要的作用。环境条件与生物有机体存在内在联系。生物有机体与环境的关系是经过长期演化而形成的,它们与环境之间不停顿地进行着物质和能量的交换。生命的出现需要一定的环境,而生物的演化又与生存环境有一个协调过程。

1. 土壤与植物之间通过生物物质循环,两者之间在化学组成上有着某种联系

农业开发中的土壤环境事件也会影响农业开发的限度和强度以及决定农业是否可持续发展。关于土壤保护和管理的研究传达了土壤综合管理的思想:①土壤安全和生态系统安全的关联;②土壤综合管理和土壤综合保护的重要性;③水和风力侵蚀对土壤生态系统的损害引致土壤生态环境风险。①

2. 土壤的环境功能还在于土壤作为珍贵的自然资源要素之一发挥着自然资源的效用和价值

我国《环境保护法》第二条规定:本法所称环境,是指影响人类生存和发展的各种天然的和经过人工改造的自然因素的总体,包括大气、水、海洋、土地、矿藏、森林、草原、湿地、野生生物、自然遗迹、人文遗迹、自然保护区、风景名胜区、城市和乡村等。② 该条款规定的是基本的环境和资源要素,其中土地是基本环境要素和资源要素之一。土壤作为基本生产资源和资源要素,特点有:土壤资源数量有限、土壤类型及其分布有规律、土壤资源质量可变。土壤作为一种基本的生产资料和资源要素,具有八大功能,分别是生产功能、环境功能、生物基因库和种质资源库、生物多样性的根基、全球碳循环中重要的碳库、保存自然文化遗产的功能、景观旅游资源、作为生产材料的支撑功能。

3. 人类与土壤的关系是人类生存和可持续发展的基本关系

这种关系的演变是一个极其漫长的历史发展过程,也是一个极其复杂的认识过程。这个过程大体经历了三个阶段。第一阶段,早期社会,原始人类凭借木棍、石器等最简陋的工具,过着以采集为主兼狩猎的生活。后来,他们学会驯养家畜和栽培植物,从原始农牧业过渡到粗放农业;面对充满神秘和变幻莫测的自然现象,产生了敬畏土壤、守护土壤的心理;人地关系调节主要依靠人口迁徙来解决食物不足和恢复自然生态平衡。因此,人土相依,人与自然和谐相处。第二阶段,农牧业发展以后,随着农具的

---

① Humberto Blanco, Rattan Lal. Principles of Soil Conservation and Management. Springer Science Business Media B. V. 2008, First softcover printing 2010, p. v.

② 参见《环境保护法》第二条。

改进和生产实践经验的积累，形成精耕细作和用地养地的农业技术体系，提高了土地利用率和农业生产力。尽管人口总量增长，战争、灾疫对土地造成破坏和占用，引起森林面积减少，但由于经济不够发达，人地关系的矛盾仅出现局部不协调，并不尖锐。第三阶段，产业革命以后，以科技进步为背景而实现农业生产工具、农业技术革新，使土壤开发和农业生产的面貌发生了根本变化，但随着人口增长，对土地资源的需求更多，人地关系变得尖锐。人们已经认识到，要回归自然，建立人土相依、爱护土地的和谐关系，才能实现经济社会可持续发展。

4. 人类的生存和发展依赖食物

人类食物的来源主要是高等绿色植物，而这些高等绿色植物的生长只能以健康的土壤为基础。人口的增加与土地资源之间一直存在矛盾。土地资源是有限的，而人地矛盾越来越凸显。在人类社会产生的早期，人类依据生存本能的指引，从自然界中索取能维持自身生活的有限资源。这种状态维持了很长一段时期，然而，工业革命和科技进步打破了这种平衡，经济发展的要求和刺激使得人们越来越多地从自然界索取，以至于自然界难以承受这种重负，由此导致了如今严重的环境危机。恩格斯在100多年前就深刻尖锐地指出了人类大面积的经济活动对环境和生态平衡造成的不可逆转的危害，"我们不要过分陶醉于我们对自然界的胜利，自然界都报复了我们。美索不达米亚、希腊、小亚细亚及其他各地的居民，为了想得到耕地，把森林都砍完了，但是他们想不到，这些地方今天竟因此成为荒芜不毛之地，因为他们使这些地方失去了森林，也失去了积聚和贮存的水分"[①]。

5. 土壤是技术、工业和社会经济机构发展的空间基础

例如，工业场所、住宅、交通、体育、娱乐、废物排放站等都需要土壤。另外，土壤是黏土、沙子、砂砾和一般矿物等原材料的来源地，也是能量和水的来源之一。最后，土壤的地理基因和文化遗传性构成了我们所处的自然环境的核心部分。土壤的社会功能反映的是土壤与人类之间的互动关系。人类活动日益施加影响给土壤，人们不断地开垦土地而不考虑土地是否能持续地被利用；畜牧业的扩张也是巨大的，尤其在那些谷物价格过低而无法维系农业生产的地方，人们用畜牧业代替农业生产；城市化和工业化也同样影响着土壤，城市在土壤之上发展迅速，但城市发展的同时却带来了农田的消亡；同样地，工厂被安置在优质水源处，四处散播的农业废料、工业废料、城市垃圾和娱乐休闲业垃圾也侵占着土壤的有限空间。

---

① ［德］恩格斯：《自然辩证法》，中共中央马克思恩格斯列宁斯大林著作编译局译，人民出版社1971年版，第158～159页。

人类活动改变了土壤所有功能的发挥。土壤的演变轨迹已与先前大不相同，已耕种土地与未耕种土地的发展趋势亦不同。土壤与其他环境因素如水、空气、动物、植物、人类社会等密切相关，土壤的任何变化都会影响到这些因素，反之亦然。

（二）土壤污染对土壤环境质量的影响，以及环境变化与人类健康之间的关系

1. 土壤污染导致土壤退化和土壤环境质量下降

土壤退化不仅加速森林破坏、土壤侵蚀、水体污染，直接损害生态系统生产力，致使其服务功能衰减或丧失，而且对全球气候及元素循环产生负面影响，使温室气体由土壤向大气扩散，促使气候变暖。土壤退化是一个动态过程，假如人类能够自觉地介入这一过程的调控和恢复重建中，可以减少土壤退化的危害，也可以使之朝着有利于土壤肥力提高的方向发展。我国土壤退化具有发生区域广、区域土壤退化发生类型不同、程度不等的特征，已经影响到我国60%以上的耕作土壤。土壤退化主要有六种类型，分别是土壤污染、土壤荒漠化、土壤侵蚀、土壤盐渍化、土壤养分贫瘠化和土壤酸化。造成土壤退化的原因主要有工业生产中排放重金属污染、农业中大量使用农药和杀虫剂、城市化对于土地的大量开发、水污染进入土壤等。土壤生态系统具有一定的自净功能，但是，若土壤中的污染物累积到一定程度，超过了土壤的自净能力，土壤的环境质量便会发生实质性的改变。正如上文分析，土壤环境质量发生改变和土壤健康受损，会直接影响食物产量和食品安全，进而对人类健康产生严重损害。土壤的变化也必然影响其肥力，有些地方土壤逐渐贫瘠化甚至被弃之不用，沙漠化过程随之加剧。当然，也有某些地区和沙漠地区的土壤状况得到了改善，变得适于耕作。全球温度的升高将使得北极地区的土壤适于耕作。最后，食物、水和空气的质量同样依赖于土壤，因此，人类社会的健康与土壤演变息息相关。另外，我们相信土壤演变和人类社会行为密切相关，地形地貌的形成并非出于偶然。特定地区的历史和人类社会的历史影响了该地区的地貌状况。土壤学体系与社会体制，尤其是与农业耕作体系有极强的联系。

2. 环境变化和人类健康之间的因果联系是多维的

居民的健康主要是生态环境的产物，是人类社会和更广泛的环境——它的各种生态系统和其他生命支持服务——相互作用的产物。[①] 我国成为

[①] 参见［澳］大卫·希尔曼、［澳］约瑟夫·韦恩·史密斯《气候变化的挑战与民主的失灵》，武锡申、李楠译，社会科学文献出版社2009年版，第84页。

"农药大国"导致的土壤污染的严峻现实严重危及人们的"舌尖上的安全"。与水污染和大气污染相比,土壤污染的隐蔽性很强,很多状况下仅仅通过普通民众的感官无法察觉,需要通过科学技术测定土壤中的污染物含量才可以确定。土壤污染很难在土壤中稀释,易在土壤环境中累积,土壤污染所致的环境损害也具有极强的滞后效应。如何修复受污染土壤是一个多层次的问题,综合了技术措施、政策工具和法律制度。尤其在当今中国,深度城市化使得土地资源更加稀缺,对于土地资源进行综合利用的需求日益增加,如何修复和重新利用受污染土地、如何保障土壤生态安全和土壤环境质量,成为人体健康的影响因素和经济社会可持续发展的一个制约因素。潜在的环境风险具有巨大的破坏力,是制约经济社会发展和影响人们身体健康的重要因素。

二、人体健康风险

(1)清洁的土壤被认为是人体健康的必需,公众对于由土壤污染以及大气环境质量下降引致的风险关注度逐年上升,土壤污染已经成为全球最大的环境健康风险。即使现在清洁生产和工业生产减排的技术已经发展得很完善了,工业污染产生的废气、废水仍然是人体健康的巨大威胁。[①] 土壤污染与人群健康关系密切,由于土壤污染导致的人身健康受损事件逐渐增加。土壤污染不仅对人类健康产生巨大的威胁,因土壤污染导致的疾病和死亡也在不断增加,使得发展中国家面临巨大的挑战。当前我国面临的土壤污染呈现出复合型污染的趋势,土壤中的污染物质主要来源于工业废水、重金属污染、固体废物污染、医疗核废物污染等。土壤是人类须臾不可缺少的环境要素,土壤一旦遭受污染很难在短时间内消除,其受害人数是不确定的。如果土壤中的污染物质在一个时间点达到浓度临界点,有可能造成人类急性中毒。

生态足迹分析评估土地和水资源地区的方式可用来维持资源节约和消耗的平衡。土地资源典型地可分为耕地、牧场、林业用地、渔业用地、建设用地和能源用地。产量对于将资源消耗整合进土地资源领域是至关重要的。当国内消耗总量的数据是可获得的时候,平均产量会被用来将谷物消

---

① Air Quality Guidelines for Europe, World Health Organization Regional Office for Europe, Copenhagen, WHO Regional Publications, European Series, No. 91, Second Edition.

耗整合进土地资源领域。① 将人体健康和生态影响与土壤生态环境质量相联系进行研究具有重要意义，在土壤环境质量管理中也具有重要意义。生态影响对于人体健康会产生重要影响。例如，主要的城市污染物对植物、动物都有影响，硫化物对动植物和生物圈也有影响。对于这些污染物质对生态系统影响的研究是重要的，这种重要性在于这些污染物分布广泛，而且它们在生态系统中的长期累积对人体健康会产生长远的损害。②

（2）健康的土壤是指具有生物多样性和高度生物活性的土壤，简而言之是水土协调、养分平衡、不受污染，并且有可持续自净能力的土壤。③ 健康土壤着重土壤的固体、液体和气体体系的物理性状、化学组成、化学变化及生物学状况，特别是微生物活性，如何最大限度地抵御、缓解和净化外来污染物的能力，以生产健康的食品。土壤安全不仅停留在概念层面，它也切实地影响到人们的生活。土壤中有机质的状况是土壤健康的核心内容，判断土壤中有机质的状况，可以考虑物理、化学和生物学的多种指标。土壤是基因库、营养库、能量库，土壤中蕴含的基因、营养和能量构成了微生物和生物生存的家园。在土壤这个基因库、营养库和能量库之中，各种微生物和生物构成了一个生态系统。现代工业化所造成的土壤环境污染规模之大、影响之深远前所未有。一旦土壤被污染，土壤中蕴含的基因、营养和能量过程的平衡被打破，会导致土壤产生各种病虫害、土壤酸化、土壤退化等状况，继而导致土壤生产力的下降，并直接影响食物安全。

（3）土壤安全影响着我们的食物安全。众所周知，我国的粮食产量尽管连续12年增加，但仍然是最大的食品进口国。粮食安全的核心问题是什么？核心是土壤安全的问题。土壤安全包含综合性的内涵，主要包括土壤的状况、土壤环境质量、土壤生产力、土壤数量、土壤资本性等五个主要的方面。这五个关涉土壤安全的属性综合了社会、经济、自然、资源等多方面的概念。因此，土壤安全是一个比土壤质量、土壤健康和土壤生态保护更为宽泛的概念。土壤健康、土壤质量和土壤生态保护是不同层面的概念，也是在不同时期被提出来的，每个学者和科学家的认识也不一致。比如土壤健康的概念，我国学者曹志洪先生认为土壤健康指的是"土壤能够为植物提供养分和容纳、吸收、净化污染物的土壤环境质量，以及维护和

---

① Ferng JiunJiun. Resource-to-land Conversions in Ecological Footprint Analysis: the Significance of Appropriate Yield Data. Ecological Economics, 2007, 62: 379 – 382.

② Air Quality Guidelines for Europe, World Health Organization Regional Office for Europe, Copenhagen, WHO Regional Publications, European Series, No. 91, Second Edition. p. 29.

③ 参见龚子同、陈鸿昭、张甘霖《寂静的土壤》，科学出版社2015年版，第83页。

保障人类动植物健康的土壤质量的综合量度"①。对于土壤健康和土壤安全的认识还可以基于文明的历程,人类历史上很多文明存续时间是1000年左右。用土壤流失的厚度来衡量这个1000年大体就是1米左右的土壤。人类很多文明的消失都是源于土壤流失,例如,复活岛和楼兰古国,由于土壤流失和沙化,这两个文明就整体消失了。

三、生态系统风险

土壤是生态系统中最关键的环节。土壤中存在大量有机体,是一个生物原生地和基因存储库。相比较其他的群落生境,土壤所包含的物种数量和种类都是最多的。② 土壤污染与生态系统平衡有密切关系,其根本原因在于土壤的生态功能以及与其他生态系统的关系。土壤生态系统作为生态系统的子系统,其功能已经得到广泛的认识和认可。土壤是人类须臾不可或缺的资源,从更为广阔的视角来认识大气,土壤还为地球生物圈提供了生态承载功能。③ 在土壤的众多功能之中,土壤的生态功能是最为脆弱和最为重要的。由于土壤的基本生态功能,土壤与地球上几乎所有的环境要素和资源要素都相关联。从综合生态系统的角度,每个环境要素、每个子生态系统都是互相联系的。

(一)土壤生态功能

从功能主义角度认识土壤的功能,土壤是多功能的。土壤功能的基础是由土壤自身作为一个历史自然体、五大圈层的纽带和土壤资源的特点所决定的。④ 土壤是一个历史自然体,这是土壤功能的基础。土壤是五大圈层的纽带,土壤的概念不仅包括自然因素,还包含有人类社会活动的综合作用。土壤之于人类而言意味着什么?土壤在生态系统之中具有核心的地位,土壤生态系统与大气生态系统、水生态系统、生物和岩石等具有大量的物质、能量、信息的交流。土壤对于水生态安全、气候安全、大气生态系统安全、生态系统、污染物降解和食物生产,都具有基础性的作用。土地利

---

① 曹志洪:《中国土壤质量》,科学出版社2008年版,第13页。
② 参见[法]拉巴·拉马尔、让·皮埃尔·里博《多元文化视野中的土壤与社会》,张璐译,商务印书馆2005年版,第59页。
③ Yevheniy Volchko, Jenny Norrman, Magnus Bergknut, et al. Incorporating the Soil Function Concept into Sustainability Appraisal of Remediation Alternatives. Journal of Environmental Management, 2013, 129: 367-376.
④ 参见龚子同、陈鸿昭、张甘霖《寂静的土壤》,科学出版社2015年版,第1页。

用被界定为土地管理、人类行为和人类用来生产、改变或者维持土地表面的生物物理功能,包括水、蔬菜、裸露的土壤、石头和人造结构等。生态系统功能被界定为被人类直接或者间接用来再生产的功能。比如,生态服务功能包括土壤、水和微生物的生态服务功能。土壤功能和土壤生态服务被用来特指从土壤生态过程中推导出来的生态服务和功能。① 土壤功能对生态系统平衡而言是至关重要的,因此,对于生态系统的服务功能而言也是至关重要的。这一点在《欧盟土壤框架指令》中已经得到了明确认识,这份指令列举了土壤的重要功能。对于土壤的管理要求在修复工程中对土壤价值进行全面的评估。② 在《欧盟土壤框架指令》中对于土壤功能和服务的概括是:①生物生产,包括农业和林业;②存储、过滤和转移养分、营养物质和水;③生物多样性蓄水池,作为动植物栖息地、物种和基因库;④野生物质的来源;⑤作为碳库;⑥地理和考古学遗传物质的档案馆。③

从全面的概念来说,所谓土地保护,其含义应当包括自然界全部植物、动物的千千万万品种。④ 土壤的生态过程与生态系统的定义是相关的。在土壤生态过程中对于水的净化功能能够提供不同的土壤生态功能,如对于污染物质的净化和过滤。在土壤修复的层面,土壤质量被界定为对土壤的适当利用。土壤质量的指示器被界定为土壤被利用的状态,土壤状态与土壤被利用相匹配。土壤质量的指示器包括物理的、化学的和生物的指标。土壤服务功能是直接或间接地被个人或社会利用的功能。例如,当土壤被人类利用的时候,土壤的生态功能就转化为社会功能。土壤功能的指示器被界定为土壤管理行为通过土壤保存、存储和提高土壤服务功能所产生的利用价值。土壤利用被界定为土壤作为资源被人类直接或者间接利用。比如,土壤资源作为建筑物质、建筑地、人类行为的基础、考古遗迹,或者一个

---

① Yevheniy Volchko, Jenny Norrman, Magnus Bergknut, et al. Incorporating the Soil Function Concept into Sustainability Appraisal of Remediation Alternatives. Journal of Environmental Management, 2013, 129: 367 – 376.

② Yevheniy Volchko, Jenny Norrman, Magnus Bergknut, et al. Incorporating the Soil Function Concept into Sustainability Appraisal of Remediation Alternatives. Journal of Environmental Management, 2013, 129: 367 – 376.

③ European Commission (2006a). Proposal for a Directive of the European Parliament and of the Council establishing a framework for the protection of soil (COM/2006/232): http://eurlex.europa.eu/LexUriServ/LexUriServ.do? uri = CELEX:52006PC0232:EN:NOT.

④ 参见 [美] 芭芭拉·沃德、勒内·杜博斯《只有一个地球——对一个小小行星的关怀和维护》,《国外公害丛书》编委会译校,吉林人民出版社1997年版,第207页。

美学灵感的来源。[①] 在土壤的几大功能中，保证食物生长是保证人和动物生命的前提。土壤保证了食物、饲料、可更新能量和原材料的供应。土壤中存在大量的有机体，是一个生物原生地和基因存储库。相比其他的群落生境，土壤所包含的物种数量和种类都是最多的。人类生命与生物多样性紧密相依，而土壤是这种多样性的一个关键环节。如我们从土壤中广泛存在的青霉菌中提炼出青霉素，为我们的生命提供了保障。但是，我们不知道将来是否还需要从土壤中获得其他新的基因来保障我们的生命，而且，从土壤中提炼出来的基因在生化、生物技术和生物工程中变得日益重要。

土壤、土地和人类都是自然历史发展的产物。土壤与土地的概念仅在含义上有广义与狭义之区别。土壤是地球表面陆地上能够生长绿色植物的根基，也是土地灵魂的塑造者。当土地失去疏松的土壤层时，植物便无法继续生长，土地就失去了生机，变成死寂荒凉的荒漠。土壤是人类的摇篮和赖以生存和发展的物质基础，人类自诞生之日起就与土壤有着密切的关系，人类与土壤始终处于相互影响、相互作用的过程中，它们构成了以人类为主体的人土关系。人类对土壤影响的性质和程度将涉及土壤结构和功能的演变及其反馈效应，并随着人类社会的发展和时代变化而变化。[②]

(二) 土壤和其他生态系统的密切关系

土壤和大气同样作为基本的环境资源要素，两者之间存在着内在的关系。

(1) 大气污染物排放量的增加导致大气环境质量下降和大气生态系统稳定性受损。从普通民众的感官而言，全国多个城市和多个区域深受雾霾影响，人们的生产、生活和生存受到雾霾的伤害。对于雾霾的研究不能仅仅局限于大气污染，如果将大气污染的典型形态雾霾放置在大气生态系统的范畴，不难发现实践中受污染影响的区域其土壤生产力也会受到影响。比如，在我国受到严重大气污染影响的华北地区，华北平原的产粮量和雾霾污染之间存在显见的关系。大气污染和土壤污染的关系在长江三角洲、中部地区（湖南、湖北）和四川盆地都有着明显的例证和数据证明。长江三角洲、中部地区（湖南、湖北）和四川盆地这几个区域是我国大气污染比较严重的区域，同时也是我国重要的粮食产区。数据显示，这些区域的

---

① Yevheniy Volchko, Jenny Norrman, Magnus Bergknut, et al. Incorporating the Soil Function Concept into Sustainability Appraisal of Remediation Alternatives. Journal of Environmental Management, 2013, 129: 367-376.

② 参见龚子同、陈鸿昭、张甘霖《寂静的土壤》，科学出版社2015年版，第32页。

大气污染对粮食产量具有负面效应。因为，充足的阳光照射是种子发芽和茁壮生长的基本条件，而大气污染以及雾霾的形成会大大阻碍阳光照射至地面，由此造成粮食产量减少。① 大气中聚集的污染物悬浮于空气中，必然会吸收和反射一部分太阳辐射，造成太阳辐射到达地面的热量减少。在大气污染严重的状况下，空气流动性变差，农作物能够接受的太阳照射减少，农作物所需要的光合作用条件无法得到保证，如此，农作物的生长发育会变得缓慢，从而导致粮食作物产量减少。而且，太阳照射的减少还会诱发农作物上的各种病虫害。

（2）由于生态系统的相互关联，大气中的污染物还会直接沉降到土壤上，直接造成土壤污染。大气污染中有多重硫化物、重金属污染等，若直接进入土壤生态环境，会对土壤生态系统和地下水生态系统造成破坏。在土壤受到污染的状况下生产出来的农作物，其品质和产量都会下降。大气污染物中还有一种常见的污染物是酸性物质，这些酸性物质沉降在土壤上会形成酸沉降。酸性物质在土壤中富集会直接造成土壤酸化和土壤环境质量下降，继而影响农作物生长发育。② 当然，不能否定的是，大气污染在某些状况下对土壤生态系统和农作物的生长也有有利的方面。这主要表现在冬季，重度大气污染使得地面的水汽不容易蒸发掉，地面热量不易散发。尤其在北方的冬季，由于大气污染物的这种"保温"作用，农作物不易遭受冻害，如此便有利于农作物抗寒和越冬。但是，从总体而言，大气污染物对于土壤生态系统的负面作用更多。大气污染与土壤污染、大气生态系统和土壤生态系统是相互作用的。减少大气污染物和提升大气环境质量，对土壤污染防治和土壤环境质量提升具有重要的作用。③ 而土壤污染防治和土壤环境修复，与大气污染治理和水污染治理也存在着密切的相互影响关系。这些密切的关系是由土壤生态系统、大气生态系统和水生态系统在生态系统之中的"网结"效应决定的。

（三）土壤蕴含着丰富的生物多样性

生物多样性包含物种、基因和生态系统多样性，生物多样性风险由生物多样性这些组分之间的互相影响来决定。作为土壤污染来源之一，向土

---

① Tie X., Huang R. J., Dai W., et al. Effect of Heavy Haze and Aerosol Pollution on Rice and Wheat Productions in China. Scientific Reports, 2016, 6: 29612.
② Tie X., Huang R. J., Dai W., et al. Effect of Heavy Haze and Aerosol Pollution on Rice and Wheat Productions in China. Scientific Reports, 2016, 6: 29612.
③ Tie X., Huang R. J., Dai W., et al. Effect of Heavy Haze and Aerosol Pollution on Rice and Wheat Productions in China. Scientific Reports, 2016, 6: 29612.

壤中施加无机化肥的行为不能够有效保护土壤生物多样性。对于生物多样性保护的理解要求理解人类行为和生物功能之间的交互关系。追寻可持续的发展要求提高农业产量和生物多样性之间的权衡。当对土壤施加无机化肥会在短期内提高农业产量,但是从长远看会导致土壤环境的退化。土壤是维持食物链的决定性因素,代表着自然资本的最重要元素,而且需要几百年才可以形成。有机农业和生物技术对农业可持续发展起着决定性作用。维持农业可持续发展的土壤资源必须被视为满足由于世界人口增加而日益扩大的食物需求的关键性因素。①

(1)"土地"一词,不仅被理解为土壤,而且还被理解为产生各种生物个体——浮游生物、草、树、蜥蜴、松鼠、鸟和人——的生物及非生物之间复杂的相互作用。② 土地和土壤提供的能量将生物群落的组成成分相互联系起来并促使其不断流动,植物将其转换成化学能量,并支持生物金字塔中生物的成长、维存与生殖,最终会丰富土壤。理解了土地和土壤的生态功能,便不难理解土地对人类社会系统的支撑功能。土地和土壤不只是一个能量的源泉,这能量在土壤、植物和动物之中循环流动。能量流动和生物群落的复杂结构,构成人类生产、生活的基本空间。土地、水、植物、动物与人类共同构成生物圈和地球生命共同体。土地资源是我国所有资源红线中的最重要一条,这是由土地的自然属性和土地对于社会经济生产的基础作用决定的。土地的特殊含义不仅体现在市场环境下,也植根于人类的精神世界中。作为一种重要的资源,土地有一些能够影响其自身配置的特征。当然,地形是重要的,但是土地的位置也是非常重要的,特别是与其他资源相比,土地的位置是固定的。位置的重要性不仅在于位置绝对直接影响了土地的价值,而且相对而言,任何一块土地的价值也受到其周边土地用途的影响。

(2)土地能够提供多种服务,包括为所有的陆地生物,而不仅仅是人类提供栖息地。土壤综合体是由一个交织的生命之网所组成,在这里,一个事物与另一个事物通过某些方式相联系——生物依赖于土壤,而反过来只有当这个生命综合体繁荣兴旺时,土壤才能成为地球上一个生气勃勃的部分。③ 土地的一些连续性利用相互间可以兼容共存,但另一些则不能,这

---

① Pallab Mozumdera, Robert P. Berrensb. Inorganic Fertilizer Use and Biodiversity Risk: an Empirical Investigation. Ecological Economics, 2007, 62: 538 – 543.

② 参见[美]彼得·S. 温茨《环境正义论》,朱丹琼译,上海人民出版社2007年版,第372页。

③ 参见[美]蕾切尔·卡逊《寂静的春天》,吕瑞兰、李长生译,吉林人民出版社1997年版,第48页。

时就必须解决土地利用中的冲突。即使土地的产权界定非常清晰，当存在外部性时，私人动机和社会动机也会产生分歧。当决策对另一群体造成外部成本，最大化决策制定者净效益的分配方案可能不会是社会全体的净效益最大化。土地交易中也非常普遍地存在负外部性。土地所有人可能没有承担与该块土地利用有关的一些成本，这些成本由邻近土地的所有人承担。解决这种不相容的土地利用问题的一种传统方法是采取分区的法律手段。分区就是规定土地利用的限制措施，在区域内开展准许的和特定的土地利用。根据土地的各种特点，如利用形式、密度、结构高度、批量等，管理各个区域内的土地利用方式。分区也可以防止城市化无序蔓延。[1]

（四）土壤污染与生态系统变化的关系

（1）在土壤所遭受的来自人类的影响中，土壤的生物多样性首当其冲。紧接着就是有机物质的变化和土壤构造的变化，整个过程的结果即出现土壤恶化现象，这种现象就是土壤中生命消失的标志。其他类型的土壤恶化包括：土壤构成成分的变化、营养元素和微量元素的消失、有毒物质和污染物等在土壤中的富集。另外，土壤形成速度的变化是惊人的。土壤很容易受到侵蚀，但其形成却十分缓慢。从土壤中生物多样性减少的那一刻起，随着土壤所能吸收的水分日益减少，土壤再造速度就开始变慢。有些土壤恶化是不可挽回的，有些则不是，像土壤盐化等缓慢发生的侵蚀现象就可得到补救，即人们可以恢复曾经被侵蚀的土地。从蒙昧时代开始，人类就知道如何保持土壤的肥力，也知道如何构造新的土壤。生物多样性依赖于土壤的演化，所有的陆地生物循环都与土壤相关。一旦土壤受到影响，生物多样性、生物循环和水循环，包括水的质量和水循环的过程也就相应地受到影响。土壤渗水性的日益减弱，缩短了土壤中的水循环过程，土壤含水层中的水越来越少而地表水循环越来越多。因此，尽管全球水量并未减少，但可供人类社会使用的水量却减少了，质量也就随之变差。大气循环也随之发生了变化，土壤中的有机物质遭到破坏后释放出的大量含碳气体改变了大气环境的质量。因此，土壤演变和大气环境质量之间的关系也不容忽视，土壤的变化必然引起大气环境质量的变化和气候变化。

（2）土壤的变化也必然影响土壤的生产力和肥力，有些地方土壤逐渐贫瘠化甚至被弃置不用，沙漠化程度随之加剧。当然，人们也看到了某些山区和沙漠化地区的土壤状况得到了改善，变得适于耕作。最后，食物、

---

[1] 参见［美］汤姆·蒂坦伯格、琳恩·刘易斯《环境与自然资源经济学》，王晓霞、杨鹏、石磊等译，王晓霞校，中国人民大学出版社2011年版，第220页。

水和大气环境质量同样依赖于土壤,从而人类社会的健康就与土壤演变息息相关。因此,我们相信土壤演变和人类社会行为密切相关,地形地貌的形成并非出于偶然,特定地区的历史和人类社会的历史影响了该地区的地貌状况。土壤学体系与社会体制,尤其是与农业耕作体系之间有极强的联系,人类活动改变了土壤学体系之后,亦将必然导致土地体系和社会体制的演变。

与土壤形成发育的过程类似,土壤退化也是一个长期的、共同变化的复杂过程。导致土壤退化的因素往往是错综复杂的,来自自然界的驱动因素(包括气候、母质、地形等自然因素)的异常变化是引起土壤退化的基础,决定着区域土体退化的方向;而人为因素则是土壤退化驱动力中最活跃的因子,人类不合理的土地利用方式往往扮演着推进土壤加速退化的重要角色。自然环境的变迁包括全球气候变化、海平面上升以及各种地学过程如地貌演化、火山活动,还有土壤淋溶作用等的深刻影响。此外,突发性自然灾害如洪水、风暴、冰雹、地震以及森林火灾等也可以加速土壤的退化过程。当然,在同样的气候变化、地形变迁过程中,土壤类型不同、土壤成土年龄不同,都会影响到其抵御退化的能力。土壤健康受损、土壤环境质量下降或者土壤退化等,都不完全是自然因素的结果,而是自然因素和人类行为综合作用的结果。这里的人为因素除了人类利用土壤的种种活动外,还包括经济、文化、制度、技术等人类利用土壤的社会背景。

人工造林在全世界各地不断蔓延,人工造林对于土地资源的大量需求常常在全世界引发冲突和危机。对于土地利用变化的公共接受是解决这些冲突,以及发展有效的土地资源规划和政策的重要因素。个人对于土地利用和管理可接受的判断是复杂的。当人们认识到这种复杂性的时候,对于政策制定者和土地管理者而言,无论如何都应对土地规划和政策有效性加以判断和重视,使土地规划和政策能够获得公众的接受和认可。[①] 农业和森林开发不仅影响土壤表面作物和树木的生长密度,也因土壤对雨水的渗透作用而影响地下水的质量和数量。当人们把地下水作为饮用水来使用时,就会导致地下水资源在农业用水和可饮用水需求之间的矛盾。在很多国家,人类明确意识到了提高食物与饲料质量比提高饮用水质量要容易得多,因此,农业用水必须遵循严格的质量规范以保证可饮用水的供应。另外,由于可耕种土壤受到侵蚀,很多国家和地区出现了环境和生态损失。这同样适用于土壤排放污染物和生物多样性丧失带来的问题。无论怎样,从探讨

---

① Kathryn J. H. Williams. Public Acceptance of Plantation Forestry: Implications for Policy and Practice in Australian Rural Landscape. Land Use Policy, 2014, 38: 346 – 354.

中所能得出的最主要结论是,对土壤多种功能的保护是保证经济社会可持续发展的一个先决条件。

生态足迹分析评估土地和水资源地区的手段被用来维持资源节约和消耗需求的平衡,典型地将土地资源分为耕地、牧场、林业、渔业、建设用地和能源用地。产量对于将资源消耗整合进土地资源领域是至关重要的,当国内消耗总量的数据是可获得的时候,平均产量被用来将谷物消耗整合进土地资源领域。[①] 将人体健康和生态影响与土壤生态环境质量相联系进行研究具有重要意义,在土壤环境质量管理中也具有重要意义。生态影响对于人体健康也会产生重要影响,例如,主要的城市污染物对植物、动物都有影响,硫化物对动植物和生物圈也有影响。对这些污染物质对生态系统影响的研究是重要的,这种重要性在于这些污染物的分布广泛,而且它们在生态系统中的长期累积对人体健康会产生长远的损害。[②]

(3) 土壤健康和土壤安全不仅影响文明发展,而且,土壤通过其自然属性会直接影响食品安全。土壤的物理、化学和生物属性,以及土壤涉及的生物多样性、微量元素和水循环等生态过程,都会直接影响植物的生长。前文述及,土壤安全还会影响环境安全、生态安全、气候变化和能量安全。从土壤安全可能影响的因素角度,我们可以将土壤安全理解为土壤能够持续地提供食物生产力、淡水资源和为其他生态系统服务、维持生物多样性和生态系统稳定性的一种状态。不仅土壤是一个综合概念,土壤安全也是一个综合性的概念,土壤安全的概念能够反映出土壤与整个生态系统的关系、土壤与人类社会可持续发展的关系。土壤安全的概念丰富了对于土壤多种功能的认知,土壤安全的概念是在全球土壤面临巨大风险的状况下提出来的,从这个角度而言,土壤安全的概念具有战略意义。

四、气候变化风险

土壤是水、空气和所有生态功用中的最关键环节。生物多样性依赖于土壤的演化,所有的陆地生物循环都与土壤相关。一旦土壤环境质量发生退化,或者土壤受到损害,生物多样性、生物循环和水循环,包括水的质量和水循环的过程也就相应地会受到影响。土壤渗水性的日益减弱,缩短

---

① Ferng JiunJiun. Resource-to-land Conversions in Ecological Footprint Analysis: the Significance of Appropriate Yield Data. Ecological Economics, 2007, 62: 379–382.

② Air Quality Guidelines for Europe, World Health Organization Regional Office for Europe, Copenhagen, WHO Regional Publications, European Series, No. 91, Second Edition. p. 29.

了土壤中的水循环，土壤含水层中的水越来越少而地表水循环越来越多。因此，尽管全球水量并未减少，但可供人类社会使用的水量却减少了，质量也就随之变差。① 大气循环也随之发生了变化，土壤中的有机物质遭到破坏后释放出大量含有碳的气体如氮气和甲烷等，改变了大气的质量。因此，土壤演变和大气演化之间的关系不可忽视。土壤的变化必然引起大气的变化，从而引起气候的变化。

第三节 土壤环境风险特质

一、土壤环境风险表征

在对土壤环境风险进行适当的法律规制之前，有必要探寻什么是环境风险，以及土壤环境风险的来源和特质。贝克将风险界定为"预见和控制人类行为未来结果的现代方法"，风险是"激进工业化导致的未预料后果"②。丹尼尔对于风险的关注着重于它的消极影响，风险将给公司企业资源消耗、人力资本和机会成本带来消极影响。③ 无论是作为全新的话语被建构，抑或作为一个全新事实被法律规范调整，土壤环境风险都具有不同于传统法律调整对象的特质。如果一个事物将对生态环境产生的影响不能够得到任何程度的确定和预测，我们就可以认为这个事物具有潜在的产生环境风险和损害的可能性。④ 土壤环境风险来自何处？工业污染产生的有毒有害物质是土壤环境风险的主要来源。人类进入工业社会之中，现代性的风险主要来自现代技术和工业生产带来的潜在危害，比如杀虫剂的大量使用带来"寂静的春天"，抗生素、防腐剂和添加剂的使用带来不可预期的环境健康风险，又如工业污染物排放给生态环境和人体健康带来的损害风险，此类环境风险不胜枚举。"我们经历了一次这样的革命，那就是识别随科技

---

① 参见［法］拉巴·拉马尔、让·皮埃尔·里博《多元文化视野中的土壤与社会》，张璐译，商务印书馆2005年版，第13～19页。

② Beck U. World Risk Society. Polity Press, 1999: 3.

③ Daniell M. H. World of Risk: next Generation Strategy for a Volatile Era. John Wiley & Sons (Asia), 2000: 10.

④ Edward Soule. Assessing the Precautionary Principle. Public Affairs Quarterly, 2000, 14 (4): 309–328.

而来的副作用并努力去控制它们。"① 尤其在今天，市场竞争日益激烈，消费者越来越关注他们购买的农产品品质。在农业生产过程中，维护土壤生态环境、保护公共健康、最大程度地减少农业生产对人群健康和土壤生态系统带来的环境风险的需求是非常迫切的。

二、土壤环境风险特点

无论是作为全新的话语被建构，抑或作为一个全新事实被法律规范调整，土壤环境风险都具有不同于传统法律调整对象的特点。

（一）土壤环境风险的存在和普遍性

如果一个事物将对生态环境产生的影响不能够得到任何程度的确定和预测，我们就可以认为这个事物具有潜在的产生环境风险和损害的可能性。② 从这个角度而言，土壤环境风险存在不确定性。现代风险的高度不确定，使得现代科学很难充分认识它。现代风险的这种特性对传统的自然科学知识和社会科学知识，包括人们的经验传统提出了挑战；传统的以确定性为基础的自然科学和计算方法变得不适应，单凭人们的经验和想象力更是无法判断和评估风险；现代风险对社会建制也提出了挑战。环境风险将以相同的方式影响着不确定的人群，现代风险不分施害者和受害者，每个人在风险面前都是平等的，最终现代风险将有可能伤害到每一个人。③ 在更为广泛的意义上，土壤环境风险会影响到所有的生命体，包括人类、动物和植物，会给地球上所有存在的生命体带来健康风险，给整个生态系统带来不确定的风险。④

与环境风险的不确定性高度相关的是环境风险的主观性，对于环境风险事项，如果科学知识能够确认或者科学共同体与其达成了共识，那么这类环境风险的确定性就很高。本文所言之风险的"主观性"与环境风险的不确定性相对应，但又不完全相同。在这个意义上，环境风险也是社会建

---

① ［英］巴鲁克·费斯科霍夫、莎拉·利希藤斯坦、保罗·斯诺维克等：《人类可接受风险》，王红漫译，北京大学出版社2009年版，第2页。

② Edward Soule. Assessing the Precautionary Principle. Public Affairs Quarterly, 2000, 14 (4): 309 – 328.

③ Graciela Chichilnisky, Geoffrey Heal. Global Environmental Risks, The Journal of Economic Perspectives, 1993, 7 (4): 65 – 86.

④ Lesley Rushton, Paul Elliott. Evaluating Evidence on Environmental Health Risks. British Medical Bulletin, 2003, 68: 113 – 128.

构的结果。不同的利益主体、处于不同社会阶层的人们、不同立场的群体对于环境风险的感知和意识是具有价值主观性的。同样是受土壤污染影响的人群，距离"毒地"的远近以及社会地位的高低都将造成截然不同的风险感知和风险接受能力。如此的主观性使得法律评价和法律规制面临更大的合理性压力，对风险的裁量和决策也因此成为一个棘手的难题。

(二) 土壤环境风险很难感知

土壤环境风险造成的损害往往是巨大的、潜在的、不可逆的，最重要的是这些伤害在日常生活中很难被普通民众所感知。对于这些风险的观察，只能通过医学手段、科学数据的收集和统计学的方法才能够证明其与损害之间的因果解释。对于风险的知识、对于风险的界定和建构不是一般民众所能够掌握的。那些掌握着认知风险、规避风险的专业人士，比如科学家、法学家、医学家等，往往在社会中具有相当的社会和政治地位。[①]对于风险感知的研究从更早期的关于环境风险评估和政策决定的学科中发展而来。环境风险感知的研究应该置于一个更为广阔的框架内进行探讨，环境风险的感知与人们的社会经济地位和社会知识背景密切相关，比如在社会中处于边缘地位的人群基于他们的社会地位而获得的感知往往是独特的。[②]

三、土壤环境风险来源

在具体层面，土壤环境风险的来源是工业和农业产生的土壤污染，包括重金属污染、放射性污染、农药污染以及其他存在于土壤之中的有毒有害物质。土壤环境风险的来源，预设了土壤环境风险的特质以及规制土壤环境风险的特殊要求。土壤环境风险都具有不同于传统法律调整对象的特质。土壤环境风险来自何处？工业污染产生的有毒有害物质是土壤环境风险的主要来源。人类步入工业社会之后，现代性的风险主要来自现代技术和工业生产带来的潜在危害。相较于工业生产，农业生产施加给土壤的环境风险有过之而无不及。现代农业种植中大量使用农药增加了潜在的点源污染和面源污染，导致土壤环境修复的高成本，并且有可能在未来漫长的

---

① 参见 [德] 乌尔里希·贝克《风险社会》，何博闻译，译林出版社 2004 年版，第 20 页。
② Michelle Larkins Jacques, et al. Expanding Environmental Justice: a Case Study of Community Risk and Benefit Perceptions of Industrial Animal Farming Operations. Race, Gender & Class, 2012, 19: 218 – 243.

时间内对土壤造成持续的、慢性的环境损害。①

　　尽管从表象上看，土壤环境风险主要来源于工业污染和农业污染。但从实质层面观察，土壤环境风险与其他现代性风险并无二致，究其根源其同样来源于现代科学技术。"我们经历了一次这样的革命，那就是识别随科技而来的副作用并努力去控制它们。"②"技术创造出一个个人工世界并把致命的辐射废墟留了下来。原子能提供着取之不尽的能源，但所谓对其废料的清除使我们的土壤加重负担逾数千年。现代化交通工具虽然跨越时空，却同时毒害了我们赖以生存的空气和水源。基因技术的可能性向我们允诺，可以增加不治之症的治愈机会。但是，对遗传物质的干预潜藏着无法预见的风险，技术处处表现出一种深刻的矛盾，它是一把双刃剑，因为其中正面与负面、出路与危机、进步与灾难都是不可消除地彼此交织在一起。"③探寻土壤环境风险的表征和深层根源，有助于解释技术在土壤环境风险产生过程中起到什么样的作用，以及明晰技术和法律的关系在土壤环境风险法律规制中提供什么样的知识基础。

---

① Laura Venn. Quality Assurance in the UK Agro-food Industry: a Sector-driven Response to Addressing Environmental Risk, Risk Management, 2003, 5 (4): 55 - 65.
② ［英］巴鲁克·费斯科霍夫、莎拉·利希藤斯坦、保罗·斯诺维克等：《人类可接受风险》，王红漫译，北京大学出版社 2009 年版，第 2 页。
③ ［德］汉斯·约纳斯：《技术、医学与伦理学》，张荣译，上海译文出版社 2008 年版，第 3 页。

第二章　土壤环境风险法律规制基础理论

环境风险对传统的法学领域带来了挑战，法学领域的环境风险研究包括如何界定不确定的环境风险、如何防控环境风险、环境风险法律应对的司法实践等方面。风险的界定和分配不仅仅依赖自然科学的知识，也关涉社会状况、社会体制和人类社会的知识。社会科学必须将环境风险纳入自己的研究视野，关注环境风险的形成、分配和扩散与社会结构、文化变迁、社会传播、民主政治等社会变量的关系。

第一节　土壤环境风险法律规制解析

一、土壤环境风险法律规制内涵

（一）环境规制的内涵

"规制"一词的英文翻译是 regulation 或者 regulatory，对于这两个词的中文翻译还有"监管""管制"等。[①] 不同的学科领域之中，"规制"一词具有不同的含义。在经济学领域，规制作为一种措施和手段是为了实现利益集团的利益和需求而设置的。[②] 在规制这个词的意义上，还阐释了规制功能、规制失灵和规制法等词汇。桑斯坦指出："规制法一直被当作一块特征不明的混沌之物，或被当作一个大杂烩——由对私人财产权和合同自由等

[①] 参见刘水林、吴锐《论"规制行政法"的范式革命》，载《法律科学》2016年第3期。
[②] Stigler G. J. The Theory of Economic Regulation. Journal of Economics & Management Science, 1971, 2 (1): 3.

基本原则的即兴否定所组成。"① 史蒂芬·布雷耶则直接声明，他并不努力地去解释和界定何为"规制"。② 如今，规制在法学和经济学领域得到广泛应用。规制通常指的是依据法律、法规、规章或者其他法律规范而对某一事项加以管理和控制的政府行为。而有关某一领域规制的法律规范便是规制法。

环境规制在外部因素的影响下存在区域异质性，因此需要因地制宜地施行"共同但有差别"的环境规制政策。③ 有研究数据显示，环境质量、GDP（国内生产总值）和贸易之间存在关系，而且在不同的地区这种关系呈现出不同的特点。全球化对于人类可持续发展和环境保护的影响是多元的。从理论和经验层面观察，这种影响很微妙。确实，全球化以及贸易对于环境质量和可持续发展的影响既有正面的，又有负面的。④ 土壤污染调查的数据显示，土壤之中的重金属污染在河口湿地富集，进而影响海岸带土壤环境质量以及海产品的质量。⑤

环境规制是将规制措施和规制法适用于环境领域的行为。环境规制指的是以环境保护和资源节约为目的而制定和实施各项法律和政策。⑥ 依据环境规制的强度不同和环境规制的措施不同，可以将环境规制划分为命令控制型环境规制、市场激励型环境规制和自愿型环境规制三类。环境规制被认为是最重要的法律规制领域之一，这不仅在于环境规制的公益性目的，也在于环境规制的紧迫性。与其他规制领域相比，环境规制的手段和目的无疑具有绝对的公益性。环境污染和环境风险会随着时间和空间而扩散，并影响到更多的人和地域范围，并且有可能会带来不可逆转的、灾难性的后果，例如，全球气候变化、土壤污染所致人体健康风险等。环境污染所致的影响和环境污染所致的风险并不是运用私法手段和依靠个人力量所能够解决的。因此，政府在规制环境污染和环境风险方面具有不可推卸的责

---

① ［美］凯斯·R. 桑斯坦：《权利革命之后：重塑规制国》，钟瑞华译，中国人民大学出版社2008年版，第256页。

② 参见［美］史蒂芬·布雷耶《规制及其改革》，李洪雷等译，北京大学出版社2008年版，第10页。

③ 参见柴泽阳、杨金刚、孙建《环境规制对碳排放的门槛效应研究》，载《资源开发与市场》2016年第9期。

④ Abbas Rezazadeh Karsalari, Mohsen Mehrara, Maysam Musai. Trade, Environment Quality and Income in MENA Region. Hyperion Economic Journal Year Ⅱ, 2014, 2 (2).

⑤ 参见骆永明、滕应《我国土壤污染的区域差异与分区治理修复策略》，载《中国科学院院刊》2018年第2期。

⑥ 参见［美］Charles J. Krebs《生态学（第五版）》（影印版），科学出版社2003年版，第155～156页。

任。除了环境污染规制和环境风险规制,最为重要的社会性规制领域还有公共安全、公共卫生、消费者权益保护等领域,这些领域都极具公益正当性。

(二) 土壤环境风险规制的内涵

我们必须对规制体系的运作有一些认识。这个体系由两个基本部分组成,技术的部分被称为"风险评估"(risk assessment),旨在度量和物质相关联的风险;而更具政策导向意味的部分被称为"风险管理"(risk management),是决定对此要做些什么。① 风险管理是面对风险评估所揭示出的风险,决定规制者应该做些什么。从理想的角度出发,风险管理者将考虑当他采取诸种规制选择之一时,事实上可能出现怎样的结果。一方面,要考虑规制能在多大程度上实际消除特定的风险;另一方面,规制自身又在多大程度上产生不同的风险?最后,风险管理的规制者可以根据已经确证的风险,根据与替代进路相关联的风险,在考察规制对收益和成本的影响及其可行性之后,得出自己的结论。土壤环境风险规制制度的主要目的是:识别引致土壤环境风险的污染源并加以监管,以减少风险发生的可能性;分析引起土壤环境风险的要素以及各要素之间的相互联系,对这些风险要素进行分类和描述,描述它们对于项目管理的不利和有利因素;从风险管理的视角检查和分析土壤污染有可能引起的人身健康损害、生态系统风险。土壤环境风险规制制度体系包括土壤环境风险评估制度、土壤环境修复制度、土壤环境规划制度、重污染事件应对制度、土壤环境风险决策制度等。②

土壤环境风险的法律规制意味着运用法律制度体系对土壤环境风险进行界定、预防、评估、应急管理,以及对其他土壤环境风险相关事项进行强制性规定,以实现对土壤环境风险的预防、消除或减少土壤环境风险所致损害。土壤环境风险法律规制制度体系,包括土壤污染的界定、土壤环境损害救济、土壤环境风险评估、土壤环境修复、土壤环境应急等都应当考量风险的因素以及贯彻预防的理念。规制是指一个公共机构针对具有社会价值的活动进行的持续、集中控制。成熟的"规制"常常被定义为"三

---

① 参见[美]史蒂芬·布雷耶《打破恶性循环:政府如何有效规制风险》,宋华琳译,法律出版社2009年版,第8页。

② Davide Aloini, Riccardo Dulmin, Valeria Mininno. Risk Management in ERP Project Introduction: Review of the Literature. Information & Management, 2007, 44: 547–567.

方面基本元素的结合：制定规则、监督检查、执行与制裁"①。风险规制体系的种类呈现多样化，包括法律规制、市场规制、自愿规制等，由于法律规制制度具有外在制度的强制力，而且"主要依赖外在制度和正式惩罚的强制性秩序留给个人评估具体情况的余地要小得多"②。在规制目的层面，一方面，应当考虑如何改造现有法律规范才可以将土壤环境风险纳入法律规制范畴；另一方面，应当考虑法律能够在多大程度上预防土壤环境风险和消除土壤环境风险带来的损害。

二、土壤环境风险法律规制对象

理解土壤环境风险来源和特质的当下意义在于：土壤环境风险的来源预设了土壤环境风险法律规制的对象和内在要求。土壤环境风险的深层根源决定了土壤环境风险法律规制的对象主要是以工业、农业为源头的土壤污染所致环境损害的不确定性。同时，土壤环境风险的来源和特质也决定了规制土壤环境风险的规范和制度体系不同于传统的法律规范和制度体系，其必然要求运用一种以预防风险为导向的规制模式来防控土壤环境风险。风险预示着一个需要避免的未来。因而，即使作为猜测，作为对未来的威胁和诊断，风险也拥有并发展出一种与预防性行为的实践联系。③ 既然可以运用科学理性和社会理性对土壤环境风险进行恰当的认知，对其进行法律规制的关键因素就应当是预防风险在未来有可能带来的大规模损害。我们必须对未来有可能发生的环境损害有一定预期，并以此来建构当前的规制制度体系。环境管理制度被界定为"组织结构、责任、实践、程序和决定执行环境政策的资源"。环境管理制度透明的、体系化的程序，目的是设定和执行环境管理的目的、责任、政策以及对于这些程序的监督。环境管理制度的建立提供了一个很宽泛的利益范围。例如，很多组织报道，环境管理导向环境风险减少、更好的规则管理意识、提升对资源的有效利用，以及提升公共声誉。④

土壤生态系统的特征、土壤环境问题现实状况，以及土壤污染对生态

---

① [英]卡罗尔·哈洛、理查德·罗林斯：《法律与行政》，杨伟东、李凌波、石红心、晏坤译，商务印书馆2004年版，第557页。
② [德]柯武刚、史漫飞：《制度经济学》，韩朝华译，商务印书馆2002年版，第120页。
③ 参见[德]乌尔里希·贝克《风险社会》，何博闻译，译林出版社2004年版，第35页。
④ Thanh Nguyet Phan, Kevin Baird. The Comprehensiveness of Environmental Management Systems: the Influence of Institutional Pressures and the Impact on Environmental Performance. Journal of Environmental Management, 2015, 160: 45–56.

系统的深远影响预设了土壤污染防治和土壤环境风险规制的法理不同于此前，决定了土壤环境风险规制的价值和实践导向。以风险规制为导向重构我国土壤污染防治制度体系，这是比较务实的土壤环境风险规制路径；另外，土壤环境风险规制是对于土壤环境污染所致环境损害的预防，土壤环境风险规制要面向未来风险的规避。对土壤环境风险加以法律规制，包含了一个更高主体的控制这一理念，它具有指导的功能。国家及其代理机构运用的主要工具是公法，其实施已不能通过私主体间的私合同来达到。[①] 社会性规制主要集中于环境保护等公共领域，具有公益正当性理由。在高度现代化进程中产生的风险，其随机性、突发性以及不可逆转性程度，都远远超越了个人所能够应对的范畴。无论如何，个人都无法以一己之力来抗争和减免土壤环境风险所致损害，个人也不可能为了社会公共利益对土壤环境风险加以防控。相对于个人的行为而言，以公法为基础的规制工具往往显示出更强大的、更全面的风险管控能力。

环境政策和环境法律都是环境规制的工具，两者在我国社会主义法律体系中可以起到相得益彰的效果。我国颁布了一系列环境保护的法律法规，作为法律规制的基本内容和形式能够有效地提升和维护环境质量。环境规制政策对钢铁、水泥、火电、化工等六大重污染行业的资源再配置效应更为明显。[②] 在实践中，环境质量问题往往由环境规制不当或者规制工具实施不力造成，例如，由于区域政府间协作不力而导致严重的区域大气污染，由于政府规制不力而引起重金属污染，等等。当出现这些严重的环境质量问题时，我们可以把原因归结为"市场失灵"或者是"政府失灵"。"市场失灵"的原因在于环境质量作为公共物品的基本属性，而"政府失灵"则在于政府环境规制的不力或者环境法制不健全。因此，如何有效地进行环境规制，以避免"市场失灵"或者是"政府失灵"便是环境规制的主要动因。通过环境法律规制形成企业科技创新的机制、促进产业结构优化的调整、促进形成清洁生产机制、促进企业节约资源和综合利用资源，就是环境规制的主要目的。环境规制对于产业结构优化、清洁生产促进和循环经济促进具有显著的作用。同时，环境规制还可以显著优化区域环境治理结构和区域产业结构，这将对区域环境质量提升带来显著效应。[③]

---

① 参见［英］安东尼·奥格斯《规制：法律形式与经济学理论》，骆梅英译，中国人民大学出版社 2008 年版，第 2 页。

② 参见张志强《环境规制提高了中国城市环境质量吗？——基于"拟自然实验"的证据》，载《产业经济研究》2017 年第 3 期。

③ 参见何慧爽《环境质量、环境规制与产业结构优化——基于中国东、中、西部面板数据的实证分析》，载《地域研究与开发》2015 年第 1 期。

三、土壤环境风险法律规制要求

土壤环境风险的来源和特质也决定了规制土壤环境风险的法律规范和制度体系不同于传统的法律规范和制度体系，其必然要求运用技术规范作为法律规范的补充来防控土壤环境风险。评估与规制土壤环境风险本身就具有高度的争议性，尤其是将土壤环境状况与人们的身体健康和生态系统的平衡结合在一起考量之时。规范环境保护的一般法律条款经常采用模糊的语言表达，例如"维护土壤环境质量"。环境目标标准在特点和功能上与其他规制领域的目标标准有所不同，法律规范的概括性语言很难精准描述土壤环境质量的复杂性和法律规制目标的确定性。土壤污染程度和土壤环境状况达到何种程度，必须有具体的定量标准，这就凸显了土壤环境标准的价值。① 运用土壤环境标准确定土壤环境风险规制的定量目标，在功能上恰好与一般法律规范形成互补。

如何对土壤环境风险规制制度体系加以类型划分，才能恰当地理解不同制度在土壤环境风险制度防卫体系中的功能？从土壤环境问题产生的阶段视角考察，土壤环境风险规制制度体系的核心是预防土壤环境风险和修复土壤环境。② 从土壤环境风险应对全过程的视角而言，土壤环境风险的法律规制意味着运用法律制度体系对土壤环境风险进行界定、预防、评估、应急管理，以及对其他土壤环境风险相关事项进行强制性规定，以实现对土壤环境风险的预防、消除或减少土壤环境风险所致的损害。

所有的规制体系都承担一系列职能：行使政策制定权时必须确立一系列规制目标，然后将这些目标转换为控制行为的原则和规则，必须有解释和执行这些原则和规则的程序以及裁判由此产生的争议。③ 土壤环境风险规制的法律化意味着一种过程，运用法律规制制度体系对土壤环境风险进行法律界定、对土壤环境风险进行预防和评估、对土壤环境风险所致的环境损害进行修复，以及对其他土壤环境风险相关事项进行强制性规定，以实现对土壤环境风险的预防和治理。风险规制的法律体系由两个基本部分组成，技术的部分被称为"风险评估"，旨在度量和物质相关联的风险；而更

---

① 参见[英]安东尼·奥格斯《规制：法律形式与经济学理论》，骆梅英译，中国人民大学出版社2008年版，第210～211页。
② 参见古小东《土壤环境保护立法中的民事责任机制》，载《学术研究》2015年第8期。
③ 参见[英]安东尼·奥格斯《规制：法律形式与经济学理论》，骆梅英译，中国人民大学出版社2008年版，第102页。

具政策导向意味的部分被称为"风险管理",是决定对此要做些什么。① 在规制体系层面,土壤环境风险法律规制体系包括土壤环境风险评估制度,以及对于风险评估所揭示出的土壤环境风险进行管控的法律制度,主要有土壤环境风险预防制度、应急制度和土壤环境风险所致环境损害修复制度。在规制内容层面,一方面,应当考虑如何才可以将土壤环境风险纳入法律规制范畴;另一方面,应当考虑法律能够在多大程度上预防土壤环境风险和消除土壤环境风险带来的损害。

(一) 土壤环境风险规制要求不一样的规制模式

理解土壤环境风险来源和特质的当下意义在于:土壤环境风险的来源预设了土壤环境风险法律规制的对象和内在要求。土壤环境风险具有现代性风险的特质,环境风险无处不在,我们现有的技术和社会制度无法消除风险和不确定性。这种认识日益清晰,我们渐渐认识到风险和不确定性也关乎可接受性和竞争这样的社会政治问题。风险问题一旦成为政治问题,单凭技术手段的解决方案就显得力不从心了。由是观之,行政可以更好地适应科学、社会和政策的互动,而法律无法对科技事务做详尽具体的规定,更多的是以不确定概念来规定作为构成事实要件的内容,以赋予行政机关在实体内容上决定的裁量空间。②

土壤污染及土壤环境风险特质要求不一样的规制模式。生物多样性包含物种、基因和生态系统多样性,生物多样性风险由生物多样性这些组分之间的互相影响来决定。理解生物多样性要求理解人类行为和生物功能之间的交互关系。作为土壤污染来源之一,向土壤中施加无机化肥的行为会导致土壤生态系统和生物多样性受到损害。人们施肥所花费的成本远低于保护土壤自然生产力所需要的成本。两者之间的差异导致为了保护生物多样性而付出的私人和社会成本之间的差别。追寻可持续的发展要求在提高农业产量和保护生物多样性之间进行权衡。对土壤施加无机化肥会在短期内提高农业产量,但是从长远看会导致土壤环境的退化。土壤是维持食物链的决定性因素,代表着自然资本的最重要元素,而且需要几百年才可以形成。有机农业和生物技术对农业可持续发展起着决定性作用。维持农业可持续发展的土壤资源必须被视为满足由于世界人口增加而日益扩大的食

---

① 参见〔美〕史蒂芬·布雷耶《打破恶性循环:政府如何有效规制风险》,宋华琳译,法律出版社2009年版,第8页。

② 参见陈爱娥《行政立法与科技发展》,载《台湾本土法学杂志》1999年第12期。

物需求的关键性因素。①

（二）土壤环境风险与科学技术的关系阐释

对土壤环境风险加以法律规制，一个无法回避的基本问题是如何阐释环境问题与科学技术的关系。事实上，几乎所有的环境论题都是从具体的科学研究中产生出来的，②诸如全球气候变暖、酸雨、地下水污染、土壤污染、废弃物污染等。科学技术的高度发达，使得这些原本是科学领域之内的问题如今超越了科学研究的范畴，而成为了法学探讨和解决的社会问题。科学需要被带入政治过程、带入规制过程、带入法庭，这样，技术风险才能得到恰当的理解。③ 环境问题与科学技术的天然关系隐含着风险规制的内在逻辑和基本理路：探求土壤环境风险的规制路径，始终无法绕开科学技术与法律的辩证关系。正是这样的科学基础，使得这些环境问题凌驾于其他更多以道德讨论为基础的社会问题之上。技术的发展不仅直接影响法理制度和原则，在当代，它还可能直接促进人们对具体因果关系的科学探讨和判断，转而影响法理制度。④ 土壤环境风险管控，从其评估到应对，每一个环节都是科学技术知识和价值判断的交织。⑤

如何对土壤环境风险进行法律规制，在很大程度上意味着将科学技术所致问题转化为法律问题，通过矫正和延展法律规范、法律原则和法律制度来实现对土壤环境风险的管控，以及减缓和消除土壤环境风险所致的环境损害。事实上，几乎所有环境问题都是从具体的科学研究中产生出来的。⑥ 环境问题与科学技术的天然关系隐含着风险规制的内在逻辑和基本理路：探求土壤环境风险的规制路径，始终无法绕开科学技术与法律的辩证关系。正是这样的科学基础，使得这些环境问题凌驾于其他更多以道德讨论为基础的社会问题之上。技术的发展不仅直接影响法理制度和原则，在当代，它还可能直接促进人们对具体因果关系的科学探讨和判断，转而影

---

① Pallab Mozumdera, Robert P. Berrensb. Inorganic Fertilizer Use and Biodiversity Risk: an Empirical Investigation. Ecological Economics, 2007, 62: 538 – 543.
② 参见［加］约翰·汉尼根《环境社会学》，洪大用等译，中国人民大学出版社2009年版，第99页。
③ 参见［澳］伊丽莎白·费雪《风险规制与行政宪政主义》，沈岿译，法律出版社2012年版。
④ 参见苏力《制度是如何形成的》，北京大学出版社2007年版，第105页。
⑤ 参见吴贤静《土壤环境风险评估的法理重述与制度改良》，载《法学评论》2017年第4期。
⑥ 参见［加］约翰·汉尼根《环境社会学》，洪大用等译，中国人民大学出版社2009年版，第99页。

响法理制度。① 由于民众对于环境风险的意识日益增强,现代社会倾向于将"风险"作为影响环境管理的全新理念,并且影响法律和政策导向。② 对于土壤环境风险的法律规制不仅要基于风险的自身逻辑,也应当将风险规制置于社会建制和法律视野之中。

土壤环境风险法律规制的对象是以工业、农业为主要源头的土壤污染所致环境损害的不确定性。既然可以运用科学理性和社会理性对土壤环境风险进行恰当的认知,对其进行法律规制的关键因素就应当是预防风险在未来有可能带来的大规模损害。我们必须对未来有可能发生的环境损害有一定预期,并以此来建构当前的规制制度体系。因而,即使作为猜测,作为对未来的威胁和诊断,风险也拥有并发展出一种与预防性行为的实践联系。③ 土壤环境风险法律规制意味着将科学技术所致问题转化为法律问题,通过矫正和延展法律规范、法律原则和法律制度来实现对土壤环境风险的管控,以及减缓和消除土壤环境风险所致环境损害。在规制目的层面,一方面,应当考虑如何解释现有法律规范才可以将土壤环境风险纳入法律规制范畴;另一方面,应当考虑法律能够在多大程度上预防土壤环境风险和消除土壤环境风险带来的损害。

(三) 土壤环境风险规制的沟通维度

土壤环境风险的法律规制不仅展现为一系列法定的程序和制度,而且还是一个持续的沟通过程。在土壤环境风险规制的过程中,受土壤环境风险影响的群体范围广泛而不特定,土壤环境风险的可接受性与土壤环境风险规制公众参与有着密切的关联,这决定了土壤环境风险规制必然需要沟通的空间。在土壤环境风险规制领域,存在一些协商、协议和公众参与,这些都是沟通的典型形式。在环境规制中,法律的作用在于激励企业向其他社会子系统提供自身环境表现的各类正面或负面信息,进而有效展开沟通。④

出于提升民主、提高风险分担效率和促进沟通的原因,《土壤污染防治行动计划》也强调信息公开与公众参与。信息公开的范围包括:土壤环境风险评估对象即污染源的信息,主要有污染物名称、排放方式、排放浓度、

---

① 参见苏力《制度是如何形成的》,北京大学出版社2007年版,第105页。
② Steven Picou J., Brent K. Marshall. Contemporary Conceptions of Environmental Risk: Implications for Resource Management and Policy. Sociological Practice, 2002, 4 (4): 293–313.
③ 参见 [德] 乌尔里希·贝克《风险社会》,何博闻译,译林出版社2004年版,第35页。
④ 参见谭冰霖《环境规制的反身法路向》,载《中外法学》2016年第6期。

排放总量,以及污染防治设施建设和运行情况,土壤环境风险评估主体,土壤环境风险评估时间。《土壤污染防治行动计划》"引导公众参与"所包括的参与形式是举报、监督、参与执法等。第三方参与治理也具有沟通的面向。《污染地块土壤环境管理办法(试行)》规定的第三方机构治理领域涵盖土壤环境治理、土壤环境修复效果评估、土壤环境风险管控。① 在土壤环境风险评估领域,《污染地块土壤环境管理办法(试行)》"第三章 环境调查与风险评估"规定了土壤环境调查报告信息系统建设和信息公开②、污染地块名录以及污染地块信息系统③和风险评估报告的信息公开④。这部规章规定了公众有知晓土壤环境风险评估报告的权利,但是公众无法真正参与风险评估过程。这是一种末端的参与,浮于表面,无法深入土壤环境风险评估的实质内容。⑤

第二节 土壤环境风险法律规制基本语境

环境风险与社会背景和政治的、文化的、传播的制度密切相关。关于风险议题的政治争论总是在社会场域的框架内进行的。应该关注环境风险的形成和扩散与社会结构、文化变迁、社会传播、民主政治等社会变量的关系,社会科学必须将环境风险纳入自己的研究视野。风险的界定和分配不再是仅仅依赖自然科学的知识,也关涉社会状况、社会体制和人类社会的知识,这是风险社会对于环境风险的认知。在风险社会理论研究之中,如何界定和分配环境风险不是完全的科学技术范畴的论题。环境风险不仅是在科学技术领域产生的,它也混杂了社会因素,对于环境风险的界定和分配必然是一个综合科学知识和社会协商的过程。这也意味着,环境话语的建构和环境风险的认知,是建基于科学知识之上,同时也在社会过程中建构的。环境风险的界定和分配预示了完全不同的结果,而这种结果也是在社会过程中得到执行和实施。这意味着,环境风险的界定和分配要打破科学的垄断,而同时依赖社会理性,在恰当的节点融入社会因素的考量。

---

① 参见《污染地块土壤环境管理办法(试行)》第十一条、第二十六条。
② 参见《污染地块土壤环境管理办法(试行)》第十三条。
③ 参见《污染地块土壤环境管理办法(试行)》第十四条。
④ 参见《污染地块土壤环境管理办法(试行)》第十七条。
⑤ 参见吴贤静《土壤环境风险评估的法理重述与制度改良》,载《法学评论》2017年第4期。

"风险界定是一种未被认可的、还没有发展起来的自然科学和人文科学,日常理性和专家理性、兴趣和事实的共生想象。它们不会仅仅是其中的一种情况或另一种情况。它们不再因为专业化而相互分离,并依据各自的理性标准去发展和确定。它们需要一种跨学科、国界、行业、管理部门和政治的协作,或者,它们更可能分裂成为对抗的定义和界定斗争。"① 事实上,这是应对环境风险的更为理性和客观的态度。"对工业发展风险的科学关怀事实上依赖于社会期望和价值判断,就像对风险的社会讨论和感知依赖于科学的论证。没有社会理性的科学理性是空洞的,但没有科学理性的社会理性是盲目的。"② 对于环境风险的判断是渗透着社会因素的过程,由于科学的数据不足以证明风险的对象和其危害结果之间的因果联系,必须依靠社会学的统计方法,必须依靠法律因果关系的拟制。种种因素表明,环境风险的证明在社会、文化、法律、道德等层面展开。法律上对这种由概率论证的因果关系的推定,与科学研究的数据没有必然的联系。

一、土壤污染催生专门立法

(一)《全国土壤污染状况调查公报》显示土壤污染状况严峻

《全国土壤污染状况调查公报》揭示,全国土壤环境状况总体不容乐观,部分地区土壤污染较重,耕地土壤环境质量堪忧,工矿业废弃地土壤环境问题突出。工矿业、农业等人为活动以及土壤环境背景值高是造成土壤污染或超标的主要原因。③ 长期以来,由于我国水污染和大气污染引起了人们更多的重视,而关于被污染土地的规制体系却鲜有人讨论。这种关注的缺乏意味着我国在土壤污染规制方面缺乏明确的政策框架、行政结构和能力、技术方法以及激励机制。近年来,受污染的土地问题已成为中国公众关注的一个普遍问题。在我国环境治理的论题中,土地污染问题正在日益变得重要。我国快速发展的经济以及长时期的农业活动使得土地污染和地下水的污染更加恶化。诸多数据都显示,我国大约36万平方千米的农业用地已经被诸如石油化学产品、杀虫剂、多环芳烃等有机物污染。而且,多于20万平方千米的土壤受到潜在的来自诸如镉等重金属的危害。每年大约1200万吨的农作物被发现含有重金属残留,这导致了直接经济损失超过

---

① [德]乌尔里希·贝克:《风险社会》,何博闻译,译林出版社2004年版,第28页。
② [德]乌尔里希·贝克:《风险社会》,何博闻译,译林出版社2004年版,第30页。
③ 参见《全国土壤污染状况调查公报》。

200亿人民币。我国经济发展从一个生产的"初级模式"（以对于原材料的开发利用为基础）重组至一个快速增长的以工业和服务业为导向的经济模式，这见证了中国经济发展的环境挑战。这种快速工业化的结果就是产生了大量排放废气的工业厂址和工业建筑群同时，也产生了大量污染排放企业，导致了迫在眉睫的环境风险。这些工业厂址通常选在人群密集区域或者附近，会通过受污染土壤和地下水威胁到人群健康。例如，2006年的一个事件中，354个人包括146个儿童受到了来自中国西北部地区农药污染的危害，而且，污染还会减少土地本身的价值，抑制有效再利用。

　　工业文明的发展对土壤状况造成了巨大的影响。首先是人口的增加对于土壤的影响。自20世纪50年代以来，我国人口数量实现了剧增，人口剧增给地球生态系统的承载力带来了极大的挑战。土壤作为生态系统中最重要的一环，由于其生产食物为人类提供基本的生存条件，也因此遭受到人口剧增带来的巨大挑战。从这个角度而言，土壤的状况成为制约我国经济社会可持续发展的重要因素。根据我国2014年公布的《全国土壤污染状况调查公报》，我国的土壤污染状况已经较为严重。严重的土壤污染已经成为制约我国食品安全、粮食安全、水生态安全，以及其他生态系统安全的重要因素。土壤污染已经到了必须治理的程度，我国政府已经意识到来自被污染土地的危害，全国性的土壤污染普查已于2006年开展。与此同时，法律、法规和有关土地污染的环境标准也正在不断地发展和制定。土地污染作为一个重要事项已经在政府决策层面获得了重视，同时在执行层面得到了来自专家，例如土壤修复专家和其他科学家的技术支持。应该以何种理念构建我国的土壤污染法律和政策体系？本文利用法律和政策移植方法来考察英国的土壤污染规制制度，研究以风险为基础的土壤污染防治制度能够为中国提供的借鉴。中国应该实施的是相对有效的土壤污染管理制度，经过了长时期的实践，寻求人们的健康和生态系统的保护与污染土地可能会需要的高修复成本之间的精妙平衡。这种平衡正是我国在土壤污染规制中一直在寻求的。

（二）土壤污染严峻状况催生立法

　　如此严峻的土壤污染状况不仅催生了《土壤污染防治行动计划》，也直接促成我国专门性土壤污染防治立法。笔者旨在通过具体问题的应对进而探讨我国土壤污染防治立法中土壤污染修复制度体系的构建。我国并没有专门的土壤污染立法，本文从散乱地分散在其他环境要素和资源要素立法中有关土壤污染修复的规范中，论证我国土壤污染防治制度和土壤环境风险规制制度的缺失。与土壤污染的严峻状况相对应的是，我国的土壤污染事件以及土壤环境风险事件也频频发生。2016 年最受公众关注的江苏常州外国语学校"毒地"事件便是一个显见的例子。在常州外国语学校土壤污染案件之中，土壤污染就显示出"看不见的污染"之特征，它不像空气污染和水污染那么显而易见，普通民众无法察觉，更无法感知土壤环境风险。而只有土壤污染所致人体健康损害发生之时，人们才开始关注。这正是土壤污染的特殊性之所在，也是土壤环境风险急需规制的理由。

2018 年 8 月 31 日，我国通过了《土壤污染防治法》。在这部专门性的土壤污染防治立法出台之前，我国的土壤污染防治和土壤环境风险规制几乎是"法外之地"。此前，我国并无专门针对土壤污染防治和土壤环境风险规制的立法，只有一些法条散见于《中华人民共和国宪法》（以下简称《宪法》）、《环境保护法》、《水污染防治法》、《大气污染防治法》、《中华人民共和国水土保持法》（以下简称《水土保持法》）、《中华人民共和国固体废物污染环境防治法》（以下简称《固体废物污染环境防治法》）和《中华人民共和国土地管理法》（以下简称《土地管理法》）之中。其他一些相关行政法规，如《基本农田保护条例》和《农药管理条例》等也可以为土壤污染防治和土壤环境风险规制提供一些规范，但是，这两部条例的规定主要侧重农用地而对工业用地鲜有涉及。杂乱的法律规范无法有效应对严峻的土壤污染防治和土壤环境风险规制，频繁发生的土壤环境事件也迫切需要专门性的地方应对。

二、政府环境质量责任强化

（一）政府环境质量责任强化的法律规范依据

历史和生态往往是制度规范的决定性要素。[①] 长期以来，我国的污染防治法都是重在管控排污企业，而对于政府责任比较忽视。在污染防治理念层面，我国的环境立法传统是以排污企业为主要的政府管制的对象，而忽略对于政府行为的规范和约束。在这样的立法思路引导下，我国尚未有成熟的法律法规来规范和约束政府环境质量责任，政府环境质量责任的监督和约束主要通过规范性文件这种"软法"机制加以推行。[②] 从立法理念和法律规范条文来看，环境质量已经成为我国环境立法的立法目标。以环境质

---

① 参见［日］青木昌彦《比较制度分析》，周黎安译，上海远东出版社 2006 年版，第 57 页。
② 参见马波《论政府环境责任法制化的实现路径》，载《法学评论》2016 年第 2 期。

量的维护和提升为环境立法的目标，环境保护制度设置和制度架构均围绕环境质量目标展开。① 首先考察 2014 年修订的《环境保护法》，这部法律直接规定地方各级人民政府应当对本行政区域的环境质量负责。② 在立法理念层面，为了实现这个目标，《环境保护法》主要贯彻的理念是：污染物源头治理、以环境规划为先行、为了源头控制必须转变经济发展方式并调整优化产业结构和布局、广泛运用新能源和清洁能源发展清洁生产机制。环境质量评价依赖一系列的以环境科学为基础的评价指标体系。在法律制度层面，围绕如何维护和提升环境质量，《环境保护法》设置了环境质量标准、环境质量限期达标规划、环境质量和污染源监测及评价规范、污染损害评估制度、重点区域污染联合防治等制度。

（二）政府环境质量责任的治理基础

自 20 世纪 80 年代末我国施行《环境保护法》以来，政府在环境监督管理中的职责经历了一个嬗变的过程：从最初的法律强调政府对于污染者的监督管理转变为强调政府对环境质量的责任。同时，政府的角色也在悄然发生变化，从最初的环境行政管理者和"守夜人"转变为环境治理的主导者。"在对待环境这类公共物品的过程中，政府机关的角色是多样的，即兼具决策者、服务提供者、管理者、监督者的功能。政府角色转换的根本在于从统治环境向治理环境、向'有限政府'的思路转变。"③ 遵循这个思路，《环境保护法》不仅强调政府对于环境质量的责任，并且规定了大气环境质量目标责任制和考核制度，要求将这种环境质量责任落到实处。④ 以环境质量改善为导向的环境管制措施，除了传统的污染控制措施以外，还应重视区域环境规划、城市综合管理、区域产业优化、生态红线的空间管控、区域环境综合整治等以综合环境管理为特征的环境管制措施，以及构建多部门协调和联动的环境治理模式，促进公众参与和环境共治。⑤

政府环境质量责任的内涵是丰富的。

（1）政府为何是环境管理的最适合主体，主要原因在于环境物品的公共属性。在环境政策研究领域，受制于环境本身公共物品或公共资源的

---

① 参见徐祥民《环境质量目标主义：关于环境法直接规制目标的思考》，载《中国法学》2015 年第 6 期。
② 参见《环境保护法》第六条。
③ 吴贤静：《"生态人"：环境法上的人之形象》，中国人民大学出版社 2014 年版，第 285 页。
④ 参见《环境保护法》第二十六条。
⑤ 参见李挚萍《论以环境质量改善为核心的环境法制转型》，载《重庆大学学报（社会科学版）》2017 年第 2 期。

"非排他性",以及环境污染治理的正外部性,使得政府介入环境治理具有客观上的正当性和有效性。①

(2)环境管理是现代政府的主要职能之一。现代政府的职能从过去的统治职能转向了更多的是公共服务和公共行政的职能。政府不再是绝对的统治者,而是服务者和责任者。② 政府环境职能的履行也应当强调政府的身份和角色的嬗变。

(3)政府履行环境管理的职能和环境质量责任的目的是增进公共利益。政府职能是多样的,除了环境管理还有国家安全、国防、教育等职能,这些职能与环境管理职能的性质有差异。分析其原因主要在于国防和国家安全等职能的维护是为了国家整体利益,而政府履行环境职能则是为了增加全体公民的公共利益,这是由环境质量的公共物品属性决定的。③

(4)政府环境质量责任的理念和制度构建与其他职能大不相同,这也要求政府在履行环境质量责任之时以提供环境公共物品和环境公共服务为基本导向。政府环境质量责任履行的公共利益导向,使得政府履行环境质量责任的目标和管理理念大不相同。政府作为基本的行政组织,必然有其行政目标。政府的行政目标是政府在一定时期内行使管理权必须达到的目的和定量指标。为政府设定行政目标一方面可以为政府行政管理指明方向,激励和导向政府行政行为;另一方面,政府行政目标也可以衡量政府行政管理的效果和效率。政府履行环境质量责任的目标不是单纯地对环境实施管理,而是为了向民众提供环境质量这种公共产品。这个基本点为政府公共行政行为提供了总体目标和措施,提出了更好的要求。为了实现提升和维护环境质量的目标,政府应当制定环境质量目标、污染减排目标、总量控制目标、生态保护措施等,以提升区域环境质量,实行目标管理。《大气污染防治行动计划》也强调,为了实现大气环境质量的提升,重点区域必须将重点污染物的减排目标作为约束性的目标,以此为基础构建以改善环境质量为核心的政府责任考核机制。④

---

① 参见赵新峰、袁宗《区域大气污染治理中的政策工具:我国的实践历程与优化选择》,载《中国行政管理》2016年第7期。
② 参见张康之、李传军、张璋《公共行政学》,经济科学出版社2002年版,第28页。
③ 参见李文良等《中国政府职能转变问题报告》,中国发展出版社2003年版,第2页。
④ 参见《大气污染防治行动计划》。

三、环境风险规制政策背景

(一) 生态文明和美丽中国建设的重点领域

美丽中国之美,不仅在于社会系统内部的和谐和可持续发展,也在于人类与大自然的和谐共处。生态文明是对工业文明的反思和超越,生态文明为人类指明了今后发展的必然道路——人与自然和谐共处之道。美丽中国和生态文明建设是高度统一的,美丽中国是远期目标,生态文明是实现美丽中国的必由之路。生态红线是美丽中国的生命线,是保障国家生态安全的底线,也是生态文明建设的重要内容。根据党的十八大的报告,建设美丽中国应重点关注的领域是:生态修复、治理荒漠化和石漠化、水土流失综合治理、保护生物多样性、扩大森林面积、扩大湖泊面积、扩大湿地面积、提高防洪抗旱排涝能力、建设防灾减灾体系、加强对气象及地质灾害的防御和应急等。就主要环境资源要素而言,党的十八大报告重点提出了强化对水、大气、土壤等污染的防治。

(1) 如何应对环境风险和气候变化也是生态文明和美丽中国建设的重点领域之一。温室气体主要是指能够吸收来自地球表面和大气的长波辐射,同时保留应该发散到太空中的热量的气体。从一定程度上而言,地球所具备的适于人类居住的气候条件和其他星球上的不适于人类居住的气候条件都可以归因于大气层内温室气体浓度和分布状态。改变各种温室气体的浓度能够改变气候。[①] 随着时间的推移和臭氧层的破坏,温室气体排放量不断增加,改变了大气中温室气体的浓度。温室气体导致的气候变化及温度上升是现代社会最为关注的问题之一,也是国际关系中最为重要的领域。不断出现的证据说明,人类的一些行为(如燃烧化石燃料、砍伐热带雨林、向大气层中排入各种类型的温室气体)就像在制造一床热毯,保留了过多热量以致升高了地表温度。任何减缓气候变化的行动都提供全球性的公共物品,这意味着非常有可能发生"免费搭车"行为。尽管气候变化经历了多轮的国际谈判,在国内层面,气候变化仍然是需要正面应对的。国家层面的气候变化应对主要是通过政策措施和法律制度对温室气体的排放加以控制。很遗憾,我国 2015 年新修订的《大气污染防治法》中并未体现温室气体控制的理念和规范,这是我国今后建立美丽中国和生态文明建设需要

[①] 参见[美]汤姆·蒂坦伯格、琳恩·刘易斯《环境与自然资源经济学》,王晓霞、杨鹂、石磊等译,王晓霞校,中国人民大学出版社 2011 年版,第 372 页。

重点关注的领域。以《中华人民共和国清洁生产促进法》(以下简称《清洁生产促进法》)和《中华人民共和国循环经济促进法》(以下简称《循环经济促进法》)为代表,我国目前实施的清洁生产和循环经济措施主要有:优化产业结构,发展低能耗和能源利用效率高的产业,大力发展高新技术产业,研究和大力推广清洁能源和可替代能源,加强企业循环生产建设,利用市场化措施建立循环利用经济系统。

(2)预防环境风险和治理环境损害是生态文明建设的核心内容。就美丽中国建设应当坚持的原则来说,党的十八大报告提出预防为主、综合治理原则,在国际环境关系领域强调持共同但有区别的责任原则、公平原则、各自能力原则,在气候变化应对领域强调同国际社会一道积极应对全球气候变化。《中共中央国务院关于加快推进生态文明建设的意见》指出,"提高环境风险防控和突发环境事件应急能力,健全环境与健康调查、监测和风险评估制度"[1]。这说明,环境风险防控、环境风险评估以及环境风险的全过程管控已经成为生态文明建设的重要领域。与此同时,2015年《生态文明体制改革总体方案》提出,"完善突发环境事件应急机制,提高与环境风险程度、污染物种类等相匹配的突发环境事件应急处置能力"[2]。这是在生态文明的实施层面再次强调环境风险管控。以生态文明建设为基本背景,在生态文明理论和实践层面探索土壤环境风险规制,这是契合我国生态文明发展和生态文明建设理念的。生态系统多样性指的是特定区域中供生物体生存的栖息地之多样性,物种多样性指的是一个生态系统中所发现的物种种类的多变程度,基因多样性指的是单种群物种的DNA(脱氧核糖核酸)中所记录的基因信息范围多样性。生物多样性损失和生物多样性保护是一个全球性的议题,也是我国应该重点应对的领域。我国2015年1月实施的新《环境保护法》相较1989年《环境保护法》的一个显见进步是加大了生态保护制度方面的立法。诸如生态补偿、生态红线、生态修复等制度均是在这部新《环境保护法》中得到确定的。新《环境保护法》第三十条明确对生物多样性保护、外来入侵物种规范等做出了规定。此前,生态补偿、生态红线、生态修复等都是在地方立法之中展开,缺乏国家法律的强有力立法支撑。

(二)"十三五"规划

与此同时,2016年《国民经济和社会发展第十三个五年规划纲要》"第

---

[1] 《中共中央国务院关于加快推进生态文明建设的意见》。
[2] 《生态文明体制改革总体方案》。

四十四章　加大环境综合治理力度"的"第三节　严密防控环境风险"也提出"实施环境风险全过程管理""加强生态环境风险监测预警和应急响应""加强海洋气候变化研究,提高海洋灾害监测、风险评估和防灾减灾能力"等内容,这些内容都涵盖了土壤环境风险规制的内涵。① 这说明,无论是作为我国立国策略的生态文明建设,还是我国经济社会发展的重大方针"十三五"规划,都将环境风险防控作为重要建设目标。《国民经济和社会发展第十三个五年规划纲要》对我国"十三五"期间生态环境保护工作的逻辑主线解读是:要把提高环境质量这一核心贯穿于目标制定、指标分解、任务落实、政策导向的全过程,协同匹配好治污减排、风险防控、宏观调控、生态保护等各方面,共同支撑环境质量改善,多部门联动,多手段并用,提高环境质量改善实效。②

(三)《"十三五"生态环境保护规划》

与国家层面的"十三五"规划纲要相适应,《"十三五"生态环境保护规划》第四章的"第三节　分类防治土壤环境污染"专门论述了土壤环境风险防控、开展土壤污染治理与修复、强化重点区域土壤污染防治,以严格管控建设用地开发利用土壤环境风险。国家层面的政策和战略也依赖法律制度保障实施。国家层面提出的区域环境治理和区域大气环境联合防治措施的有效贯彻,依赖完善的法律规范和完备的法律制度。《"十三五"生态环境保护规划》"第六章　实行全程管控,有效防范和降低环境风险"专章提出了如何应对环境风险,主要包括完善风险防控和应急响应体系、加大重金属污染防治力度、提高危险废物处置水平、夯实化学品风险防控基础和加强核与辐射安全管理。其中,风险防控和应急响应体系是土壤环境风险规制的制度基础,加大重金属污染防治力度和提高危险废物处置水平与土壤风险环境规制密切相关。

这表明,无论是作为我国立国策略的生态文明建设,还是我国经济社会发展的重大方针"十三五"规划,抑或《"十三五"生态环境保护规划》,都将土壤环境风险管控和规制作为重要建设目标。《国民经济和社会发展第十三个五年规划纲要》对我国区域经济发展与环境治理关系的解读是:环境质量管控是"十三五"期间抓生态环境保护工作的逻辑主线。这既是问题导向,也是目标导向。强调环境质量改善与总量减排、生态保护、

---

① 参见《国民经济和社会发展第十三个五年规划纲要》第四十四章第三节。
② 参见吴舜泽、万军《科学精准理解〈"十三五"生态环境保护规划〉的关键词和新提法》,载《中国环境管理》2017年第1期。

环境风险防控等各项工作的系统联动,将提高环境质量作为统筹推进各项工作的核心评价标准,积极推进各项工作。① 如何使国家战略提出的环境风险防控和土壤环境风险应对得以落实,如何细化《土壤污染防治行动计划》提出的土壤环境风险防控策略,使之更具有可操作性和可执行性,仰赖对具体制度内容的探索和研究。

(四) 污染防治三大战役

我国有关污染防治的三大战役分别是《水污染防治行动计划》《大气污染防治行动计划》和《土壤污染防治行动计划》所涉及的三项行动。除了这三个重点领域,根据我国的美丽中国战略,我国的环境立国国策应当包含如下一些领域的基本环境政策措施。环境保护部提出"打好大气、水、土壤污染防治三大战役",即大气污染防治、水污染防治和土壤污染防治。这三者的防治以《大气污染防治行动计划》《水污染防治行动计划》和《土壤污染防治行动计划》为基本指针。《"十三五"生态环境保护规划》的第四章专门针对我国三大污染防治行动计划,其中,第三节是"分类防治土壤环境污染"。《"十三五"生态环境保护规划》强调土壤环境治理,这贯穿土壤环境风险管控的主线,通过制度体系来实施土壤环境风险管控。主要包括土壤环境质量调查评估,对土壤环境质量状况的维护与提升,受污染地块修复与再利用制度等。

2016年出台的《土壤污染防治行动计划》是今后我国土壤污染防治的行动指南,该计划也强调土壤环境风险管控的理念。维护土壤生态环境稳定、保障公共健康、最大程度地减少农业生产对人群健康和土壤生态系统带来的环境风险的需求是非常迫切的。因此,本文的探讨有现实主义的面向,对现有土壤环境风险评估的实体内容和法定既有程序进行了实证研究,契合《土壤污染防治行动计划》的基本要求;文章对于土壤环境风险评估制度的探讨也有理论探讨的维度,基于对现有法律规范和技术规范的梳理,对土壤环境风险评估制度改良的探讨既有空间的扩展也有深度的开掘,既有对法律与科技问题的法理重构,也有助于我国构建环境风险相应的法律制度和法律文化。最后,笔者提出在我国制定专门性中华人民共和国土壤污染防治法律的契机下,应当贯穿环境风险应对法理的建议。文章对土壤环境修复制度现有规范所做的文本分析,是实证层面的探讨;文章对风险规制和环境管制理念的重述,也具有法理探讨的维度。

---

① 参见吴舜泽、万军《科学精准理解〈"十三五"生态环境保护规划〉的关键词和新提法》,载《中国环境管理》2017年第1期。

1. 土壤污染防治和土壤环境保护方面

与美丽中国建设相应，今后我国土壤污染防治和土壤环境保护领域需要加强的有如下几个方面：

（1）健全土壤环境修复制度。现有的土壤环境修复制度在立法层面存在很多显见的缺失，能否仅仅依据土壤环境修复技术来解决目前严峻的土壤污染问题呢？事实是，仅仅依赖科学技术是不周延的，科学技术更多的是一种工具理性，是达到某一目的所应用的手段；它无法证明目的的正当性，无法证明什么是应当的，什么是不应当的。① 土壤生态系统的平衡和土壤环境状况维持良好状态，依赖于生物数量间巧妙的平衡，自然界达到其深远目的，但问题是，有时这种巧妙的平衡被破坏了。当土壤中一些种类的生物由于使用杀虫剂而减少时，土壤中另一些种类的生物就出现爆发性的增长，从而搅乱了摄食关系。这样的变化能够很容易地变更土壤的新陈代谢活动，并影响到它的生产力。这些变化也意味着使从前受压抑的潜在有害生物从它们的自然控制力下得以逃脱，并上升到为害的地位。② 土壤污染以及土壤环境修复混杂了诸多社会因素，譬如人们对政府行为的认可、民众对土壤污染的感知、社会经济持续发展的面向、土壤污染所致的人群和生态系统风险。土壤环境修复不仅仅是单纯的技术过程，更应当具有价值判断的立场，而科学技术的"价值中立"无法全面解决土壤污染所致的社会、经济问题和兼顾所有利益相关者的利益。在土地规划的全球关注语境下，尤其是在一个全球人口不断增长，气候变化，水资源、土地资源日益稀缺和需求量不断攀升的时代，对于土地资源的可持续利用是至关重要的。人们应识别这些科学技术是否以及怎么样影响利益相关者对于风险的感知，并且，评估特定的土壤修复技术能否被采用。③

（2）完善土壤环境标准体系。完善我国土壤环境标准体系，具体而言应当成就以下几个方面：

第一，根据土地分类完善土壤环境质量标准体系。土壤环境质量标准体系是土壤修复的基础标准。我国土壤环境管理侧重于管理农用地，对工业用地的管理规范不甚完备，而且，即使农用地的土壤环境质量标准也无法涵盖所有农用地。我国在确定具体环境修复目标时应该考虑如下因素：

---

① 参见苏力《制度是如何形成的》，北京大学出版社2007年版，第107页。
② 参见［美］蕾切尔·卡逊《寂静的春天》，吕瑞兰、李长生译，吉林人民出版社1997年版，第49页。
③ 参见 Stringer L. C., Fleskens L., Reed M. S., et al. Participatory Evaluation of Monitoring and Mode-ling of Sustainable Land Management Technologies in Areas Prone to Land Degradation. Environmental Management, 2014, 54: 1022 – 1042.

①环境质量要求。环境质量标准是强制性标准而且是最低标准,不同区域的环境都需要满足相应的环境质量标准要求。②污染区域未来规划用途。受污染区域的规划如果已经被调整,环境修复应该以将来用地性质的环境质量标准为修复的主要依据。① 现行《土壤污染环境标准》的适用范围是"农田、蔬菜地、茶园、果园、牧场、林地、自然保护区等地的土壤"。这项环境标准的覆盖面有限,也未能体现土地分类管控目标,目前缺失耕地和建设用地土壤环境质量标准。《土壤污染防治行动计划》对农用地提出了类型划分标准,不同类型的农用土地应当有不同的土壤环境质量标准。

第二,健全土壤污染物排放标准。保护土壤环境质量和修复土壤环境污染的前提是从源头控制土壤环境污染。土壤污染具有累积和叠加效应,如果不能有效减少土壤污染物质,或者不能有效对已经产生的土壤污染进行治理,便很难达到保护和改善土壤环境质量的目的。因此,健全的土壤污染物排放标准是治理土壤污染和保护土壤环境的有效措施。

2. 水污染防治和水环境保护方面

清洁的水和水生态环境是人类生存和经济社会发展须臾不可或缺的要素。美丽中国建设要应对的三个核心问题便是水、大气和土壤问题。水污染是最大的环境问题,制约着人的生活质量,水污染和饮用水安全问题已经成为危及人的生命、健康、发展等人之存在根本的隐性或显性问题。当前我国约 1/3 的水体已经丧失了水体的直接使用功能,40% 以上重点流域的水质没有达到水质标准,流经城市的河流河段普遍受到污染;全国 3 亿多农村人口饮用不合格水,许多是因为水污染造成的。我国水资源存在的问题不仅有水污染,还有水量分布不均、洪水管控的问题。为此,我国的所有资源要素和环境要素立法之中,有关水的立法是最成体系的。我国水资源和水环境相关的法律法规有《中华人民共和国水法》(以下简称《水法》)、《水污染防治法》、《中华人民共和国防洪法》(以下简称《防洪法》)、《水土保持法》、《取水许可制度实施办法》等,我国还有大量有关水污染防治和水环境保护的地方立法。《水法》和《水污染防治法》历经了几次修改,与现时代先进的环境管理理念比较符合。在建设美丽中国的宏大目标中,我国要应对的水方面的问题主要有:水污染防治、水量分配、水生态环境修复、地下水保护、水土保持、防洪。结合我国 2015 年实施的《环境保护法》和修订过的《水法》《水污染防治法》等几部法律,以美丽中国和生态文明建设为背景思考,我国在当前和今后若干年水污染防治和水环境保护

---

① 参见李挚萍《环境修复目标的法律分析》,载《法学杂志》2016 年第 3 期。

领域应当重点建设的有如下几个方面：

（1）提升水环境质量。《环境保护法》《水法》《水污染防治法》等几部法律都强调水环境质量提升。尤其以《环境保护法》为首，新《环境保护法》第一次规定了政府环境质量责任。

（2）水源保护和饮用水保护。水源保护与饮用水保护是一个问题的两个方面。我国水量分配不均，南北和东西部差别较大，我国实施了"南水北调"工程，将南边的水源引到北方供北方居民饮用。同时，对水源的保护也与国家安全密切相关，人类历史上很多国家之间的战争都是因水源引起的。

（3）水污染源头防治。水污染源头防治不只是从排放源头预防，放置于更为广泛的场合，也强调产业升级与转换，强调清洁生产和循环经济，这是广义的源头防治。

（4）强调提高用水效率，提高生活用水、工业用水和农业用水效率。

（5）地下水污染预防。地下水与整个水生态系统是一个整体，地下水与土壤状况也会相互影响。对地下水污染的预防是今后水污染防治层面的一个重要领域。

3. 大气污染防治和大气环境保护方面

大气污染防治和大气环境保护领域也是近年来民众普遍关心的领域。2015年我国对《大气污染防治法》进行了修订，修订后的《大气污染防治法》于2016年实施。新《大气污染防治法》的多处修订都符合我国社会经济发展状况，紧跟国家大气环境治理的趋势。归纳起来，当前的《大气污染防治法》主要侧重以下几个方面。这几个方面也是当前和今后我国进行美丽中国和生态文明建设的重点。

（1）强调大气环境质量。新《大气污染防治法》明确提及"大气环境质量"的条文有36处，约占全部法条的1/3。该法强调"大气环境责任"有如下两层含义：一方面，强调落实政府对大气环境质量的责任。另一方面，新《大气污染防治法》不仅强调政府对于大气环境质量的责任，还在第四条规定了大气环境质量目标责任制和考核制度，要求将这种环境质量责任落到实处。《大气污染防治法》强调大气环境质量是该法律实施的直接目的，该法第二条直接规定防治大气污染的直接目标就是改善大气环境质量。为了达到改善大气环境质量的目标，应当坚持从源头治理大气污染，以大气污染防治规划为基础，从根本上而言应当转变经济发展的粗放型方式、优化产业结构和布局，并且调整能源产业结构，发展替代性能源和清洁能源。大气环境质量评价依赖一系列的以环境科学为基础的评价指标体系。在中国，很长一段时间里，不同的大气环境质量评价体系基本上专门适用于对大气环境质量的观察和城市的大气环境质量趋势，而不是适用于对公众公开日常的大气环境质量。① 新《大气污染防治法》第二章"大气污染防治标准和限期达标规划"不仅规定了严格的大气环境标准，还规定了日常的大气环境质量应该向公众公开。围绕如何实现大气环境质量，该法设置了大气环境质量标准、大气环境质量限期达标规划、大气环境质量和大气污染源的监测和评价规范、大气污染损害评估制度、重点区域大气污染联合防治等制度。

（2）设置"最严格的"大气污染防治制度。区域复合性污染是近几年出现的新问题，为了应对这个新问题，新《大气污染防治法》在第五章专章规范"重点区域大气污染联合防治"。防治措施包括建立大气污染联防联控机制、设定政府目标责任、编制重点污染区域规划、重点防治区域大气环境质量检测、交叉执法、联合执法等，还规定从发展清洁能源、优化经济布局、统筹交通管理等方面对大气污染重点区域进行污染综合预防和综合治理，以实现重点区域大气环境质量达标。这远远超越了旧法的单纯防治污染源，将重点区域污染联合防治上升为大气污染综合治理和大气环境质量控制的高度。新《大气污染防治法》坚持促进生态文明建设以及改善大气环境质量的原则，设置了专章"重污染天气应对"，这相对于旧法是一个突破。第六章的内容主要涵盖重污染天气监测预警体系、突发重污染天气应急管理、应急预案、重污染天气监测等措施和手段。旧法只规定对划定为"大气污染物排放总量控制区"的区域实现大气污染总量控制。该法第二十一条规定"国家对重点大气污染物排放实行总量控制"，设置了措施贯彻总量控制。

法律责任的强弱直接决定执法力度和守法程度。2015年修订的《大气污染防治法》在法律责任方面也超越了旧法，不仅体现在责任形式、责任力度，还扩大了责任主体范围。该法的责任形式不局限于罚款、责令停业、关闭等，还有停工整治、停业整治、责令改正等，而且处罚力度远远高于旧法；同时，新《大气污染防治法》还规定公民个人的法律责任，如第一百一十九条规定的"违反本法规定，在人口集中地区对树木、花草喷洒剧毒、高毒农药，或者露天焚烧秸秆、落叶等产生烟尘污染的物质的"以及违法燃放烟花爆竹的法律责任。

（3）大气生态环境综合防治。新《大气污染防治法》有几处规范针对

---

① Yu K., Chen Z., Gao J., et al. Relationship Between Objective and Subjective Atmospheric Visibility and Its Influence on Willingness to Accept or Pay in China. PLoS ONE, 2015, 10 (10).

大气生态环境的综合防治，第二十八条提出建立和完善大气污染损害评估制度等。综合生态系统治理要求运用综合手段对生态系统的各个组分进行综合评估、综合考量和综合治理。以水生态系统综合治理为例，综合水生态系统管理和保护要求水量管理、清洁水环境、风险评估、周边人口影响、公众参与、技术手段运用等。[①] 新《大气污染防治法》对于大气生态系统的综合治理仅仅做了原则性的、零星的规定。这意味着，该法在追求大气环境综合生态管理方面迈出了一步，可以为今后行政法规或者地方立法细化奠定基础。

除了这些宏观的战略定位，与土壤污染防治和土壤环境风险规制相关的国家层面的文件有《关于切实做好企业搬迁过程中环境污染防治工作的通知》《关于加强土壤污染防治工作的意见》《重金属污染综合防治"十二五"规划》《国务院关于加强环境保护重点工作的意见》《国家环境保护"十二五"规划》《关于保障工业企业场地再开发利用环境安全的通知》《近期土壤环境保护和综合治理工作安排的通知》《中共中央关于全面深化改革若干重大问题的决定》《关于加强工业企业关停、搬迁及原址场地再开发利用过程中污染防治工作的通知》。地方层面的文件有重庆市《关于加强关停破产搬迁企业遗留工业固体废物环境保护管理工作的通知》、《沈阳市污染场地环境治理及修复管理办法（试行）》、重庆市《关于加强我市工业企业原址污染场地治理修复工作的通知》、《浙江省清洁土壤行动方案》、浙江省《关于加强工业企业污染场地开发利用监督管理的通知》、江苏省《关于规范工业企业场地污染防治工作的通知》、上海市《关于保障工业企业及市政场地再开发利用环境安全的管理办法》。

（4）大气环境质量维护和提升。当时，环境保护部新增设了"大气环境管理司"，负责全国大气、噪声、光、化石能源等污染防治的监督管理。大气环境管理司的职能主要是：拟订和组织实施大气、噪声、光、化石能源等污染防治的政策、规划、法律、行政法规、部门规章、标准及规范。承担大气、噪声、光、化石能源等污染防治和相关环境功能区划等工作。组织测算并确定区域大气环境容量，开展大气环境承载力评估，承担大气污染物来源解析工作。拟订全国大气污染防治规划，指导编制城市大气环境质量限期达标和改善规划。建立对各地区大气环境质量改善目标落实情况的考核制度。组织划定大气污染防治重点区域，指导或拟订相关政策、规划、措施。组织拟订重污染天气应对政策措施。建立重点大气污染物排

---

① Sandrine Simon. A Framework for Sustainable Water Management: Integrating Ecological Constraints in Policy Tools in the United Kingdom. Environmental Review, 1999, 1: 227–238.

放清单和有毒气体名录。承担大气污染物排污许可、总量控制、排污权交易具体工作。建立并组织实施新生产机动车、非道路移动机械环保监管和信息公开制度。组织协调大气面源污染防治工作。负责有关国际环境公约国内履约工作。

《国民经济和社会发展第十三个五年规划纲要》提出"以提高环境质量为核心，实现生态环境质量总体改善"。党的十八届五中全会提出了2020年全面建成小康社会"生态环境质量总体改善"的总体目标，并鲜明地提出要以提高环境质量为核心要求，这标志着从过去10年单一的主要污染物排放总量约束到环境质量约束的转变。以提高环境质量为核心，统筹部署"十三五"生态环境保护总体工作，是《国民经济和社会发展第十三个五年规划纲要》的基本主线。生态环境质量总体改善是全面建成小康社会的主要目标之一。生态环境质量总体改善，其基本要求就是环境质量只能更好、不能变差、不能退步，主要要求环境质量指标要有所好转，一些突出环境问题如大规模严重雾霾、城市黑臭水体等状况明显减轻。这一目标的确立标志着我国环境保护要求发生转折性变化，需要在"十三五"乃至更长一段时间内，久久为功，积小胜为大胜，从量变到质变，着力从全面恶化、局部改善、有所改善到总体改善和基本达标。研究主要从以下三方面因素来确定与生态环境质量总体改善相应的目标的指标：一是综合考虑公众环境质量诉求、环境指标可行可达、经济社会可承受等因素，以及我国人口高密度、产业高强度、能源结构不合理等客观情况，既要积极作为，又不能操之过急。二是重视后发优势与制度优势，注重运用解决阶段性环境问题的规律。我国不少地区已经达到比较高的经济发展水平，可能实现与发达国家"历史同期"相当的环境质量指标。同时兼顾区域差异，采取针对性措施加强中西部等地区的环保工作，精准提升重点区域、重点城市环境质量。三是以民生改善为导向，增加与公众感受息息相关的环境质量指标。从"好""差"两头着力，努力解决人民群众反映强烈的突出环境问题，保障公众享有基本安全的环境质量服务。《国民经济和社会发展第十三个五年规划纲要》综合考虑"十三五"期间经济社会发展趋势，按照质量主线、全面小康、突出重点的考量，突破传统的土壤、生态等薄弱环节，系统构建了"十三五"规划的目标指标体系，包括生态环境质量、污染物排放总量、生态保护修复等方面的多项指标。具体指标项方面，一是设置水、大气、土壤和生态状况的生态环境质量指标，将《国民经济和社会发展第十三个五年规划纲要》中的环境质量约束性指标和森林发展指标全部作为该纲要的约束性指标，同时增加受污染耕地安全利用率、污染地块安全利用率两项土壤方面的约束性指标，增加了地级及以上城市重度及以上污染天数比例下降、近岸海域水质优良（一、二类）比例、重要江河湖泊水功能区水质达标率、地下水质量极差比例、湿地保有量、重点生态功能区所属县域生态环境状况指数、草原综合植被盖度等预期性生态环境质量指标；二是在保留"十二五"期间控制的二氧化硫、氮氧化物、化学需氧量、氨氮主要污染物排放总量基础上，增加重点地区重点行业挥发性有机物、重点地区总氮、重点地区总磷等区域性污染物排放总量预期性指标，突出环境质量改善的针对性；三是设置国家重点保护野生动植物保护率、全国自然岸线保有率、新增沙化土地治理面积、新增水土流失治理面积等保护修复方面的指标。

《国民经济和社会发展第十三个五年规划纲要》第十篇"加快改善生态环境"制定了城市空气质量达标计划，严格落实约束性指标，使地级及以上城市重污染天数减少25%，加大重点地区细颗粒物污染治理力度。为深化落实中央关于推进生态文明建设、全面深化改革的决策部署，正确协调经济发展与环境保护之间的关系，牢固树立并切实贯彻"创新、协调、绿色、开放、共享"的发展理念，国务院先后颁布实施了《大气污染防治行动计划》《水污染防治行动计划》以及《土壤污染防治行动计划》，对大气、水、土壤三种基本环境要素及相关环境资源的保护工作进行了全面部署，并就大气、水、土壤的污染防治等工作提出了周密的行动计划。根据《北京市2013—2017年清洁空气行动计划》，2017年，北京市大气中细微颗粒物（PM2.5）浓度要低于60微克/立方米。2014年1月22日，《北京市大气污染防治条例》正式实施。《北京市大气污染防治条例》中阐明：大气污染防治，应当以降低大气中的细颗粒物浓度为重点，坚持从源头到末端全过程控制污染物排放，严格排放标准，实行污染物排放总量和浓度控制，加快削减排放总量。强化改善环境质量目标管理。在项目环评中强化准入管理是环保部明确提出的一项要求，环保部要求建立项目环评审批与规划环评、现有项目环境管理、区域环境质量联动机制，同时，强化改善环境质量目标管理；细化污染物排放方式、浓度和排放量，严格建设项目污染物排放要求；严格高能耗、高物耗、高水耗和产能过剩、低水平重复建设项目，以及涉及危险化学品、重金属和其他具有重大环境风险建设项目的环评审批。

《"十三五"生态环境保护规划》第四章"深化质量管理，大力实施三大行动计划"中的第一节是"分区施策改善大气环境质量"。实施大气环境质量目标管理和限期达标规划，各省（区、市）要对照国家大气环境质量标准，开展形势分析，定期考核并公布大气环境质量信息。强化目标和任务的过程管理，深入推进钢铁、水泥等重污染行业过剩产能退出，大力推进清洁能源使用，推进机动车和油品标准升级，加强油品等能源产品质量监管，加强移动源污染治理，加大城市扬尘和小微企业分散源、生活源污染整治力度。深入实施《大气污染防治行动计划》，大幅削减二氧化硫、氮氧化物和颗粒物的排放量，全面启动挥发性有机物污染防治，开展大气氨排放控制试点，实现全国地级及以上城市二氧化硫、一氧化碳浓度全部达标，细颗粒物、可吸入颗粒物浓度明显下降，二氧化氮浓度继续下降，臭氧浓度保持稳定、力争改善。实施城市大气环境质量目标管理，已经达标的城市，应当加强保护并持续改善；未达标的城市，应确定达标期限，向社会公布，并制定实施限期达标规划，明确达标时间表、路线图和重点任务。

第三节 土壤环境风险法律规制目标

一、改善土壤环境质量

《土壤环境质量标准》（GB 15618—1995）规定的三个类型的土壤环境质量标准，每个类型均规定了土壤中污染物质的最大含量，若超过这个最高含量，土壤环境质量便会下降。

（一）土壤环境质量的内涵

可以说，土壤环境质量彰显了土壤环境容量的最高限度。土壤环境质量具有以下几个方面的内涵。

1. 土壤环境质量彰显土壤生态环境容量的最高限度

我国设立的耕地红线、水资源红线都兼具环境质量红线和资源利用上限的功能。一旦超越了土壤环境质量红线，便是超越了土壤环境可以承受的环境阈值。事实上，土壤环境容量阈值和水环境红线都是依据自然规律，根据水环境以及生态系统的自然修复标准划定的，一旦超越了这个底线，土壤环境便很难自然修复，这将引发生态灾难。预防原则已经成为制定环境政策的一个主要指引，它是基本常识的反映。由于预防原则有助于在人类与生态系统相互作用的广泛的范围内维持生态系统的健康和可持续性，它的贯彻实施能够避免直接对生态系统的资源和服务进行最大化开采。预防原则的简单明了之处在于它与占主流地位的现代全球化经济潮流相反；后者鼓励企业家的冒进，对经济增长充满信心，并以此作为至上的美德。预防原则的实际实施不能独立于生态系统的可持续性与其他社会关注的热点之间的短期平衡。[①] 只有当对生态系统的使用强度始终小于看上去的最大值时，生态系统服务才可以在一个真正可持续发展的基础上进行，这就是预防原则。

当前对生态环境之侵扰很大程度来自化学物质的污染，土壤环境质量也预示着土壤生态系统自身的尺度。当工农业生产向土壤生态系统之中排放污染物之时，这些污染物质都是土壤生态系统从未体验过的。[②] 污染物质长期在土壤之中积累，会带来大自然状况的改变和对大自然尺度的破坏。大自然的尺度是不会改变的，唯一改变的是人类对于大自然的使用、是人类不断进化的技术、是人类不断产生的把生态系统推向临界值的冒险行为，因为对临界值的估计是不准确的，而且生态系统所能提供的服务的承受能力是波动的。如果人们对于生态系统的使用强度过大而将其推至稳定域的边界，自然生态系统的波动就会通过降低生态系统服务水平的方式来保持生态的稳定。

2. 土壤环境质量反映土壤环境中污染物的最高可容纳限度

在环境和生态系统加诸任何增长过程的自然压力中，技术应用是如此成功，以至于整个文明都是在围绕着与极限做斗争而进展的，而不是随着学会与极限一起生活而进展的。[③] 事实上，生态规律无处不为人类活动设定限度。地球生态系统和资源的限度与人类活动之间的关系是微妙的，一度看起来不可穷尽的海洋，如今也由于过度捕捞正在慢慢失去一个个的海洋生物物种。因此，将人类的行为限定在生态系统和自然资源的限度之内是理性的选择。环境承载力又被称为"环境负载定额"或"生态系统的忍耐"，是指某一有机体在遭受干扰或处于逆境的情况下，被容许生存的各种

[①] 参见［英］杰拉尔德·G. 马尔腾《人类生态学——可持续发展的基本概念》，顾朝林、袁晓辉等译校，商务印书馆2012年版，第97页。

[②] 参见［美］蕾切尔·卡逊《寂静的春天》，吕瑞兰、李长生译，吉林人民出版社1997年版，第6页。

[③] 参见［美］丹尼斯·米都斯《增长的极限》，李宝恒译，吉林人民出版社1997年版，第113页。

生理特征。①

从某种程度上而言，人类改造和利用大自然也是为了提高大自然的承载力。但是，人类行为对于大自然的干扰实质上是在降低和破坏大自然的承载力。② 环境承载力反映的是环境容量的上限和生态系统受到干扰的上限。地上水的恶臭，是天然的、有一定极限的水生态系统领域超过负荷的结果，造成这种结果的原因，要不是直接倾入其中的，以污水和工业废物形式出现的有机物质，便是非直接地由水藻所释放出的养分，这些养分是由废水处理产生的，或者是过分施化肥的土壤所渗出来的。③ 同样，土壤污染也释放给人们一个信号，即人类向土壤环境中排放的污染物质已经超过了土壤环境的自洁能力，以至于引起土壤环境质量下降。土壤生态系统的紊乱也是一个标志，即土壤系统被滥用了，以食品形式出现的这个领域里的有机物质，是以一种超出土壤腐殖制重建的速度被提取着的。试图避免土壤所遇到的这个问题而采用的技术手段，即使用无机肥料，是能够恢复土壤生产力，但是却付出了不断污染土壤和地下水的代价。

3. 土壤环境质量是土壤生态安全的底线

土壤环境质量同样也是土壤生态环境应当保持的最低安全状况和最低安全限度。此处所言最低安全，指的是生态安全，也即生态系统的安全。生态安全的最低限度即为了维护生态安全绝对不能突破的底线。

所谓"生态安全"，指的是生态系统处于一种不受污染或者破坏威胁的安全状态，或者说人类生态系统处于一种不受环境污染、生态破坏的危害的安全状态；它表示自然生态环境和人类生态意义上的生存、发展和完整的安全程度和风险大小。④ 生态安全的空间范围是多样的，既可以是国家范畴的，也可以是区域范畴的。不论在国家还是在区域空间范围，生态安全指的都是生态系统组分和结构合理、生态系统功能完备、生态系统能够保持稳定、生态系统能够持续地为人类经济社会发展提供支撑能力的状态。生态安全是国家安全的重要组成部分。生态安全是一种稳定的状态，决定着生态安全状态的关系或指标主要有：人类与自然环境之间的关系是否和谐、人类与其他物种的关系是否稳定、生态系统是否平衡和稳定，这几个

---

① 参见［英］E. 马尔特比等《生态系统管理：科学与社会管理问题》，康乐、韩兴国等译，科学出版社2003年版，第58页。

② 参见蒋辉、罗国云《可持续发展视角下的资源环境承载力——内涵、特点与功能》，载《资源开发与市场》2011年第3期。

③ 参见［美］巴里·康芒纳《封闭的循环——自然、人和技术》，侯文蕙译，吉林人民出版社2000年版，第98页。

④ 参见蔡守秋《生态安全、环境与贸易法律问题研究》，中信出版社2005年版，第3页。

方面的微妙平衡决定着生态安全的状态。从生态系统的具体组分而言，生态安全关涉土壤生态安全、水生态安全、大气生态安全、生物多样性丰富等多个具体层面。总体而言，生态安全对当今我国具有决定性的战略意义。生态安全对于一个国家的长远发展起基础作用，原因主要在于：

（1）我国当前面临很严峻的生态环境问题，诸如人口增加、资源短缺、环境污染严重、湿地锐减、荒漠化和石漠化、土壤沙化等问题，这些问题将在未来很长一段时间影响我国发展。总体而言，生态安全的话题不仅应当考虑本国范围内的生态系统稳定状况；从国家关系和国际环境的视角，生态安全还意味着本国生态安全是否能够抵御来自国外的压力。[①] 生态安全对于一个国家的影响不仅体现在生态环境保护领域，也体现在国际关系和国际政治领域。一个国家的生态安全也是综合国力的一个重要因素，影响到国家交往以及国际关系的维护。

（2）从生态风险的角度观察，近些年频发的生态破坏和环境事件，以及持续恶化的生态状况提示我国已经步入生态环境高风险时期。生态安全将是制约我国长期经济社会发展、公众健康和社会稳定的重要因素。因此，为了抵御来自国内和国外的威胁，在我国加强生态安全制度建设尤为重要。我国近几年发布的国家战略和政策文件中都多次强调生态空间管控。生态空间管控制度包括生态红线制度、生态风险评价制度、生态修复制度、生态空间规划制度、生态功能区制度等。生态空间管控制度对于加强和维护生态安全必然起到重要的作用。[②]

（二）环境质量作为环境规制的目标

当人们探讨地方土壤环境质量的时候，很多由于污染对环境质量产生的否定性结果便被揭示出来；同时，也有人强调对土壤污染的客观和主观方面的衡量。[③] 对于土壤环境质量和土壤污染的客观衡量标准包括土壤中排放的污染物，诸如重金属污染等。这些污染物对土壤环境质量以及人体健

---

① 参见李亚、何鉴孜《耕地红线的话语之争——可持续发展背后的争论及其思考》，载《北京航空航天大学学报（社会科学版）》2016年第3期。
② 参见邹长新、王丽霞、刘军会《论生态保护红线的类型划分与管控》，载《生物多样性》2015年第6期。
③ Leena Karrasch, Thomas Klenke, Johan Woltjer. Linking the Ecosystem Services Approach to Social Preferences and Needs in Integrated Coastal Land Use Management—a Planning Approach. Land Use Policy, 2014, 38: 522–532.

康产生的影响还远远未被完全探讨。① 曾经的国家环境保护总局于 1995 年发布的《土壤环境质量标准》(GB 15618—1995)将土壤环境质量划分为三类：第一类土壤环境质量标准适用于国家划定的自然保护区、饮用水水源地、茶园、牧场等，第二类标准适用于一般农田，第三类标准适用于林地及污染容量较大的农田土壤。② 并且，根据这三类土地，分别设置了重金属及其他污染物含量的最高限值。环境质量是衡量一个区域环境状况的重要指针，环境质量的好坏包括多种指标，主要有大气、水、土壤、噪声、固体废物、生态保护等多种因素。③ 环境质量的好坏还成为影响居民身心健康和日常生活的因素。关于环境质量，《环境保护法》规定了政府的环境质量责任④、环境质量标准⑤、环境质量监测⑥、环境质量与公众健康关系研究⑦、环境质量信息⑧等。除了这些直接规定环境质量的法律规范，还有很多规范以维护和提升环境质量为目的。

(三) 环境质量作为立法目标

改善环境质量成为我国近几年新修订的几部环境资源法律的立法目的。2014 年修订的《环境保护法》规定了区域限批制度。⑨ 区域限批制度的目的便是为了维护一个区域或者流域的整体环境质量。2015 年修订的《大气污染防治法》也将改善大气环境质量作为最重要的立法目的，并且是诸多大气污染防治制度皆力求达到的目的。以环境质量改善为导向的环境管制措施，除了传统的污染控制措施以外，还应重视区域环境规划、城市综合管理、区域产业优化、生态红线的空间管控、区域环境综合整治等以综合环境管理为特征的环境管制措施，以及构建多部门协调和联动的环境治理

---

① Liao Peishan, Shaw Daigee, Lin Yihming. Environmental Quality and Life Satisfaction: Subjective Versus Objective Measures of Air Quality. Soc Indic Res, 2015, 124: 599–616.
② 参见《土壤环境质量标准》(GB 15618—1995)。
③ Claire A. Horrocks, Jennifer A. J. Dungait, Laura M. Cardenas, et al. Does Extensification Lead to Enhanced Provision of Ecosystems Services from Soils in UK Agriculture? Land Use Policy, 2014, 38: 123–128.
④ 参见《环境保护法》第六条、第二十八条。
⑤ 参见《环境保护法》第十五条、第十六条。
⑥ 参见《环境保护法》第十七条。
⑦ 参见《环境保护法》第三十九条。
⑧ 参见《环境保护法》第五十四条。
⑨ 参见《环境保护法》第四十四条。

模式，促进公众参与和环境共治。①

贯彻2014年修订的《环境保护法》之基本理念，2015年修订的《大气污染防治法》更为强调大气环境质量。该法第二条即强调防治大气污染的目的是"改善大气环境质量"②。《大气污染防治法》通篇围绕维护和提升大气环境质量展开，无论是大气污染综合防治制度、政府大气环境质量责任、区域限批制度、总量控制制度等，都直接指向维护和提升大气环境质量。从法条来看，2015年新修订的《大气污染防治法》明确提及"大气环境质量"的条文有36处，约占全部法条的1/3。2017年6月发布的《中华人民共和国土壤污染防治法（征求意见稿）》突出"以提高环境质量为核心，实行最严格的环境保护制度"③。2017年修订的《水污染防治法》也沿袭了2014年《环境保护法》和2015年《大气污染防治法》的立法理念。这几部法律中关于环境质量的内容强调说明，我国立法中将改善环境质量作为立法目的和法律制度实施的目的，已然成为我国环境立法的基本趋势。

（四）土壤污染导致土壤环境质量下降

当前，我国已经成为世界上最大的发展中国家，我国的年经济增长率超过了日本和美国，跃居世界第一。然而，经济高度增长伴随着高度工业生产所产生的大量污染。城市化的进程和工业化的进程占用了更多的土地，各种工农业生产排放的污染物排入土壤之中。越是工业发达的城市，土壤污染越是严重，土壤环境质量正在不断恶化。在当今世界的任何国家中，土壤污染和土壤环境风险都是它们必须直面的重大问题。我国经济正处在高度城镇化和工业化阶段，传统的高能耗和高消耗的工业生产模式必然消耗大量的能源和资源，而留下大幅度的工业污染，土壤污染的直接后果就是土壤环境质量下降。第十二届全国人大第四次会议通过的《国民经济和社会发展第十三个五年规划纲要》明确规定："实施土壤污染分类分级防治，优先保护农用地土壤质量安全，切实加强建设用地土壤环境监管。"④从该条规定不难看出，土壤污染分类分级防治和土壤环境监管的终极目的便是维护土壤环境质量。

---

① 参见李挚萍《论以环境质量改善为核心的环境法制转型》，载《重庆大学学报（社会科学版）》2017年第2期。
② 参见《大气污染防治法》第二条。
③ 《中华人民共和国土壤污染防治法（征求意见稿）》，中国人大网：http://www.npc.gov.cn/npc/flcazqyj/node_8176.htm，征求意见时间：2017年6月28日至2017年7月27日。
④ 参见《国民经济和社会发展第十三个五年规划纲要》。

(五) 土壤环境质量作为土壤环境风险规制的目的

从表象而言，可以将土壤环境风险法律规制的具体规制目标理解为防御具体的风险发生。从土壤环境风险管控的制度体系而言，土壤环境风险法律规制的目标是以风险为基础的土壤环境风险评估、土壤环境风险管控以及土壤环境修复。从土壤环境风险法律规制的终极目标而言，本书认为土壤环境风险法律规制的目标是维护和提升土壤环境质量。随着人们对环境质量的关注度日益增加，土壤污染对土壤环境质量的直接影响便成为近年来诸多研究关注的重点。如何理解土壤环境质量，有必要回答这样的问题：土壤环境质量和人们的生活满意度之间的关系是怎么样的？土壤污染与土壤环境质量下降之间的关系如何？人们的感官能直接感受到土壤环境质量下降吗？这几个问题指引我们从客观和主观两个层面来理解土壤环境质量。[①]

有研究数据显示，环境质量、GDP 和贸易之间存在关系，而且在不同的地区这种关系呈现出不同的特点。全球化对于人类可持续发展和环境保护的影响是多元的。从理论和经验层面观察，这种影响很微妙。确实，全球化以及贸易对于环境质量和可持续发展的影响既有正面的、又有负面的。[②] 在工业文明之中，技术的发展和进步与生态环境的保护和恶化构成了社会发展中的最主要矛盾之一。要解决这个根本矛盾，根源还在于对技术发展方向的选择和对技术潜在损害和风险的控制。科学技术的创造和创新有赖于对技术的法律控制，呈现在法律上便是法律制度。因此，研究如何创新和变革法律制度以控制技术风险和损害，从而达到生态保护的目的，显得尤为重要。美丽中国作为中国今后几十年的建设目标与生态文明建设是高度统一的，是一个问题的两个层面。因此，有必要将土壤环境质量的研究置于整个历史发展背景之中。

环境质量划定的环境要素，如水环境、大气环境、土壤环境等，都是典型的公共资源。我们应当如何避免公共资源的过度使用？有些社会制度使得过度开发公共所有资源成为个人理性的选择，从而造成公共资源的悲剧。如此，我们需要探讨建立新的制度来保证可持续应用成为理性的选择。在设定环境质量红线之前，我国对于环境质量的控制指标主要是实施总量

[①] Ray C. N. How Polluted Is Ahmedabad City? Environmental Risk Assessment. Economic and Political Weekly, 1997, 32 (40): 2508–2510.

[②] Abbas Rezazadeh Karsalari, Mohsen Mehrara, Maysam Musai. Trade, Environment Quality and Income in MENA Region. Hyperion Economic Journal Year Ⅱ, 2014, 2 (2).

管理方法,根据总量减排的目标值实施总量减排,由重点区域重点污染物的总量减排来实现对环境质量的控制。然而,我国现在实施的污染物总量减排对于维护环境质量显得有些捉襟见肘,这也是环境质量红线发展起来的原因。一方面,污染减排只是针对重点区域和重点污染物,我国《水污染防治法》和《大气污染防治法》都只是规定了部分区域的污染物总量控制方法。另一方面,仅仅实施污染物总量控制不足以维护整体环境质量。由于污染物容易在不同区域之间流动,不同区域之间缺乏协调合作,环境质量有时候不仅没有提升反而下降了。因此,现有的总量控制方法不足以支撑环境质量全面改善。以雾霾为例。过去10年,我国每年增加机动车2000万辆,粗钢5000多万吨,煤炭2亿吨,能完成主要污染物排放量削减已属不易。但治理雾霾要综合应用各种手段,包括能源结构和产业结构调整以及城市精细化环境管理等。因此,环境质量红线的实施是非常有必要的。

尽管环境质量红线是在污染物总量控制的基础上发展起来的,这两者的关系仍然相辅相成。我国新修订的《环境保护法》强调政府对环境质量负责,质量改善除了完成固定源的重大治理工程外,还要充分发挥国家和地方两个方面的积极性。地方政府对改善环境质量负责,对质量恶化的应采取公开约谈、环保督查、区域限批等。政府对环境质量负责通过哪些制度实现,根据新《环境保护法》的规定,该法主要创制了区域限批、环境质量目标责任制、部门间协作制度等这些以提升区域环境质量为目的的环境法制度。从我国《环境保护法》关于环境质量维护的法律制度的发展演变历程也不难发现其规律。1989年《环境保护法》对环境质量维护侧重于通过污染物浓度控制、污染物总量控制和设置环境质量标准来间接维护环境质量;而2014年《环境保护法》将环境质量责任规定为政府负责任的目标,规定了环境质量目标责任制、空间管控制度、区域限批、部门间协作制度等,从立体的维度来提升环境质量。总体而言,我国环境法对于环境质量的规制经历了从污染物管理至空间管理和区域管理的历程,这也从侧面论证了我国环境制度和环境保护理念发展进化的历程。

二、维护土壤生态系统

健康的土壤是指一个具有生物多样性和高度生物活性的土壤,简而言之就是具备水土协调、养分平衡、不受污染，并且有可持续自净能力的土壤。[①] 健康的土壤意味着土壤中的各种化学和物理成分都处于平衡状态，微生物活性大，只有平衡的状态才可以抵御外来污染的伤害。土壤安全不仅仅停留在概念层面，它还切实地影响到了人们的生活。从土壤中蕴含的生物以及生物多样性的维度，土壤中有机质的状况是土壤健康的核心内容。判断土壤中的有机物状态，应当综合物理、化学和生物学的指标。土壤是基因库，也是营养库，土壤还是能量库。土壤中蕴含的基因、营养和能量构成了微生物和生物生存的家园。在土壤这个基因库、营养库和能量库之中，各种微生物和生物构成了一个生态系统。现代工业化所造成的土壤环境污染规模之大，影响之深远前所未有。一旦土壤被污染，土壤之中蕴含的基因、营养和能量过程的平衡被打破，便会导致土壤出现各种病虫害、土壤酸化、土壤退化等，继而导致土壤生产力的下降，并且直接影响食物安全。

　　土壤安全作为生态安全的一个重要因素影响着我们的食物安全。众所周知，我国的粮食产量尽管连续12年增加，但是，我国仍然是最大的食品进口国。粮食安全的核心问题是什么？核心是土壤安全的问题。土壤安全包含综合性的内涵，主要包括土壤的状况、土壤环境质量、土壤生产力、土壤数量、土壤资本性等五个主要方面。这五个关涉土壤安全的属性综合了社会、经济、自然、资源等多方面的概念。因此，土壤安全是一个比土壤质量、土壤健康和土壤生态保护更为宽泛的概念。土壤健康、土壤质量和土壤生态保护是不同层面的概念，也是在不同时期被提出来的，每个学者和科学家的认识也不一致。对于土壤健康和土壤安全的认识还可以基于文明的历程，人类历史上很多文明的存续时间是1000年左右。用土壤流失的厚度来衡量这个1000年就是1米左右的土壤。人类很多文明的消失都是源于土壤流失，例如，复活节岛和楼兰古国，由于土壤流失和沙化，这两个地方的文明就整体消失了。

[①] 参见龚子同、陈鸿昭、张甘霖《寂静的土壤》，科学出版社2015年版，第83页。

第三章 土壤环境风险法律规制主体

规制意味着从管理行政到治理行政这一转化的根本在于行政理念的转化,即从冲突、对抗到合作。① 土壤环境规制的转向也表现在以下几个方面:第一,土壤环境风险规制的参与主体,由原有的政府单一主体转向政府、非政府组织和公众皆参与其中。第二,土壤环境风险规制的措施,由原有的政府强力管控转向综合运用多种措施,包括经济激励措施等市场化机制。第三,土壤环境风险规制的机制,从单一的政府行政意志转向多元主体参与的合作治理机制。

第一节 政府主导土壤环境风险规制

一、政府如何主导环境风险规制

来自受污染土壤的固体污染和气态污染如果不断地累积,达到一定程度后可能对人体产生急性或者慢性的健康风险。在更多情况下,人体如果长期暴露于低浓度的污染之中容易产生慢性健康风险,或者不知不觉地患上恶性疾病。以工业中最常用的溶剂三氯乙烯为例,人体长期低浓度地呼吸三氯乙烯,会造成肾衰竭、泌尿系统出现疾病、中央神经系统受损和气态免疫性的疾病。前文述及,我国已经步入环境风险高发时代,我国立法中也凸显出环境风险规制的主题,政府应当如何作为来规制土壤环境风险,是土壤环境风险规制的核心和主导。土壤环境事件是否频发,土壤环境风险界定和分配是否完备,取决于政府土壤环境风险规制行为是否有效和是否有效率。政府作为公权力机关,又负有环境质量责任,其责无旁贷是土

---

① 参见刘水林、吴锐《论"规制行政法"的范式革命》,载《法律科学》2016年第3期。

壤环境风险规制的主导主体。政府在公共治理的过程中也不可避免地需要应对土壤环境风险。

土壤环境污染、土壤环境修复和土壤环境风险规制是关系到不特定民众切身利益的，政府在对土壤环境风险加以规制之时，应当更多地考虑民众的利益诉求和参与愿望，尽可能地为民众提供公众参与的机会。当具有环境风险的项目可能影响到民众的环境利益和人身利益之时，政府如果仍无视公众的环境利益、环境诉求和参与诉求，政府便可能会面临较大的民意反弹，这种情况下，就算政府出台相关政策或者批准相关项目，或许也无法顺利实施。政府作为土壤环境风险规制的主导和核心，要最大程度地保障公众参与权，首先应当强调政府信息公开。根据我国的《中华人民共和国政府信息公开条例》（以下简称《政府信息公开条例》），政府在环境治理过程中，应当依法公开多种信息，使公众能够获取环境信息，并保障公众能够有效参与其中。[1]

二、政府环境风险规制角色嬗变

（一）从环境管制向环境治理转变

前文述及，由于环境质量的公共物品属性，政府履行环境质量责任的理念和措施必然不同于传统的行政管理。土壤污染和土壤环境质量的公共物品属性，也决定了政府的环境管理理念转向环境治理。治理并非由某一个人提出的理念，也不是某个专门学科的理念，而是一种集体产物，或多或少带有协商和混杂的特征。[2] 土壤污染和土壤环境质量的特性使我们在探讨政府的角色时，不得不考虑其他主体的因素。政府是土壤环境风险法律规制的主导，但并非唯一的主体。土壤污染防治、土壤环境风险规制和土壤环境质量治理多多少少带有协商的特性。那些可能会受到土壤污染和土壤环境质量下降影响的主体，他们也有可能会利用自身掌握的知识、采取不同的策略来参与土壤污染和土壤环境质量的治理。多主体的参与，也意味着存在多种来源的知识和多种决策途径。这个时候，在土壤污染和土壤环境质量治理领域发挥竞争机制、协商机制和契约机制的作用就显得非常

---

[1] Falconer K. Pesticide Environmental Indicators and Environmental Policy. Journal of Environmental Management, 2002, 65: 285–300.

[2] 参见［法］让-皮埃尔·戈丹《何谓治理》，钟震宇译，社会科学文献出版社 2000 年版，第 19 页。

有必要。尤其重要的是，环境问题经常是动态的，其影响范围甚为广泛，而且受影响的主体也是不特定的，通常需要通过谈判、协商和契约机制来解决大家都共同面临的大气污染问题。① 事实上，政府的环境公共行为与民众之间的互动正是相互影响的，公众与政府之间的契约、协商和互动正是导致政府角色转变和政府环境质量转变的推手。而在土壤污染和土壤环境质量治理的过程中，政府与公众在互动和博弈的过程中增进公共利益。② 政府治理理念和实践的发展，既可以通过传统的规范性演进路径，也可以在实践中推行。当土壤污染和土壤环境风险治理的新领域凸显，当公众都需要参与这个治理领域，政府便有意识或者无意识地进行制度建构以实现对土壤污染和土壤环境风险的多主体治理。③ 这种引导性的制度建构形式包括公民参与区域大气污染防治事务管理等。

政府"治道变革"含义广泛，但从大的方面来说，无非是"政府职能的市场化、政府行为的法制化、政府决策的民主化、政府权力的多中心化。政府职能的市场化包括国有企业的民营化、公共事务引入内部市场机制等"④。在公民治理模式下，行政管理职业者成为公民管理的顾问而不是控制者，他们的功能将转换为公民参与管理的促进者、协调人和专业咨询者、辅助者，达成某种权力的"让渡"，促使公民对社区决策发挥实质性的影响作用。⑤ 治理一词，不同于政府或者行政的概念，目的在于说明治理保护者参与社区公共政策制定和执行的公民、选任代议者和公共服务职业者的全部活动。⑥

环境治理指的是环境保护制度和规则运行过程结合政府、企业、社会多元主体的模式。环境治理展示的是国家能力、制度能力与治理体系良性互动的"良治"。⑦ 环境治理的规范基础、治理事项，以及对公共行政的使

---

① 参见李文钊《国家、市场与多中心：中国政府改革的逻辑基础和实证分析》，社会科学文献出版社 2011 年版，第 283 页。
② 参见［法］让-皮埃尔·戈丹《何谓治理》，钟震宇译，社会科学文献出版社 2000 年版，第 22 页。
③ 参见［美］杰里·马肖《贪婪、混沌和治理》，宋功德译，商务印书馆 2009 年版，第 15 页。
④ ［美］E. S. 萨瓦斯：《民营化与公私部门的伙伴关系》，周志忍等译，中国人民大学出版社 2002 年版，译者前言第 2 页。
⑤ 参见［美］理查德·C. 博克斯《公民治理：引领 21 世纪的美国社区》，孙柏英等译，中国人民大学出版社 2005 年版，译者前言第 4 页。
⑥ 参见［美］理查德·C. 博克斯《公民治理：引领 21 世纪的美国社区》，孙柏英等译，中国人民大学出版社 2005 年版，第 2 页。
⑦ 参见《"十三五"生态环境保护规划》。

用，皆不同于传统的环境管理。① 区域环境公共治理，是在区域一体化发展的背景下，由区域内多元主体（包括政府、企业、个人等）共同解决区域内公共问题、实现区域公共利益、采取协商机制实现区域公共事务管理的过程。② 非营利组织还不受地域限制（而地方政府要受地域限制），能在多辖区的基础上提供服务。它的这些特点进一步凸显了发展政府部门与非营利组织关系的重要意义。事实上，双方的这种合作并非仅限于公共服务的边缘地带，而是更多地发生在公共服务的核心领域。③

规制意味着从管理行政到治理行政这一转化的根本在于行政理念的转化，即从冲突、对抗到合作。这主要体现在以下三点：第一，行政目标的实现方式，从运用权力行政到权力与非权力行政混合运用。除了运用具有强制力的行政权力，还可以综合运用财政补贴、税收优惠等其他经济激励机制，以实现对环境质量规制的经济诱导，将环境规制引入公共政策目标轨道。我国《环境保护法》规定的主要税种是污染税，污染税针对排放污染的行为，采用税收作为杠杆来调节污染的外部不经济性，促使排污者减少污染物排放，促进企业加强技术创新以提高资源利用效率。④ 第二，行政职能的履行主体从行政机关扩展到其他社会公共组织。包括政府间组织和非政府间组织，有社区组织、行业协会等，这些公共机构能够承担环境公共事务管理的职能。第三，行政运行机制，从单向的行政意志贯彻到多元参与的合作治理。⑤ 政府的环境规制或研发补贴政策能够促进环境领域的技术创新，从而促使生产者减少污染排放，而且不会牺牲经济增长。在制度经济学领域，制度学派的核心观点可以总结为"制度有效论"。在环境治理领域，制度在明晰产权和交易制度、促进环境技术进步以及促进环境多边合作等方面均具有重要作用。⑥

（二）多元主体参与治理

由于环境的区域性特点，环境作为公共物品只能在有限的地域范围内

---

① 参见俞可平《权利政治与公益政治》，社会科学文献出版社 2005 年版，第 142 页。
② 参见张劲松等《政府关系》，广东人民出版社 2008 年版，第 254 页。
③ 参见［美］菲利普·J. 库珀《二十一世纪的公共行政：挑战与改革》，王巧玲、李文钊译，中国人民大学出版社 2006 年版，第 107 页。
④ 参见葛察忠、龙凤、任雅娟等《基于绿色发展理念的〈环境保护税法〉解析》，载《环境保护》2017 年第 2 期。
⑤ 参见刘水林、吴锐《论"规制行政法"的范式革命》，载《法律科学》2016 年第 3 期。
⑥ 参见何为、刘昌义、刘杰等《环境规制、技术进步与大气环境质量——基于天津市面板数据实证分析》，载《科学学与科学技术管理》2015 年第 5 期。

来考察供给效率。地方政府提供的公共物品能够最大程度地迎合该地区居民的需要和偏好，因而由地方政府来提供地方性公共物品往往是最有效率的。由于环境的区域差异性和复杂性，以及由此带来的信息获取的困难，环境治理必定不是单一中心的集权统治，而是分散的。现代环境法运用的是分权化的管理运作，既有地方环境机关的管理，也有区域环境机关的管理。美国1972年《联邦水污染控制法案》和1987年《水质法案》就针对点源污染和非点源污染采取了不同的规范措施。为治理点源污染所采取的措施也就是对各种类型的排放源采取统一的技术控制手段，该手段不适用于控制非点源污染。就管理权限而言，非点源污染最好由州和地方机构来解决，因为控制非点源污染的关键在于针对具体的地点，考虑流域的特点、水体特征、非点源的性质、非点源污染水体用途的破坏状况等灵活具体的管理实践。另外，由于各环境要素的特质，环境要素的管理一般由不同的行业部门进行。我国2014年《环境保护法》规定了环境保护主管机关和其他机关的环境保护职责。[①]可见，环境管理充满着各管理机关之间的权力在离散基础上的平衡。治理和修复土壤环境，以及管控土壤环境风险，以对土壤环境问题的正确认知为前提。环境问题具有系统性、复杂性、影响范围广和不确定的特点，环境问题的特征使环境治理和保护必须是多个视角的，并且要考虑多元主体的参与。因为对每一个不特定的主体而言，环境问题都可能会产生直接的影响，而且每一个不特定的主体都有可能对环境问题产生影响。因此，环境治理必须考量不同主体的激励和约束。[②]

环境政策实施过程中的公众参与有以下要点：①公众参与应当公正地代表所有有可能受到环境政策影响的人群之利益；②公众参与的过程应当以一个毫无偏见的方法和程序来进行（没有来自无关的利益集团和利益组织的干预）；③公众参与过程必须在环境政策制定的早期进行，以便利益相关者能够实际上对环境政策产生影响；④公众提出的意见应当得到环境政策制定者和执行者的执行；⑤公众参与的过程必须是透明的，所有人都能够获知信息；⑥公众参与程序必须得到更多来自财政、会议和参与形式的保障；⑦公众参与应当在一个务实的立场上被组织。[③]

---

① 参见《环境保护法》第十条。
② 参见李文钊《国家、市场与多中心：中国政府改革的逻辑基础和实证分析》，社会科学文献出版社2011年版，第285页。
③ Rianne M. Bijlsma, Pieter W. G. Bots, Henk A. Wolters, et al. An Empirical Analysis of Stakeholders' Influence on Policy Development: the Role of Uncertainty Handling. Ecology and Society, 2011, 16 (1): 51.

三、政府实施环境公共行为

（一）政府环境公共行政行为的程序正当要求

政府对土壤环境风险加以规制的行为是公共行为，而非私益行为。政府在环境风险规制过程中所做的政策决策应当充分考虑土壤环境污染可能导致的环境风险问题，对可能出现的环境风险加以评估。政府在决策之时应当充分考虑土壤环境风险的识别与评估，对土壤环境风险做到全过程的防控。最大的和最重要的风险控制合同产生于欧洲和日本。但在美国，联邦环保局和其他管理机构已经朝着这个方向迈出适度的步伐。根据1990年的《空气净化法》，如果公司能够在美国联邦环保局颁布相关规定之前达到减少90%的有毒物质污染标准，公司实际上可以签订合同豁免同意以私人计划替代公众命令，即便这一计划确保会以更低的成本获取更好的成效。[①]环境行政行为是实现环境公共治理的现实手段。环境行政合同，也称为环境行政契约，是环境行政主体与公民之间就环境事务达成的协议，这种行政行为加强了政府与公民之间的对话。在日本，地方公共团体与事业者，基于相互的合意达成公害防止协定。公害防止协定作为生态契约的典范，事实上启动了两个层次的交流：在前者，地方公共团体作为环境之受托人，反映生态主义者之主张与利益，要求事业者遵守一定的环境规范；在后者，反映生态人与事业者之间，生态人之间关于生态利益的对话与沟通机制。[②]此外，环境时代的行政手段还有环境行政指导和环境行政补偿等。在传统环境行政手段的基础上，新型的环境行政手段是契合环境问题特点的，而且充满了公共行政的精神。

法律的观点认为，环境行政的合法性在于程序的正当性和结果的公平。在环境行政诉讼中，最能够体现环境公共行政精神的是抗辩程序，即通过环境机关和行政相对人之间的相互争辩来解决问题。美国《行政程序法》规定了行政诉讼的抗辩模式，在这种抗辩模式中，行政法官保持中立性，行政案件的立案、证据收集、审判阶段的环境行政机关和行政相对人都保持地位上和权利上的对抗状态。可惜，我国行政诉讼法中的辩论原则远远不是这种对抗意义上的辩论。环境公共行政的法律途径中，替代性争端解

---

① 参见［美］凯斯·R. 孙斯坦《风险与理性——安全、法律及环境》，师帅译，中国政法大学出版社2005年版，第356页。

② 参见［日］原田尚彦《环境法》，于敏译，法律出版社1999年版，第113～123页。

决方式（非诉讼纠纷解决程序，ADR）比传统裁决方式具有更大的弹性，环境治理支持这种方法。替代性争端解决方式强调争端各方的独立性，强调程序的公平而非控制，强调各方的对话和个人的权利，强调效率和回应性。

(二) 政府环境公共行政行为的程序合理要求

由于环境问题和环境风险存在复杂和多元的特点，这种特点使政府的环境风险规制和环境资源管制行为存在着合法性和合理性危机。为了摆脱政府行为合法性危机和合理性危机，行政程序法要求政府环境行政管理依据恰当的程序进行。恰当的法律程序对提升政府环境管制效率和环境风险规制的民主性起着重要作用，为摆脱政府合法性危机提供了非常好的途径。法律程序不仅可以保障政府行为的程序公正，也能够有力确保政府行为结果的公平。如果政府行为没有依据合法程序进行，可能会涉及司法审查。当前，为了抑制行政权力滥用，上级行政机关更倾向于质疑行政机关的决策程序和决策结果。如韦德所言："一切取决于授权法的真实目的和意思。"[①] 也即是，环境行政行为的合理性关涉行政行为的正当动机、是否符合法定目的、是否有不相关因素的考虑等。[②] 对于政府环境行政行为的事实和程序合法性判断是检验政府环境行政行为是否合理合法的过程。如何检验和判断，存在很多经验性的因素，也存在诸多程序要素。总而言之，本书强调政府环境风险规制和环境管制的程序恰当，强调政府环境管制和环境风险规制结果的恰当合理。

---

① [英] 威廉·韦德：《行政法》，徐炳等译，中国大百科全书出版社1997年版，第67页。
② 有一个例子是1990年发生在英国的更正行政命令案。利兹市的城市委员会向一个土地所有人发出行政通知，要求土地所有人按照1949年的《预防昆虫危害法》的规定移走垃圾并把老鼠从土地上赶走或消灭。这个行政命令遭到土地所有人的拒绝。土地所有人向利兹市法院要求利兹市城市委员会更正行政命令。法院根据1990年的《环境保护法》第45条的规定（即收集家居废物是公共机关的职能和责任），否定了城市委员会行政命令的合法性。参见常纪文《环境法律责任的实现方式、原则和内容》，载《环境资源法论丛》第2卷，第298页。

第二节　企业土壤环境风险自愿规制

一、企业自愿规制的制度基础

（一）企业环境风险规制的体制基础

当代的管制或许最好描述为"混合行政"体制，其中私人主体与政府共同发挥着管制的作用。实际上，许多私人主体参与治理的方式很少为公众知晓、为政治家接受或是得到法学家的认真剖析。个人、私人企业、金融机构、公益组织、国内外标准设定机构、行业协会、工会、商业网络、咨询委员会、专家小组、自愿管制组织和非营利组织，都有助于履行我们至少在法律理论上认为应当由行政机关独自履行的管制职能。[①] 排污企业通过自行设定并满足一系列制度规定的内部清洁生产、污染排放标准等并进行自愿审查、监测、认证、实施和信息公开，以此回应来自政府、市场和社会的不同偏好，实际上是将自己置于政府管制、市场竞争和社会声誉的优势地位，并以此获取来自规制机关在环保执法裁量、权益赋予、税收优惠等方面的诸多优待。[②] 企业内部环境管理制度也被视为"第三代环境规制"的显著特点。企业内部环境管理制度的建立促进了环保规制对企业环境表现的正向效应。企业通过自发建章立制，提前了规制时机，有助于预防环境危害的发生。[③] 随着环境公共事件的频繁发生，由政府和公共机构作为主体的规制无法满足环境规制的需求。与此同时，环境公共事件对于环境规制的专业性要求越来越高，公权力机关由于财政能力、规制专业和范围的限制，越来越无法满足日益增多的环境公共事件规制需求，于是，以治理理论作为背景理论提出的"第三方规制"实践和理论便应运而生。第三方规制的核心是"第三方"，第三方指的是独立于政府之外的私人、企业以及其他组织。第三方规制指第三方规制主体经过政府的批准或合格认证，

[①] 参见［美］朱迪·弗里曼《合作治理与新行政法》，毕洪海、陈标冲译，商务印书馆2010年版，第140～141页。
[②] 参见王清军《自愿规制与环境法的实施》，载《西南政法大学学报》2017年第1期。
[③] 参见谭冰霖《论第三代环境规制》，载《现代法学》2018年第1期。

代替政府履行检查或认定职能，检查或认定费用由被规制者支付。①

在现实中，自愿管制方案根本不能自力更生。他们要依靠行业内（从贸易协会到公司成员和供应商的垂直关系以及成员间的水平关系）以及行业和公共机构之间的关系。② 实现环境与政治系统之间的互动，推动政治决策层的注意力分配，从而使环境保护目标成为政治决策层的重要目标之一；实现环境与经济系统之间的互动，推动经济政策和经济系统对环境问题的考量，从而使环境与经济之间实现共生；实现环境与社会系统之间的互动，唤起民众和社会的环保意识，从而形成有利于环境保护的社会资本；实现环境与生态系统之间的互动，使人与自然和谐共处，从而在更高层面实现生态文明和其他文明之间的兼容。③ 在很大程度上，政府和企业的关系如何构造由制度来决定。在政府、企业和公众多元共治背景下，政府与企业的关系更多地展现为政府主导-企业自主的模式。④

（二）企业环境风险规制的组织基础

组织是为了利用这些机会而被创造出来的，组织的演化又会改变制度。作为结果的制度变迁路径取决于：①由制度和从制度的激励结构中演化出来的组织之间的共生关系而产生的锁入效应；②由人类对机会集合变化的感知和反应所组成的回馈过程。⑤ 从当前的情况看，非政府组织、社区等都是新兴的社会自治体，它们在结构上、制度上和运行机制上也不会延续原先的政府组织模式。也正是因为它们在这些方面没有延续原先的政府组织模式，才使它们具有了新的社会自治体的属性，否则，它们就可能成为政府之外的第二个"政府"，甚至会变得比原先的政府更糟。⑥ 公共部门与私营部门之间互动的方式和复杂程度也发生了变化。私营机构在和政府打交道的过程中可能担任的角色包括选民、承包商、纳税人、受让人、游说者、顾问，从这一简短罗列中可以看出，私营机构可能担任的潜在角色种类越

---

① 参见刘亚平、游海疆《"第三方规制"：现在与未来》，载《宏观质量研究》2017年第4期。

② 参见［美］朱迪·弗里曼《合作治理与新行政法》，毕洪海、陈标冲译，商务印书馆2010年版，第185页。

③ 参见李文钊《国家、市场与多中心》，社会科学文献出版社2011年版，第293页。

④ 参见杨光斌《制度的形式与国家的兴衰——比较政治发展的理论与经验研究》，北京大学出版社2005年版，第25页。

⑤ 参见［美］道格拉斯·G. 诺斯《制度、制度变迁与经济绩效》，杭行译，韦森译审，格致出版社、上海三联书店、上海人民出版社2016年版，第8页。

⑥ 参见张康之《合作的社会及其治理》，上海人民出版社2014年版，第164页。

来越丰富，也越来越复杂。①

伴随着民间独创性的凸显，为了提高社会经济的活力，相关规制的必要性就大大减弱了，尤其是那些具体的微观层面的规制，应该探讨向民间委托乃至废止规制的路径。要具体问题具体分析，从尽量委托给市场机制的观点出发，区分为经济性规制和社会性规制更加有益。② 组织及企业家从事的是有目的的活动，因而，他们是制度变迁的主角，他们形塑了制度变迁的方向。③ 在追求这些目标的过程中，组织逐渐地改变着制度结构。组织并非总是社会生产性的，因为制度框架也时常会提供一些反常的激励。组织之所以被设计出来，是为了实现其创立者的目标。④ 经济组织的最大化行为通过以下几个途径形塑了制度变迁：①派生出了投资于各种知识的需求；②有组织的经济活动、知识存量与制度框架之间的持续互动；③作为组织的最大化行为的副产品，非正式约束也会有渐进性的改变。⑤

二、基于市场的企业环境规制

命令-控制型环境规制是最早被世界各国所采用的一种环境规制方式，也是中国最早采用的环境规制方式。所谓命令-控制型环境规制，是指政府为了实现一定的环境目标，通过立法或行政命令的方式制定污染排放标准或治污技术标准，并强制企业遵循，否则将会面临法律的惩处或行政处罚。中国的命令-控制型环境规制主要包括以下几种主要工具："三同时制度"、环境影响评价制度、限期治理制度、污染物排放浓度控制和总量控制制度、排污许可证制度。除此之外，污染集中控制、城市环境综合整治定量考核也属于命令-控制型环境规制工具。命令-控制型环境规制虽然操作起来简单易行，但一刀切的规制方式降低了被规制对象选择更有效的方式方法减少排污的激励，加之信息不对称，环境规制机构的成本有效性被大大降低。因此，自1972年OECD（经济合作与发展组织）提出"污染者

---

① 参见［美］约翰·D. 多纳休、［美］理查德·J. 泽克豪泽《合作：激变时代的合作治理》，徐维译，中国政法大学出版社2015年版，第10页。
② 参见杨建顺《行政规制与权利保障》，中国人民大学出版社2007年版，第354页。
③ 参见［美］道格拉斯·G. 诺斯《制度、制度变迁与经济绩效》，杭行译，韦森译审，格致出版社、上海三联书店、上海人民出版社2016年版，第87页。
④ 参见［美］道格拉斯·G. 诺斯《制度、制度变迁与经济绩效》，杭行译，韦森译审，格致出版社、上海三联书店、上海人民出版社2016年版，第88页。
⑤ 参见［美］道格拉斯·G. 诺斯《制度、制度变迁与经济绩效》，杭行译，韦森译审，格致出版社、上海三联书店、上海人民出版社2016年版，第93页。

付费原则"之后,基于市场的激励型环境规制开始受到各国政府的关注。企业环境信息公开制度和公众参与制度成为中国环境治理的一个主线。企业和其他利益相关者的社会、经济、环境利益都是密切相关的。政府以及企业积极的环境信息公开不仅能够保障公众的环境知情权和环境参与权,还能够监督政府的环境管理行为,帮助维护环境利益相关者之间的利益平衡。[1]

公众参与之所以重要,原因也在于行政机关决策效率低和行政管理成本高。由于行政机关决策和行政管理的特点,导致现代环境规制的一个显见趋势是广泛地运用市场机制或者市场化的制度工具。市场机制或者市场工具通过运用市场化的措施来刺激人们行为的动机。市场机制的作用机理不是传统的行政命令-控制式,而是激励式的。市场机制的典型工具有排污收费制度、交易许可证、押金返还制度等。如果市场机制得以很好地运用和执行,那么私人企业或者公民在追求各自利益的过程中,就能够同时实现良好的社会效益。因此,社会、个人和国家的利益衡平,换言之,三者利益的共赢就能够达到。环境监测服务需求贯穿大气污染防治过程的始终。在大气污染防治初期的基础性工作中,对大气污染状况以及污染地块的分布调查将涉及环境监测工作。大气污染治理过程中的风险评估筛查,以及对于已经产生污染损害的环境修复加以评估,也均涉及大量的环境监测。为保证修复目标落实,可以委托第三方机构对大气污染治理与修复成效进行综合评估。放开服务性监测市场,鼓励社会机构参与环境监测评估。

与行政行为的命令-控制式方法不同的是,市场机制的显著特点在于市场机制的低成本、高效率以及市场机制对于技术革新的激励。市场机制不仅与市场成本挂钩,同时也与技术革新和技术激励相应。同等状况下,市场机制的运用能够最大程度地激励企业采取环境友好技术和清洁生产技术。只有采取环境友好技术和清洁生产技术,才能够降低生产成本,同时减少污染物的排放,达到两者的双赢。市场激励机制主要有以下几种类型:可交易的许可证制度、排污收费制度、政府财政补贴制度、消除市场壁垒制度。从经济学理论而言,市场机制能够激励企业削减生产资料,从而达到消减污染物排放的目的。以市场规律和市场工具为主导导向的环境规制工具,不仅可以实现对污染负担的再分配,也可以在污染分配的过程中节

---

[1] Fang Kun, Wei Qiqi, Kathryn K. Logan. Protecting the Public's Environmental Right-to-Know: Developments and Challenges in China's Legislative System for EEID, 2007—2015. Journal of Environmental Law, 2017, 29: 285-315.

约经济成本，以及激励企业采取更多的先进清洁技术和环境友好技术。① 因此，市场机制的广泛运用能够兼顾生态利益和经济利益。

1972 年，OECD 环境委员会提出了"污染者付费原则"，这个原则的基本内容就是污染者必须为污染物排放付费。这个原则被视为市场机制运用的雏形和典型，目前也已成为世界上绝大多数国家都秉持的基本原则和制度。税费规制也是一种市场机制的运用，它的核心内容是：政府根据污染物排放的差异和差额向排污者征收一定比例的税费。征收污染税有助于将外部性环境问题内部化，达到资源配置的最优化。环境税费也是政府环境规制的基本工具之一。政府环境税费规制的意义主要在于：①激励排污者采取先进环境技术和清洁生产，以减少排污量；② ②环境税收为政府提供资金以投资于环境规制之中，环境税收款项是专款专用的。可交易的许可证制度也是环境规制的经济机制之一。可交易的许可证基本点是基于环境容量和环境所能纳污的总量。在环境容量的界限之中，一定区域和流域范围内的排污者之间可以就排污许可进行交易，只要保证交易的排污量不超过区域和流域的纳污总量即可。

三、企业自愿规制的其他途径

（一）企业社会责任的强调

在某种程度上，管理者们投入了他们自己的时间和精力以及他们企业的资源，来追求广泛的、未被商业动机冲淡的公共物品，他们面临着忽视——事实上，他们几乎可以肯定确实忽视了——界定他们任务的受托责任的风险。③ 企业社会责任代表了运用私人能力实现公共目标的一种完全不同的方法。对社会负责任的企业可以，并且事实上也必须自己采取行动来促进公共利益，而不必等待政府的首肯。④

---

① 必须指出的是，传统"命令－控制"型方法在理论上也可以实现成本最小化，但这需要对每个污染源制定不同的标准。为此，环境管理机关必须掌握每个企业所面临的执行成本的详细信息，然而，由于环境的区域差异性，这样的信息，环境管理机关显然是无法获取的。
② 参见《中华人民共和国环境保护税法》第二十五条，污染当量和排污系数都是与环境技术相关联的。
③ 参见［美］约翰·D. 多纳休、［美］理查德·J. 泽克豪泽《合作：激变时代的合作治理》，徐维译，中国政法大学出版社 2015 年版，第 283 页。
④ 参见［美］约翰·D. 多纳休、［美］理查德·J. 泽克豪泽《合作：激变时代的合作治理》，徐维译，中国政法大学出版社 2015 年版，第 281 页。

(二) 民营化趋势

民营化指一种政策，即引进市场激励以取代对经济主体的随意的政治干预，从而改进一个国家的国民经济。① 政府行为民营化的趋势主要表现在以下几个方面：①政府公共服务外包。政府以招标投标的方式将公共服务职能委托给公共机构或者企业来完成。②政府出售公共服务和公共物品。以公共物品的价值为基础和依据，政府以支付对价的方式将公共物品和公共服务出售给企业，如水资源使用权和采矿权等。③政府间协议提供公共物品和公共服务。④政府将某种垄断性经营权以特许的方式授予给企业，政府特许经营必须服从价格管制。⑤政府出台经济机制补贴消费和公共服务，这也是一种经济激励机制。② ⑥民营化不仅是一种管理的趋势，也是一种管理和规制工具，更是一个社会治理的基本战略。它根植于这样一些最基本的哲学或社会信念，即政府自身和自由健康社会中政府相对于其他社会组织的适当角色。③

(三) 企业自愿环境规制

可交易的许可证、环境税费和污染者付费原则，都是成文的和正式的法律制度。作为这些正式制度的补充，企业自愿环境规制便是非常必要的。企业自愿环境规制指的是排污者与政府环境规制机构达成协议，自愿采取先进技术来减少排污量和防治土壤环境风险，并且就污染物减排和环境信息公开接受环境规制机构和公众的监督和质疑。企业自愿环境规制首要的是企业自愿环境规制机构。与政府环境规制机构和公共机构相比较，企业自愿环境规制机构的运行成本更低，运行效率更高。首先，这体现在企业自愿环境规制机构在企业自身经营和生存的领域更容易掌握本领域的技术，也更容易具有革新意识，从而也更容易降低技术革新的成本。其次，企业自愿环境规制机构了解信息和公开信息的成本也更为低廉。企业自愿规制过程中产生的行政成本一般内化在受规制的交易和活动中，而独立的公共

---

① 参见［美］E.S.萨瓦斯《民营化与公私部门的伙伴关系》，周志忍等译，中国人民大学出版社2002年版，译者前言第6页。
② 参见［美］E.S.萨瓦斯《民营化与公私部门的伙伴关系》，周志忍等译，中国人民大学出版社2002年版，第69～87页。
③ 参见［美］E.S.萨瓦斯《民营化与公私部门的伙伴关系》，周志忍等译，中国人民大学出版社2002年版，译者前言第3页。

机构的行政成本则往往由纳税人承担。① 再次，企业自愿环境规制机构与公众接触的成本更低，也因此能够较容易和便利地获得公众的支持和信任，此所谓信任成本低。最后，由于前几点优势，以及企业自愿规制机构的运行程序相对灵活，这使企业自愿环境规制机构的管理、执行和监督成本也能够相应地减少。

第三节 公众参与土壤环境风险规制

一、公众参与价值何在

（一）土壤环境风险规制中政府并非唯一主体

程序法上的规定需要强化利益相关人、公众与科学界之间的"风险交流"（Risikokomunikation）机制。② 政府是土壤环境风险规制的核心和主导，但并非唯一的主体。公众的范围比较广泛，包括利益集团、环境专家、专业人士、利益相关者等不特定的主体，这些公众的参与能够形成对政府规制行为的有效监督。在日本法之中，宪法承认地方公共团体等主体拥有环境自治权。日本宪法赋予地方公共团体享有环境自治权，主要目的是服务地方公共团体保护环境的权利。因为在地方层面，地方公共团体做出的决议能够最大程度地接近区域居民的利益，与区域居民息息相关。对于与区域居民息息相关的事项，地方公共团体比国家行政机关更为了解区域的情况，能够更为准确地把握当地环境污染的状况和实情，能够更便利地向当地居民了解实情，也能够更容易地听取民意，因此，地方公共团体是最适合解决环境问题的自治性主体。③ 这同样也是由环境问题的特点决定的，环境问题在各个地方是以不同的状况出现的，无论是在环境问题的本质上还是在环境问题的表征方面，环境问题都具有显见的区域特点。因此，从区

---

① 参见［英］安东尼·奥格斯《规制：法律形式与经济学理论》，骆梅英译，中国人民大学出版社 2008 年版，第 110 页。

② Erichsen H. U., Ehlers D., Burgi M., et al. Allgemeines Verwaltungsrecht. Walterde Gruyter, 2010.

③ 参见［日］原田尚彦《环境法》，于敏译，法律出版社 1999 年版，第 97 页。

域或者基层的层面来解决环境问题被认为是最有效率的和最贴合民意的。土地管理程序的综合性以及土地管理机构之间的协作被认为是对土地资源利用而言最有效率的方法。土地管理程序的综合性体现在多个层面，包括土地决策、土地利用、土地风险管理、土地风险评估等全过程。① 政府在环境决策过程中应当充分和最大程度地保障公众参与，尽可能地吸取多方利益主体的经验，尽可能地公开信息，如此促进政府行为更为理性和客观。在政府环境决策的任何阶段，政府都应当最大程度地弥合各方分歧，采取措施降低风险发生概率，促进政府形成最优方案。

与事后的利益表达和公众参与相比较，事前的利益表达和公众参与的成本更为低廉，也更有效率。从常州外国语学校土壤污染事件来看，在该校搬迁决策的过程中，对于利益主体的信息公开不充分、利益主体的参与也很有限，直到土壤污染所致人身损害严重到一定程度之时，利益主体才发现损害，才开始表达利益诉求。在这个时间节点，公众表达利益诉求有时候会采取激烈的表达方式，这种事后的利益表达和参与极大地增加了行政成本，收效甚微。政府土壤污染监管和土壤环境修复以及土壤环境风险管控方面的缺位，使得我们不得不重新探讨政府的角色如何，政府与民众的关系如何。民众对于化学品、杀虫剂、工业污染和交通污染等问题都表示出关切，这些争论很多都涉及如何对风险进行界定、评估。上述许多问题提出了基本且常常难以应对的社会决策问题，普通百姓和环境风险评估、规范和管理都遭遇了这些问题。这就说明为什么公众对于某种危险活动的接受（或不接受）程度常常与专家对风险的正式评估不相符，为什么解决这类差异不仅是科学技术"知识"的问题。对风险和不确定性的社会科学研究还解释了为什么在环境风险评估领域，众多不同利益相关者特别容易在政策决策上产生冲突和沟通不畅。②

公民参与是信息时代政治生活不可或缺的一部分，是政府和公共管理者都必须面对的环境和情形。公共管理者对公民参与行动的任何回避和无视态度都是不现实的，公民参与必然深度地影响甚至改变公共管理者制定政策和从事管理的方式。③ 问题的关键在于如何将公民积极参与的热情和行动与有效的公共管理过程有机平衡或结合起来，即如何将有序的公民参与

---

① Muyiwa Elijah Agunbiade, Abbas Rajabifard, Rohan Bennett. Land Administration for Housing Production: an Approach for Assessment. Land Use Policy, 2014, 38: 366 - 377.
② 参见［英］彼得·泰勒·顾柏、［德］詹斯·O. 金《社会科学中的风险研究》，黄觉译，中国劳动社会保障出版社2010年版，第86页。
③ 参见［美］约翰·克莱顿·托马斯《公共决策中的公民参与：公共管理者的新技能与新策略》，孙柏英等译，中国人民大学出版社2005年版，第3页。

纳入公共管理过程中，在公共政策制定与执行中融入积极、有效的公民参与。① 托马斯将公民参与的具体途径分为四类：①以获取信息为目标的公民参与，包括关键公众接触、由公民发起的接触、公民调查等方法；②以增加政策接收性为目标的公民参与，包括公民会议、咨询委员会、斡旋调解等；③以构建政府与公民间强有力的合作关系为目标的公民参与，包括领导人认可、培养知情公众、相互学习，以及政府支持等；④公民参与新的高级形式，包括申诉专员和行动中心、共同生产、志愿主义、决策中制度化的公民角色、保护公共利益的结构等。②

民营化不仅是一个管理工具，更是一个社会治理的基本战略。它根植于这样一些最基本的哲学或社会信念，即政府自身和自由健康社会中政府相对于其他社会组织的适当角色。③ 民营化指一种政策，即引进市场激励以取代对经济主体的随意的政治干预，从而改进一个国家的国民经济。④ 民营化的主要形式有九种，分别是：①政府服务，服务是由政府部门雇员提供的，政府同时扮演了服务安排者和服务生产者的角色。②政府出售，政府将公告物品和公共服务出售给私营或者民营企业，人们可以购买水资源使用权。③政府间协议，公共服务提供者的政府间协议非常普遍。④合同承包，政府和私营企业、非营利组织签订关于公共物品和公共服务的合同。在这些合同中，私营企业是生产者，政府是安排者，由政府付费给生产者。⑤特许经营，政府将垄断性特权给予某一私营企业，让它在特定领域里提供特定服务，通常是在价格管制下进行的。⑥政府补助，用于鼓励可收费物品和个人物品的消费。⑦凭单制，凭单是围绕特定物品而对特定消费者群体实施的补贴。⑧自由市场，自由的市场制度是服务安排的最普遍形式，用以提供最普通的个人物品和可收费物品。⑨自愿服务，自愿服务包括市民和企业志愿贡献时间和金钱给公共机构的行为。⑤

---

① 参见［美］约翰·克莱顿·托马斯《公共决策中的公民参与：公共管理者的新技能与新策略》，孙柏英等译，中国人民大学出版社 2005 年版，第 3 页。
② 参见［美］约翰·克莱顿·托马斯《公共决策中的公民参与：公共管理者的新技能与新策略》，孙柏英等译，中国人民大学出版社 2005 年版，第 5 页。
③ 参见［美］E.S. 萨瓦斯《民营化与公私部门的伙伴关系》，周志忍等译，中国人民大学出版社 2002 年版，译者前言第 3 页。
④ 参见［美］E.S. 萨瓦斯《民营化与公私部门的伙伴关系》，周志忍等译，中国人民大学出版社 2002 年版，译者前言第 6 页。
⑤ 参见［美］E.S. 萨瓦斯《民营化与公私部门的伙伴关系》，周志忍等译，中国人民大学出版社 2002 年版，第 69～87 页。

(二) 土壤环境风险影响何在

人在环境体系中扮演着多重角色,我们既是环境中的一员,同时又是它的观察者。因此,当我们讨论环境问题的时候,在一定程度上我们其实是在讨论我们自身,这种探讨有时甚至比我们当初所能意识到的程度更深。土壤环境风险造成的损害往往是巨大的、潜在的、不可逆的,而且这些伤害在日常生活中也难以被感知。污染物通过各种环境媒介在土壤中富集,人们通过食用蔬菜、肉类等农产品而从中摄取重金属。[1] 土壤污染所致环境风险的不确定与很难感知决定了环境风险规制是需要各个阶层的人参与的。土壤环境风险评估对象与潜在危害之间的关系应得到考量。应当认识到,土壤环境风险可以由多种原因引起,土壤环境风险评估对象呈现多样化的态势,也可能产生多重的潜在危害。土壤环境风险评估对象和潜在危害之间的关系是多样的,应当将土壤环境风险所致潜在危害置于更为广阔的视野中来审视,而不是仅仅局限于对某个阶层的风险,或者局限于人类的健康风险。例如,对使用DDT(双对氯苯基三氯乙烷)造成的土壤环境风险进行评估,评估内容不能局限于由于使用DDT产生的死亡和残疾,而应当基于科学家和利益相关者反复地科学考察土壤环境污染对于不特定人群可能产生的健康风险,以及对生态系统的潜在损害进行恰当分析。[2]

二、市场化机制的运用

(一)"命令-控制"型规制方法的不足

前文述及,如果完全依赖政府机关的环境风险规制,有可能造成政府管制行为的高成本和低效率。作为环境规制手段之一的还有对于市场机制的广泛运用。现代环境法发展的一个很明显的趋势就是对经济激励机制或者市场化机制的运用。通过法律制度确立的经济激励机制和市场化机制,能够最大化地刺激人们的行为动机,而并非像传统的"命令-控制"型规制方法那样设定明确的规制标准和方法以为人们的行为设定权利义务、直

---

[1] Harma J. Albering, Sandra M. van Leusen, Edwin J. C. Moonen, et al. Human Health Risk Assessment: a Case Study Involving Heavy Metal Soil Contamination After the Flooding of the River Meuse During the Winter of 1993—1994. Environmental Health Perspectives, 1999, 107 (1).

[2] Nico M van Straalen. Assessment of Soil Contamination-a Functional Perspective. Biodegradation, 2002, 13: 41–52.

接约束人们的行为。最为典型的经济激励机制或者市场化机制，如排污收费制度、交易许可证制度、押金制度、排污权交易制度等，都是以市场为基础和显著特征的。如果一个市场化措施得到很好的执行，那么企业在追求其营利的过程中就能够同时实现环境政策的目标，取得良好的环境保护效益。因此，市场化机制仅仅是以市场为依托，其最终目的仍然是对于环境利益的保护。

以市场为基础的环境风险规制制度超越传统"命令-控制"型环境规制制度的两个最为显著的特点是措施实施的高效率和持续激励机制。传统的"命令-控制"型环境规制制度倾向于每个排污企业承担相同的污染控制成本，而不考虑不同企业的环境投入和环境效率问题。这种状况下，甚至可能造成对污染控制技术革新的打压。如果运用市场化机制，则会考量污染企业付出的排污技术革新成本。以市场为基础的环境规制措施，包括排污收费制度、排污权交易、政府税收和补贴制度等，从理论上而言，这些经济激励制度鼓励企业以最低的成本去进行最大数量的污染消减。污染成本较低的企业则会进行更多的污染治理，而污染成本较高的企业则会相应减少其污染治理的规模。市场化的环境规制制度利用市场的导向来对污染成本和污染负担进行再分配，如此可以节约污染治理成本，而且也能够为企业提供减少污染和采用清洁技术的持续激励。如此，市场为导向的环境规制制度也同时能够兼顾环境利益和经济利益。

一方面，政府在土壤环境公共治理中角色的嬗变；另一方面，政府治理模式的嬗变。政府在土壤环境公共治理中角色的嬗变，通过两个方面来认识：①中央政府与地方政府的关系；②政府与民众的关系。"市场式政府"意味着政府管理从传统的政府管理模式向"市场模式"的转变。市场化政府需要广阔的背景，也需要微观领域的细节。作为政府行为市场化的主要形式，政府合同外包主要有两个特点：一是政府与承包方的关系多样，政府与承包方之间的约束条件多样；二是政府日益成为"精明的买主"是当前政府合同外包所面临的最大趋势。[1]

作为政府行为市场化的一种特殊形式，政府服务外包的本质是利用企业或者市场的力量来提供公共服务或者公共产品。政府服务合同外包结合了政府和市场的力量，这种特殊的结合带来了一系列的挑战，如何应对和解决这些挑战决定着服务合同外包的成败。政府作为需求方，存在的最大问题是，政府作为公共服务需求方处于垄断地位。在没有竞争的状况下，

---

[1] 参见[美]唐纳德·凯特尔《权力共享：公共治理与私人市场》，孙迎春译，北京大学出版社2009年版，第7页。

政府专需的市场很容易被一些利益集团所把持，而这些企业一旦失去政府的订单将很难继续生存。从政府公共服务供给方的角度考虑，供给方的缺陷主要是政府合同外包的竞争市场不一定存在。竞争性市场的存在和发展需要一些条件，政府提供的公共服务外包也无法满足这些条件。所以，在政府公共服务外包的领域，根本不会存在完全的自由竞争的市场。这两点是政府公共服务外包合同存在的两个最大缺陷，也是政府公共服务外包与私合同之间最大的区别。

其中，最基本的分野是"政府责任"的市场化和服务"提供机制"的市场化。前者把本应是政府"分内"职责的公共服务推向市场；后者则是在政府承担基本责任的前提下，推行公共服务生产过程的市场化，通过多元生产者间的竞争降低成本，提高效率和治理。应该说，发达国家改革的重心是公共服务提供机制的市场化。① 简单梳理一下我国一些城市公交市场化改革历程可以发现，改革过程的驾驭能力和对经营商管理能力的低下，是产生种种问题和困境的主要原因。特别值得一提的是，类似价格确定机制、服务质量需求、合同中明确特殊情况的应对办法，以及员工待遇和公众条件等方面出现的问题，一些地方政府在重复本应避免的简单错误，采取"卸载"和包出去了事的简单办法而疏于管理；当出现问题后，又以简单接管的方式回归垄断生产，再次忍受传统模式业已证实的傲慢、低效率、缺乏回应性等弊端。不能成为一个"精明买主"令人担忧，但更可怕的是，不能从"精明买主"的角度思考问题，学习并吸取经验教训。显然，市场化改革特别是公共服务中引进市场机制需要大幅度提升管理水平，政府成为"精明买主"在我国还有更长的路要走。

(二) 多样化的市场机制

有一些规则能将共同体成员限定于非暴力性的冲突解决方式。当潜在的冲突被这类规则非个人化时，共同体的和平一般都会得到加强。使个人间或集团间冲突非个人化的一种途径是将要靠政府这种集体行动来决定的领域缩减至最小范围，即将政府的行动限定于保障生命、制度和物质资产，以及建立负责这种政府保护职能的行政机关。而对收入、财产和生产的配置则基本上留给非个人性的市场竞争机制。环境治理的法律途径，是指将环境公共行政视为特定情境之中应用法律与施行法律的活动，也是环境法独特的调整方法之所在。对环境的治理是为了达到公共目的、达致普遍正

---

① 参见［美］唐纳德·凯特尔《权力共享：公共治理与私人市场》，孙迎春译，北京大学出版社2009年版，第11页。

义而在横向和纵向的组织网络中所进行的活动。① 有学者主张在降低风险的法律导向上大力调整，即实施四种替代方案：①信息公开；②经济激励；③减少风险合同；④自由市场的环境决定论。② 环境公共治理的话语形式主要有：①政府环境行为；②公众参与；③市场逻辑；④环境公共行政的合法性。环境监测服务需求贯穿土壤污染防治始终，在初期基础性工作中，对土壤污染状况以及污染地块分布调查将涉及环境监测工作，在此后的风险评估筛查、对修复效果的评估中，也均涉及环境监测业务。为保证修复目标落实，可以委托第三方机构对土壤污染治理与修复成效进行综合评估，放开服务性监测市场，鼓励社会机构参与土壤环境监测评估。

土壤环境风险规制和土壤污染防治领域的市场化机制是多样的。政府作为土壤环境治理和土壤污染防治的主导主体，应同非政府组织或者企业合作，刺激更多的社会资本参与到土壤污染防治和土壤环境风险规制领域中。政府购买公共服务也是市场化机制的一种类型，通过政府购买公共服务实现企业参与至土壤污染治理的过程中。绿色金融或者绿色保险机制也是今后试点和研究的一个方向，发挥金融机构的引导作用和金融资本的巨大力量，同时也可以发挥绿色保险保障面广的优势，为重大土壤污染事故提供资金支持。在实践中，土壤污染第三方治理是比较行之有效的措施。第三方治理可以作为政府行为的有效和有力补充，我国《环境保护法》对关于环境影响评价机构、监测机构等地方机构参与环境治理时应当履行的法律义务和法律责任做了规定，这是一个创制。③ 该法律条款的规定为第三方机构参与土壤污染治理和土壤环境修复提供了法律依据，值得注意的是，我国地方立法中也有相关规定，例如，《上海市环境保护条例》对第三方参与环境污染治理做出了详细规定，这个规定可以在今后的专门性土壤污染防治立法中予以效仿。

三、公众参与如何保障

（一）充分的信息公开

对世界赋予意义和应对风险的方法多种多样，科学用定量风险技术来

---

① 参见［美］乔治·弗雷德里克森《公共行政的精神》，张成福等译，中国人民大学出版社2003年版，第75～78页。
② 参见［美］凯斯·R. 孙斯坦《风险与理性——安全、法律及环境》，师帅译，中国政法大学出版社2005年版，第317页。
③ 参见《环境保护法》第六十五条。

规整世界，使之具有意义，并获得一些控制感；法律也是一种方法，用来给危险分类，设定识别和管理危险的要求，并传播风险信息。监管性立法促进了风险分析的专业化，风险分析基本上是由政府自助，特别是监管机构。① 在复杂多变的现代社会中，针对社会各界广泛关注的突发环境公共事件，由于涉及公众健康等重大权益，政府信息公开绝不是简单地公开一个结论性的信息，而是要考虑到公众心理和接受程度，切实履行政府信息公开的附随义务，不能简单地以确保行政效率为由忽略信息公开义务，这一点在我国当下尤其重要。必须看到，政府是社会秩序的主要提供者，是以追求公共利益、提供公共产品为目标的公共性组织，在信息的收集、整理和发布上具有天然优势，理应成为保障信息真实性和可靠性的权威主体。②

环境信息公开是公众参与环境风险防范的基础性要求。除信息公开外，没有地方性法规对环境风险防范的公众参与问题进行规定，使政府对公众的宣传、教育、召开相关听证会、论证会等内容缺乏法律依据，这实际上是回避了环境风险防范中保障公众参与权利的政府责任。③ 政府环境规制过程中对于环境信息的充分和及时公开，有助于提升政府环境风险规制的民主化程度。在实践中的一些环境风险事件方面，政府环境信息公开不足，一方面原因在于地方性法规缺乏相应的详细规定，另一方面和人们法治观念也存在密切关系。从法律文本的角度，我国已有《政府信息公开条例》《环境信息公开办法（试行）》等行政法规，但是，这些法规适用至地方层面时也有可能会遭遇地方性的问题。由于地方保护主义的存在，或者地方经验和地方性知识的缺乏，导致这些行政法规很难在地方层面得到有效实施。在这种状况下，地方立法可以补充国家层面立法的不周延，应当结合地方性特色对国家行政法规进行针对性的弥补和补充，以实现环境信息公开的合理和合法。④

在环境信息发布方面，《环境保护法》也有诸多条款专门规定信息发布。该法律规定国家环境状况信息由国务院环境保护主管部门统一发布，

---

① 参见［英］彼得·泰勒·顾柏、［德］詹斯·O. 金《社会科学中的风险研究》，黄觉译，中国劳动社会保障出版社2010年版，第16页。
② 参见苟正金《我国突发环境公共事件信息公开制度之检讨与完善——以兰州"4·11"自来水苯超标事件为中心》，载《法商研究》2017年第1期。
③ 参见陈海嵩《政府环境法律责任的实证研究——以环境风险防范地方立法评估为例》，载《社会科学战线》2016年第4期。
④ 参见陈海嵩《政府环境法律责任的实证研究——以环境风险防范地方立法评估为例》，载《社会科学战线》2016年第4期。

而地方环境状况信息则由本级人民政府环境保护部门来发布。① 同时,《环境保护法》鼓励推进环境信息化建设、② 环境监测以及信息发布,③ 环境状况公报也是环境状况信息公开的一种方式。向公众发布环境状况信息是政府作为环境管理主体和环境规制主体的职责和义务。《土壤污染防治行动计划》强调"推进信息公开",根据全国土壤环境质量监测和调查的结果发布全国土壤环境状况。各省、自治区人民政府也应当定期公布本行政区的土壤环境状况。土壤环境监测和信息发布由环境保护主管部门牵头,国土资源部门、城乡建设部门和农业部门参与。④

(二)公众参与形式多样

治理并非由某一个人提出的理念,也不是某个专门学科的理念,而是一种集体产物,或多或少带有协商和混杂的特征。⑤ 以政府发布环境信息为基础,公众参与的形式是多样的。《环境保护法》规定公众参与是中华人民共和国环境保护法的基本原则之一,⑥ 同时规定每个公民都有环境保护的义务⑦,而且,在相当多的条款中也规定了公众参与的形式。从广义的角度,政府环境信息公开、企业环境信息公开、环境教育、环境宣传等制度,都是公众参与环境管理的形式。具体到不同的法律制度之中,我国 2018 年修订的《中华人民共和国环境影响评价法》(以下简称《环境影响评价法》)沿袭了公众参与的思路,加大了规划环境影响评价的公众参与力度。根据《土壤污染防治行动计划》,土壤污染防治过程中的公众参与形式有举报热线、信访、电子邮件、政府网站、微信公众平台等,公众通过这些途径实施对土壤污染行为和政府行为的监督。⑧ 另外,公众还可以参与环境现场执法和土壤污染事件调查处理过程等。

---

① 参见《环境保护法》第五十四条第一款。
② 参见《环境保护法》第七条。
③ 参见《环境保护法》第五十四条第二款。
④ 参见《土壤污染防治行动计划》。
⑤ 参见 [法] 让-皮埃尔·戈丹《何谓治理》,钟震宇译,社会科学文献出版社 2000 年版,第 19 页。
⑥ 参见《环境保护法》第五条。
⑦ 参见《环境保护法》第六条。
⑧ 参见《土壤污染防治行动计划》。

第四章　土壤环境风险法律规制规范基础

从立法理念的发展历程考察，我国已经进入环境立法的"风险"时代。我国近年修改的几部重要环境法律都将风险管控视为立法重要突破。2014年修订的《环境保护法》、2018年新近出台的《土壤污染防治法》、2015年修订的《大气污染防治法》和2017年修订的《水污染防治法》都贯彻了风险应对的理念，设置了环境风险应对制度框架。除了《污染地块土壤环境管理办法（试行）》是直接针对污染地块管理的行政规章，我国近几年制定和修订的与土壤环境风险规制相关的行政法规和规章主要有《农药管理条例》《土地复垦条例》《危险化学品安全管理条例》《基本农田保护条例》。作为国家环境立法的有力补充，地方立法中有一些相关规范对土壤和地下水环境质量调查、污染源排查、风险防控方案、风险防控措施、土壤环境修复做出了规定。除了法律规范，环境标准也是土壤环境风险规制的重要规范依据。

第一节　土壤环境风险规制规范梳理

从立法理念的发展历程考察，我国已经进入了环境立法的"风险"时代。我国近年修改的几部重要环境法律都将风险管控视为立法重要突破。2014年修订的《环境保护法》规定"国家建立、健全环境与健康监测、调查和风险评估制度"[①]"突发环境事件的风险控制、应急准备、应急处置和事后恢复"等制度。[②] 无独有偶，2015年修订的《大气污染防治法》第七十八条也规定对大气污染物实行风险管理，并要求企业建设环境风险预警体系，同时在第一百一十七条设置了对应的法律责任。风险防范理念在立法中的突破值得肯定，然而这两部立法只是粗略地规定了环境风险预防相

---

① 《环境保护法》第三十九条。
② 参见《环境保护法》第四十七条。

关制度，距离完备的风险规制制度体系还有很远的距离。2016 年 5 月，我国发布了《土壤污染防治行动计划》，其重点强调土壤环境风险管控，这意味着土壤环境风险防控已成为我国环境立法和土壤污染防治领域中凸显的主题。以此为背景，本书研究土壤环境风险的法律规制既出于解决现实问题的要求，也有未来理论和制度建构的面向。

一、法律

曾经，在国家专门立法缺失时，《环境保护法》、土壤污染防治地方立法以及土壤环境技术导则都是本书的考察对象。综合这些法律规范，本书总结出我国《环境保护法》确立的风险管控相关制度有：环境与健康监测、调查和风险评估制度、政府环境质量责任、突发环境事件的风险控制、环境污染公共监测预警机制、土壤修复制度。《环境保护法》只是对这些制度做出一般性规定，并未设置实体权利和义务。在专门立法颁布之前，已有的立法只是零零散散地涉及了土壤污染防治的许多方面，还未涉及制度本身的建立。可以说，土壤污染区域分级、土壤污染防治规划、土壤污染防治的监督与管理、土壤污染防治的公众参与、土壤污染责任、土壤污染整治基金、土壤污染责任保险等基本制度此前都没有真正建立起来。[1]

我国之前缺失专门的土壤污染防治立法，土壤环境修复的法律依据主要是《环境保护法》《水法》《大气污染防治法》和《固体废物污染环境防治法》等几部法律的相关条款。作为《土壤污染防治行动计划》配套规定之一的《污染地块土壤环境管理办法（试行）》第五章规定了"治理与修复"，其中囊括了污染地块环境修复主体、修复范围和目标、修复程序等。目前，《环境保护法》的规定显现出重污染预防措施、轻环境修复，重企业内部污染防治、轻外部环境修复的情况。《环境保护法》及其他环境保护单行立法虽然规定了一系列的环境保护制度，但环境修复的规定在大部分制度中缺位。[2]

二、行政法规和部委规章

除了《污染地块土壤环境管理办法（试行）》是直接针对污染地块管理的行政规章，有一些行政法规、规章与土壤污染规制密切相关，大致有

---

[1] 参见汪再祥《中国土壤污染防治立法述评》，载《法学评论》2008 年第 3 期。
[2] 参见李挚萍《环境修复法律制度探析》，载《法学评论》2013 年第 2 期。

《农药管理条例》《土地复垦条例》《危险化学品安全管理条例》《基本农田保护条例》等。这些法规规范的是土地上的人类行为,以预防环境问题的产生,也是我国土壤污染防治法律体系的重要部分。

(一)《污染地块土壤环境管理办法(试行)》

1. 《污染地块土壤环境管理办法(试行)》的出台背景以及现实意义

《污染地块土壤环境管理办法(试行)》的出台背景主要是:《土壤污染防治行动计划》等政策文件在认清我国土壤污染形势的背景下提出土壤污染和土壤环境风险的系统规制。在这样的法律和政策背景之下,结合我国在深度现代化过程中造成的大量被污染土地,这样的状况催生了《污染地块土壤环境管理办法(试行)》。

如今,我国这些受污染土地面临的主要问题是如何重新利用。尤其是,原有的一些工矿企业用地,现在作为城市建设用地被大量使用。如果这些受污染地块不经过任何修复或者未经适当的修复就重新投入使用,则原有土壤中的污染物质会累积甚至加重。这样的污染地块如果直接开发成商业、学校、医疗、养老等公共设施或者市政设施,将会对这些新建设施的公众健康造成严重的隐患。制定《污染地块土壤环境管理办法(试行)》是为了更好地修复受污染地块、预防受污染地块产生环境风险、保障受污染地块再开发利用、加强对受污染地块的全过程管理,以维护公众的环境利益及人身健康。本书认为,《污染地块土壤环境管理办法(试行)》的出台,对一系列土壤污染监管制度的构建以及该行政规章的实施经验可以为即将出台的专门性土壤污染防治立法提供制度资源。[①]

2. 《污染地块土壤环境管理办法(试行)》的主要内容

《污染地块土壤环境管理办法(试行)》的调整对象主要是"从事过有色金属冶炼、石油加工、化工、焦化、电镀、制革等行业生产经营活动,以及从事过危险废物贮存、利用、处置活动的用地"[②]。贯穿《污染地块土壤环境管理办法(试行)》始终的理念是风险管控。如何实现污染地块的环境风险管控,《污染地块土壤环境管理办法(试行)》设置了一系列的制度体系,包括环境调查与风险评估[③]、土壤环境风险管控方案和措施[④]、污染

---

① 参见周旺生《重新研究法的渊源》,载《比较法研究》2005年第4期。
② 《污染地块土壤环境管理办法(试行)》第二条。
③ 参见《污染地块土壤环境管理办法(试行)》第二章。
④ 参见《污染地块土壤环境管理办法(试行)》第十九条、第二十条。

地块治理与修复①等。

《污染地块土壤环境管理办法（试行）》首先强调对污染地块展开环境调查，确定受污染地块的污染物种类、污染程度和广度等基本情况。在污染地块调查的基础上，结合污染地块今后的用途开展环境风险评估并确定环境风险的水平，为污染地块治理和修复提供基础依据。对于受污染地块变更用途的，应当在重新使用之前开展修复和治理，达到修复标准后方可重新投入开发使用。对于用途变更为商业用地、学校、医疗等公共设施的污染地块，应当重点开展风险评估和风险管控措施。土壤环境风险管控措施主要包括：制定风险管控方案，根据污染地块的不同污染物和污染程度实施有针对性的风险管控措施。对于那些暂时不会开发利用的受污染地块，也要预防其产生扩散性的环境风险。关于如何修复受污染地块以及修复后评估，按照"谁污染，谁治理"原则，由造成土壤污染的单位或者个人承担治理与修复的主要责任。《污染地块土壤环境管理办法（试行）》同时还明确了土地使用权人、土壤污染责任人、专业机构及第三方机构的责任。《污染地块土壤环境管理办法（试行）》还强调污染地块的信息公开和信息共享机制的构建。根据国际通行做法以及发达国家的先进经验，对于受污染地块应当开展全过程的管理，其全过程管理的信息都应当向公众公开。

（二）《农药管理条例（修订草案）》（2017年）

土壤污染是一个世界性的难题。很多法律和法规都致力于控制人类行为施加给土壤的影响，为土壤设定污染浓度和总量的最高量。农药使用是一个最重要的土壤污染源，因为农药的毒性和农药的广泛应用。在全世界范围内，联合国成员国中至少有54个国家颁布了至少174项法令专门来规范至少739种化学物质的农药。这个数据检验了农药监督管理的价值之所在。② 我国是农业大国，同时也是农药使用大国。农药使用泛滥，不仅污染土地，对粮食安全造成影响，同时也对人体健康存在潜在的威胁和风险。2017年2月8日，国务院常务会议通过了《农药管理条例（修订草案）》，该条例于2017年6月1日实施。《农药管理条例》修订的背景和价值在于：农药不仅是农业中经常使用的产品，它的使用还会产生诸多的环境损害、生态损害和人身损害；我国在农业中大量使用农药，农药的过度使用使农药中残留的有毒有害物质容易在水体、土壤和空气中累积，长时间的这种

---

① 参见《污染地块土壤环境管理办法（试行）》第五章。
② Aaron A. Jennings, Li Zijian. Residential Surface Soil Guidance Values Applied Worldwide to the Original 2001 Stockholm Convention POP Pesticides. Journal of Environmental Management, 2015, 160: 16-29.

叠加和累积效应容易对人体和动植物造成很大的损害风险。从更为广阔的视角而言，农药的过度使用会影响食品安全以及农业、经济和社会的可持续发展。

《农药管理条例》相关规定中与土壤环境风险规制密切相关的法律规范主要有：第一，该条例对于农药使用管理体制的规定，[①] 确立了省级农业行政管理部门的监督管理权力，这个部门也因此负有监管农药使用中造成污染的职责。这项规定与《环境保护法》第十条规定的"县级以上人民政府有关部门"相呼应。第二，该条例规定了农药生产许可制度，对于农药废弃物的处置、农药的使用制度、农药事故应急处理制度、农药召回制度等也规定了明确的责任主体。由于农药使用是导致土壤污染的第一大原因，因此农药使用制度以及由此衍生的其他制度对于农药所致土壤污染的监管起重要作用。第三，对于农药的管理也贯彻风险防控的理念，明确农药的生产者必须对农药安全和有效负责，规定了农药召回制度对于那些有重大风险的农药实施农药标签制度。同时，这部《农药管理条例》还通过制度鼓励人们减少农药的使用，如此不仅可以从源头减少农药的使用，而且可以预防农药过度使用产生的风险，加强对剧毒和高度农药的管理，这也可以理解为从风险防控的角度来管理农药。第四，责任条款。总体而言，《农药管理条例》强化了违反条例的法律责任，尤其对无证经营农药和经营假冒伪劣农药的违法行为进行高额度的罚款，并且将其拉入黑名单。

三、地方性法规和地方政府规章

之前，我国专门性的土壤污染防治立法尚未出台，作为一般法的《环境保护法》仅对环境风险评估制度做出原则性规定，这符合《环境保护法》的基本法地位。[②]《污染地块土壤环境管理办法（试行）》对污染地块修复责任、环境调查与风险评估、风险管控、治理与修复做出了较为全面的规定。作为国家环境立法的有力补充，地方立法中有一些相关规范。《上海市环境保护条例》对土壤和地下水环境质量调查、污染源排查、风险防控方案、风险防控措施、土壤环境修复做出了规定。[③]《福建省土壤污染防治办法》对第三方机构开展土壤污染评估、污染地块风险评估报告、污染地块

---

① 参见《农药管理条例》第三条。
② 参见《环境保护法》第三十九条。
③ 参见《上海市环境保护条例》第五十条。

修复等做出了规定。① 《湖北省土壤污染防治条例》对土壤环境风险评估、土壤环境修复做出了规定。② 总结起来，地方立法中有关土壤环境风险评估制度的规定涉及土壤环境风险评估对象、评估方案、第三方机构参与风险评估、以土壤环境风险评估为基础的土壤环境修复等方面。

地方立法作为国家立法的细化和有力补充，在土壤环境风险规制制度方面有诸多创新。《福建省土壤污染防治办法》确立的制度有：污染地块开展风险评估、土壤环境修复制度③，突发环境污染事件应急预案中土壤污染防治内容④。《湖北省土壤污染防治条例》确立的制度有：土壤污染突发事件应急预案⑤、突发环境污染事件应急预案应当包括土壤污染防治的内容⑥、污染地块风险评估⑦、土壤污染高风险行业名录⑧、土壤污染强制责任保险⑨、土壤污染高风险行业企业实施清洁生产强制审核⑩、基于土壤环境风险评估的土壤环境修复制度⑪。现有土壤环境风险规制制度的状况是：第一，立法层级低，大多数在地方立法中予以规定，其中以《湖北省土壤污染防治条例》的规定比较全面；第二，地方立法中土壤环境风险规制制度与国家层面土壤环境风险规制制度之间缺乏协调。

四、土壤环境标准

除了《环境保护法》和地方立法，环境标准也是土壤环境风险规制的重要规范依据。尽管土壤环境标准不具备法律规范的外形，也不是通过法律条文来规定人们的行为模式和法律后果，但是它通过设定量化的数值、指标、技术规范来直接规定技术目标和工艺流程，通过行政机关对技术标准的反复适用，以及所采取的一系列后续确保标准实效性的手段，从而间

---

① 参见《福建省土壤污染防治办法》第十五条、第三十二条。
② 参见《湖北省土壤污染防治条例》第三十二条、三十三条。
③ 参见《福建省土壤污染防治办法》第三十二条。
④ 参见《福建省土壤污染防治办法》第四十条第一款。
⑤ 参见《湖北省土壤污染防治条例》第八条第六项。
⑥ 参见《湖北省土壤污染防治条例》第四十条第一款。
⑦ 参见《湖北省土壤污染防治条例》第三十二条。
⑧ 参见《湖北省土壤污染防治条例》第十九条第一款。
⑨ 参见《湖北省土壤污染防治条例》第十九条第三款。
⑩ 参见《湖北省土壤污染防治条例》第二十条。
⑪ 参见《湖北省土壤污染防治条例》第三十三条。

接地为私人规定了权利和义务，对私人产生了外部法律效果。① 正因为如此，曾经在我国缺失专门性的土壤污染法律的状况下，技术规范成了我国土壤环境风险评估的主要规范依据。不难发现，由于专门性土壤污染防治立法的缺失，土壤污染修复的法律依据主要是《环境保护法》第三十二条的规定"国家加强对大气、水、土壤等的保护，建立和完善相应的调查、监测、评估和修复制度"。此外，土壤污染修复的主要标准的主要依据是《土壤环境质量标准》（GB 15618—1995）、《污染场地风险评估技术导则》（HJ 25.3—2014）、《污染场地土壤修复技术导则》（HJ 25.4—2014）等。土壤污染方面的环境标准主要有：《场地环境监测技术导则》（HJ 25.2—2014）、《拟开放场址土壤中剩余放射性可接受水平规定（暂行）》（HJ 53—2000）、《温室蔬菜产地环境质量评价标准》（HJ 333—2006）、《土壤环境质量标准》（GB 15618—1995）、《污染场地风险评估技术导则》（HJ 25.3—2014）、《污染场地土壤修复技术导则》（HJ 25.4—2014）、《展览会用地土壤环境质量评价标准（暂行）》（HJ/T 350—2007）等。

除了《环境保护法》和地方立法，技术规范也是土壤环境风险评估的主要依据。我国《污染场地风险评估技术导则》（HJ 25.3—2014）规定，土壤环境风险的主要评估对象是"污染场地"。

第二节 土壤环境风险规制规范评价

一、立法体系不完备

从生态系统的视角来看待土壤、水、大气、生物多样性等环境要素，"我们所谓的生态系统，包括整个生物群落及其所在的环境物理化学因素（气候土壤因素等）。它们是一个自然系统的整体"②。"生态学的前提是自然界所有的东西联系在一起。它强调自然界相互作用过程是第一位的。所有的部分都与其他部分及整体相互依赖相互作用。生态共同体的每一部分、每一小环境都与周围生态系统处于动态联系之中，处于任何一个特定的小

---

① 参见宋华琳《论技术标准的法律性质——从行政法规范体系角度的定位》，载《行政法学研究》2008 年第 3 期。

② 转引自余谋昌《生态学哲学》，云南人民出版社 1991 年版，第 17 页。

环境的有机体,都影响和受影响于整个由有生命的和非生命的环境组成的网。作为一门自然哲学,生态学扎根于有机论——认为宇宙是有机的整体,它的生长发展在于其内部的力量,它是结构和功能的统一整体。"① 由于生态系统各个组分之间的不可分,土壤、水、大气这些基本的环境要素,其一旦受到损害,必然会引发整体生态系统的实质变化,因此,我们可以将规范污染防治和生态保护一般性问题的《环境保护法》和规范其他环境组分的法律视为与土壤污染规制相关的法律。

(一) 现有的法律规范和政策之间缺乏协调

由于专门性立法的缺失和碎片化的立法和政策框架,现有的规范和政策之间缺乏协调。在国家层面,被污染土地的责任是通过几个管理部门来管理的。在地方层面,这些部门的下级管理着被污染土地。例如,农业部门隶属于农业部,对适于耕种的农业用地负有义务;国土资源部门管理矿产土地;环境保护部门管理城市工业用地;同时,政府的森林和水资源管理机构分别管理有关林业土壤和地下水的方面。这种碎片化的管理结构不仅存在于国家层面,同时也存在于地方层面。

(二) 土壤污染防治管理职权分散

除了污染土地管理的混乱,环境规划管理也分散在四个层级不同的政府机构:省、市、县和乡镇。这种管理职权的分散,有时候会使土壤污染应急处理无力,同时也妨碍非政府组织和其他公众参与到土壤污染环境风险的规制过程中。在有些情况下,非政府组织和公众也希望能够在保护人群身体健康方面与政府加强合作。这种缺乏综合性的立法是导致行政主管部门、土地开发者在处理土壤污染方面失败的主要因素。

(三) 现有法律规范涵盖面不足

现有的法律规范主要集中在耕地土地和农业用途的土地,而不是工业受污染土地。我国工业的快速发展和城市建设导致了经济模式的转变,使土壤污染规制专注于农业用地和工矿业用地这一立场已经越来越站不住脚。工业化的进程导致大量废弃的钢铁生产工业园区、陈旧的化学工业厂址。例如,世博会园区在上海建设了 300 多项工业工程,包括造船厂、钢铁厂和电厂,数百公顷受污染土地需要修复和治理。如果没有一个明确的、系统

---

① [美] 卡洛琳·麦茜特:《自然之死》,吴国盛等译,吉林人民出版社 1999 年版,第 110 页。

的和有效的污染场地修复标准，一旦这些土地被重新开发利用，则势必对人体健康造成严重的威胁。另一个极端的现象是，有些受污染土地可能是过度修复。一些企业特别是跨国公司，利用外资的指导或标准对受污染场地进行修复之时，由于选择的是高标准，也可能导致污染场地过度修复的状况出现。

（四）土壤污染管控方法不恰当

对于环境污染的控制，如果仅从末端进行治理，也即仅对环境损害和产生的污染进行修复和治理，显然是不够的。环境污染无论如何修复，也无法达到被破坏之前的水平。因此，即使是法国《工业法》如此发达，污染控制手段如此先进，也将对污染的预防和全过程控制作为《工业法》的首要理念。对于污染的全过程管理包括污染预防、污染过程的减量、排污前的治理、排污后的集中修复等过程。我国在《清洁生产促进法》第二条规定，清洁生产，是指不断采取改进设计、使用清洁的能源和原料、采用先进的工艺技术与设备、改善管理、综合利用等措施，从源头削减污染，提高资源利用效率，减少或者避免生产、服务和产品使用过程中污染物的产生和排放，以减轻或者消除对人类健康和环境的危害。这种对于环境的保护和污染的控制是全过程的，是对污染物质从"摇篮到坟墓"的管理。

特别是，污染物浓度限值作为基于一定年限后的目标，有明确的时间要求，有的在法律中规定，有的在发布标准的公告中同时出现。标准值的判断普遍基于科学研究和行政决策，因此，采用专家委员会制度参与审查、决策是必经程序，并通过法律来明确标准的实施程序、路径。环境空气质量标准是在法律规范下的目标性要求，常与产品和服务类技术标准体系分离，《俄罗斯联邦环境保护法》更是将"环境保护标准"与"国家标准"概念并列。我国的环境标准体系庞大，作为环境监督管理和环境执法最主要的手段，涉及水、大气、声音、固体废物、工业、农业、生态保护、第三产业、生产生活等各个方面。环境标准是环境管理和环境执法的基础，同时也是判断企业对环境资源的利用开发行为是否合法的依据。我国已经废止的1984年《水污染防治法》第十五条规定，企业事业单位向水体排放污染物的，按照国家规定缴纳排污费；超过国家或者地方规定的污染物排放标准的，按照国家规定缴纳超标准排污费，并负责治理。此处规定企业超过水污染排放标准的仅仅收取"超标准排污费"，而不是施加行政处罚。这个法条的规定实质上是将超标准排污合法化，对于这个明显的失误，2008年修订实施的《水污染防治法》做出了修正。新法第二十四条规定，直接向水体排放污染物的企业事业单位和个体工商户，应当按照排放水污染物的种类、数量和排污费征收标准缴纳排污费。同时，第七十四条规定，违反本法规定，排放水污染物超过国家或者地方规定的水污染物排放标准，或者超过重点水污染物排放总量控制指标的，由县级以上人民政府环境保护主管部门按照权限责令限期治理，处以缴纳排污费数额2倍以上5倍以下的罚款。这在法律上将超过水污染排放标准的排放行为视为行政违法行为。环境标准包括污染控制标准，也包括生态保护标准。无论是哪一类型的环境标准都是以环境容量和生态平衡作为设置标准的底线，将人类的行为控制在这个限度之内。

二、法律规范内容不充分

（一）污染土地修复激励机制不充分

在我国，修复和再利用受污染土地经常受经济、环境和社会壁垒的阻碍。如果没有政府干预，高额的修复费用与土地价值相比可能造成很多修复企业望而生畏，使土地开发商和投资者难以接受。污染土地修复技术壁垒也是土壤环境修复应当考虑的重要方面，但经济和激励机制也相当重要。因此，可以说土壤环境修复是混合了技术因素、社会因素和经济因素等的综合产物，这些因素都不可偏废才可以实施综合的全面的土壤环境修复和治理。例如，在一个知名的土地上进行修复将阻止大量的房屋建造者，使他们不得在这块土地上继续发展。通常污染土地修复的高成本，与土地本身价值低廉很难平衡，修复这样的土地会给未来的发展者和投资者带来很大的风险。在这样的情况下，政府通过提供金融激励，能够促进土地发展；而减少一个项目的总体风险和为社区提供更多的便利，则可以促使土地使用者更有动力去修复受污染土地。

在英国，法律中规定了土壤污染修复的各种经济和法律奖励。作为间接管理手段，这些激励措施促进土地的可持续利用。税收激励包括：土地税收减免计划、为污染土地修复费用设置的150%补偿、津贴、地区印花税减免、空置产权重新利用减免税收，同时英国法律还实施了对那些无主的土地进行帮助的计划。在美国，有很多激励制度用来帮助棕色地块的重新利用。金融和法律刺激可以被用来作为非直接的手段来激励土地修复和持续利用。激励机制包括修复补助金、减税、贷款和法律补偿金，这都是由联邦政府提供的。一些州和地方政府也提供激励机制。然而，这一类的激励机制在我国并没有,由于这个原因,很多污染者不愿意主动修复受污染土地。

使用垃圾倾倒和填埋的方法来处理固体废物成本非常低廉,这使很多发展商都愿意使用"倾倒和填埋"的方法来处理固体废物。事实上,有很多固体废物都是按照这种方法来处理的。"倾倒和填埋"的方法被认为是不可持续的方法,仅仅是把污染问题从一个地方转移到另外一个地方而已,并且同时增加了污染的风险,还消耗了运输成本。其实还有更多可持续方法可供选择,诸如生物修复方法,但由于并没有经济激励和法律激励机制,因此并未得到普遍运用。对于这些新技术和方法的利用在我国还只是存在于大学的研究室中,而在实际中运用较少,除了一些跨国企业和外国公司的修复。从这个技术的角度,我国土壤修复也存在不平衡状况。这些缺失和不足正在成为对受污染土地实施有效修复的制度障碍。我国政策制定者和相关的责任主体应当从其他国家的经验中吸取教训,从而制定综合性政策和提出对受污染土地的可持续管理方法。

(二) 土壤环境风险评估程序不周延

美国土壤环境政策可以分为两大类:执行程序和计划产出程序。执行程序指的是行政机关制定土壤政策、土壤规划的程序;计划产出程序也可以被认为是在任何行政机关层面被推导出来,发生在任何层次,包括国家、州和地方层面。当潜在的参与者参与计划的制定时,计划产出程序就包括了不特定的农场主、任何利益相关阶层的实际利益。[1] 土壤环境风险评估的程序应当关注三个要素。与污染物相关联的理念是定义"受污染土地"的一个关键和基础因素。"源头"指的是土地中已经对土壤和水或者有可能对土壤和水产生损害污染的物质;"路径"指的是环境中的方法或者途径(直接或者间接地),污染物质通过这个途径传播和扩散;"接受者"是一个整体,表述受到或者可能受到污染物质损害的整体。有可能会有很多潜在的不同特征的接受者,例如,水生态系统、人群、建筑物或者其他相关联的生态系统。

对风险的存在而言,这三者必须是共同存在的,风险评估依赖识别可能性和污染物质连接。因此,即使污染物是现存的,如果没有传播途径和接受者,这个污染物也不被视为"受污染土地",这是一个关键点。在风险

---

[1] Adam Reimer, Linda Prokopy. One Federal Policy, Four Different Policy Contexts: an Examination of Agri-environmental Policy Implementation in the Midwestern United States. Land Use Policy, 2014, 38: 605 – 614.

评估过程中，对于污染物连接的识别是至关重要的。例如，对于污染场地的识别可以通过识别污染物来源、模拟传播途径，找出潜在的行为和接受者来实现。危险的场地可以通过打破污染物传播连接而得到控制，例如通过减少传播渠道或者修复接受者来实现。在已经建立了这种存在，或者有可能存在之后，风险评估被要求用来识别污染物质的连接。这不仅要求基于"源头—路径—接受者路径模式"对风险评估进行定性，还要求对不同类型的风险进行量化表述。

将风险管控贯穿始终，坚守农产品质量和人居环境安全底线，首先要界定清楚什么是风险管控，这要按照不同土地用途分别界定。对农用地而言，风险管控就是指通过农艺调控、替代种植、种植结构调整，以及划定特定农产品禁止生产区域等措施，确保农产品质量安全，保障耕地得到安全利用。对建设用地而言，风险管控则是指通过对污染地块设立标志和标识，采取隔离、阻断等措施，防止污染进一步扩散，或者划定管控区域，限制人员进入，防止土壤扰动，以及通过用途管制，规避随意开发带来的风险。纵观世界各国土壤污染防治历程，因土壤污染治理难度大，最终均采用了以风险管控为核心思想的防治策略，并渗透到立法、标准制定、技术措施选取等环节中，鲜有对受污染土壤开展大规模的治理与修复。结合城市开发建设和环境改善，针对污染地块的治理修复则较为普遍，但其主要目的仍是规避人居环境风险，将治理修复措施作为风险管控的一类手段。采取以风险管控为主的防治策略，依土定用、土尽其用，确保受污染土壤实现安全利用，应是符合我国现阶段基本国情和技术经济条件的有效做法。另外，为提高风险管控措施的针对性、实效性，必须通过精度相对较高的调查，确定污染土壤的边界范围、污染程度、污染物类别等，评估对农产品安全、人体健康、生态环境等的影响，并以此为据，制定针对性风险管控措施。

（三）现存的立法和政策侧重农业用地

我国现存的有关土壤污染的立法主要集中于管理受污染的农业用地，而不是工业用地。这种导向在当今中国工业快速发展的状况下已经站不住脚，中国城市化进程的不断加快和快速的工业发展已经使得经济飞跃，由此带来了很多多元矿物资源和能源的过度开发。这导致产生了大量废弃的炼钢厂和建筑群，过时的化学工程和场地遍布全国各地。这些被抛弃的化学工厂场址和矿山场址，是可以重新被利用来做其他用途的。例如，上海世界博览会场馆就利用了超过300个工业废弃场址，包括码头、钢铁工程，重新利用了10000多平方米曾经被污染的土地。

在欧洲和中国，污染场地管理都包括一个重要的对于政策和决策制定者的关注。欧洲和中国的主要污染场地管理的策略都是连续的。都包括：①采用污染者付费原则，以国家作为监管者和保证人——至少在部分立场上——尤其是无主地的场合；②执行以风险为基础的方法论来引导整个管理过程；③致力于建设一个污染场地立法框架；④将信息作为一个主要的工具手段来引导对于适当政策的界定。① 除了这些共同点，还有一些显见的区别存在于两者之中。这些差异包括具体方法、工具和决策过程的差异。这些差异为中国土壤污染管理提供了一个很好的思路。为了更好地借鉴欧洲的有益经验，有必要在地方层面实施具体的政策工具。

（四）未贯彻以生态系统功能为基础的土壤环境风险规制策略

《综合生态系统管理（第V/6号）》提到的实施性导则是：② 综合生态系统管理是有关生态系统整体和生态系统各个子系统综合管理的策略，包括水、大气、土地、湿地、草原、海洋、物种等各种生命系统和生物系统的管理，目的是通过综合管理实现生态系统的保护和可持续利用。生物多样性包含有物种、基因和生态系统多样性，生物多样性风险由生物多样性这些组分之间的互相影响来决定。作为土壤污染来源之一，向土壤中施加无机化肥的行为不能够有效保护土壤生物多样性。对于生物多样性保护的理解要求理解人类行为和生物功能之间的交互关系。向土壤中施加无机化肥，会使土壤生态系统发生多样性损害，因为人们从施肥中得到的回报超过了保护土壤自然生产力所需要的成本。两者之间的差异导致为了保护生物多样性而付出的私人和社会成本之间的差别。追寻可持续的发展要求提高农业产量和生物多样性之间的权衡。对土壤施加无机化肥会在短期内提高农业产量，但是从长远看，会导致土壤环境的退化。土壤是维持食物链的决定性因素，代表着自然资本的最重要元素，而且需要几百年才可以形成。有机农业和生物技术对农业可持续发展起着决定性作用，维持农业可持续发展的土壤资源必须被视为满足由于世界人口增加而日益扩大的食物

---

① Daniele Brombal, Wang Haiyan, Lisa Pizzol, et al. Soil Environmental Management Systems for Contaminated Sites in China and the EU: Common Challenges and Perspectives for Lesson Drawing. Land Use Policy, 2015, 48: 286-298.

② Decisions adopted by the Conference of the Parties to the Convention on Biological Diversity at its First Extraordinary Meeting of the the Convention on Biological Diversity.

需求的关键性因素。①

（五）土壤环境修复未实现"适应未来的使用"这个制度目标

传统的土壤修复是"土壤环境质量"的恢复，修复行为旨在减少特定标准之下的污染物在最短的时间内的聚集。在这些方面，修复标准将成为一个量化的目的价值。"适应未来的使用"反映了风险管理更广阔的观念，其关注受污染土地未来可能带来的风险，以及识别这些风险的可能性，在任何污染物的层面，将根据土地利用和未来的其他因素有所变化。因此，在特定的立场上，风险需要被评估。

"适应未来的使用"结合了"适合被使用"和"环境保护"两者。包括两个要素：第一个要素，保证土地适合当前的使用，同时将这些土地修复至当前的这些环境损害不再存在。第二个要素，保证土地能够适应未来的利用，总体上通过规划和建筑控制制度来实现。简单地说，"适应未来的使用"观念提供了土地修复的变量，以便与土地未来利用相关联的不可接受的环境风险被寻求。这能够根据土地计划中的运用，帮助减少土壤修复的成本。例如，一个被污染的场址计划作为学校建设场地，相较于被用作一个停车场，这应该进行更高标准的修复。这个方法与多元功能方法相对应，重点是将受污染场址恢复至最大可能好的标准。

考察我国土壤环境风险规制和土壤污染防治法律以及政策的现状，为我们指明了今后研究和完善法律制度的方向。第一，以风险为基础的综合方法体系应当被采用，包含清晰的政策、综合性立法、专家管理、技术方法和有效的激励机制。以风险为基础的技术方法应该被采用，以优化被污染土地的修复。第二，对于污染土地以及其环境影响的全过程认识，包括污染物发展的观念、土壤污染有可能产生的环境风险、对受污染土地的修复以适应未来的利用等全过程。鉴于土壤污染与环境风险的天然联系，我国有必要发展面向风险应对的土壤污染法律制度。曾经，我国专门性的土壤污染立法缺失，当时，我国有关土壤污染的立法和政策在应对土壤污染风险方面显得捉襟见肘。有关土壤污染防治的法律法规散见于《环境保护法》《水法》《固体废物污染环境防治法》《土地管理法》以及与农药、辐射管理相关的规定之中，地方立法已经出台的有《福建省土壤污染》《湖北省土壤污染防治条例》。恰值《土壤污染防治行动计划》出台，我国土壤污染立法箭在弦上。《土壤污染防治行动计划》出台，对于我国土壤污染立法

---

① Pallab Mozumdera, Robert P. Berrensb. Inorganic Fertilizer Use and Biodiversity Risk: an Empirical Investigation. Ecological Economics, 2007, 62: 538–543.

和整合体系化的土壤环境风险规制制度体系而言是一个千载难逢的契机。

（六）未建立土壤污染物总量控制制度

污染物总量控制制度是相对于浓度控制制度而言的。污染物总量控制制度指的是将一个区域内的一种类型污染物排污总量控制在一个限度内，目的是维护一个区域的环境质量不下降。总量控制标准的设定以一定区域内的环境容量为基础，总量控制制度意味着我国环境管理理念的进步。2015年《大气污染防治法》确立了重点大气污染物排放量总量控制制度，[①] 2017年修订的《水污染防治法》确立了重点水污染物排放总量控制制度。[②] 污染物总量控制和浓度控制是两种截然不同的环境管理措施，浓度控制制度侧重于排污污染物的浓度，而不侧重于一个区域的环境容量和区域所能够容纳的最大污染物限值。因此，可以说，污染浓度控制制度是一种片面的环境管理制度。新近通过的《土壤污染防治法》[③] 规定了农药、化肥使用的总量控制，但是并未确立其他类型土壤污染的总量控制制度。

三、土壤环境标准不完善

（一）土壤环境标准的类型和内容不完善

我国已有的土壤污染方面的环境标准近50项，主要由五大类标准组成。第一类是土壤环境质量标准和评价标准类：《土壤环境质量标准》《食用农产品（大田）产地环境质量评价标准》《温室蔬菜产地环境质量评价标准》《展览会用地土壤环境质量评价标准（暂行）》。第二类是技术导则类标准：《土壤环境监测技术规范》《场地环境调查技术导则》《场地环境监测技术导则》《污染场地风险评估技术导则》《污染场地土壤修复技术导则》。第三类是土壤污染物分析方法类标准，规定土壤和沉积物中相关污染物的分析方法。第四类是土壤污染控制类标准：《农用地污泥中污染物控制标准》《城镇垃圾农用控制标准》《农用粉煤灰中污染物控制标准》《农用灌溉水质标准》。第五类是基础类标准，主要有《土壤质量词汇》《污染场地术语》等。

---

① 参见《大气污染防治法》第二十一条。
② 参见《水污染防治法》第十条。
③ 参见《土壤污染防治法》第二十六条。

(二) 土壤污染状况调查存在不确定性

针对土壤污染以及土壤环境风险,我国已经开展的土壤环境调查主要有:① 1999 年国土资源部组织的多目标区域地球化学调查。② 2005 年至 2013 年间,环保部与国土资源部共同开展的第一次全国土壤污染状况调查,这次全国性的普查面积约为 630 万平方千米。③ 2012 年,农业部开展的农产品产地土壤环境质量和土壤重金属污染调查。④"十二五"期间,环保部开展的全国土壤环境质量检测网试点工作。通过这些调查得出的数据显示,我国已经对全国土壤污染的基本分布、基本特征和主要格局做出了初步的调查,也掌握了一些数据。但是,由于土壤污染的变化大、调查时间跨度大、调查方法不统一,因此调查结果难免不是很精确。从而,依据全国性的土壤污染调查和土壤环境质量调查来开展土壤污染防治和土壤环境风险规制具有很多不确定性。当前,如何完善我国土壤污染调查、土壤环境质量调查和土壤环境风险规制,应当以大数据和遥感等先进技术为依托,分级、分行业和分区域加大对于土壤污染和土壤环境质量的调查。如此,调查的精准度、范围以及时效性才能全面满足土壤污染防治、土壤环境修复和土壤环境风险规制的需求。

环境问题关涉社会发展、政治稳定以及民族生存延续诸多问题。面对我国严峻的环境挑战,市场失灵和政府失灵都仅仅具有局部的解释力。当前土地利用管理的必要变化可以导致土地资源利用对人类和生态系统施加影响。对于土地资源管理适应性规划的明显需要,将推动实现土地资源可持续利用和人类社会可持续发展。因此,有必要发展出适应性的土地资源管理可持续发展的实用的方法,包括生态服务方法和社会影响评估。为了发现可持续的方法,生态服务方法已经成为促进可持续发展和以生态系统为基础的土地利用管理的显著因素。生态服务功能,包括人们从生态系统中获得的生态物品和服务,在维持人类社会可持续发展过程中起着重要的作用。当生态服务方法将社会经济因素考虑进来的时候,社会影响评估、分析和评价人类社会对生态结构、生态系统平衡和生态服务功能的影响,并且聚焦于管理社会要素的过程中。[①] 为了避免土壤环境污染带给人体健康的负面影响,我国必须投入更多用于土壤修复,以创造体系化的、完备的、

---

① Leena Karrasch, Thomas Klenke, Johan Woltjer. Linking the Ecosystem Services Approach to Social Preferences and Needs in Integrated Coastal Land Use Management—a Planning Approach. Land Use Policy, 2014, 38: 522-532.

适合中国国情的土壤修复标准和技术导则。①

第三节 环境风险预防原则之适用

一、彻底的环境风险预防原则

风险预防原则是法律应对不确定的风险之最大创举，风险预防原则能够解释为什么必须约束可能导致环境风险的人类行为。由于这项原则的运用，未来有可能发生的环境风险，以及环境损害的风险被纳入了法律调整的范围。"风险预防的第一个信条是：尽管存在其他一些技术上的难题，环境风险仍然是可以避免的和可控的。第二个信条是：科学不确定性不是延迟人们采取行动应对环境风险的必要条件。换言之，科学证据模糊或者存在争论不应当排斥我们确认一项人类行为是具有环境风险的。风险预防催促管理者不能延迟采取行动来应对这种科学不确定性所带来的风险。"② 风险预防原则在哲学上是极有意义的，因为它混合了一些非常有争议的命题，诸如伦理学、政治学和科学的一些命题。③ 确立风险预防原则是土壤环境风险法律规制最行之有效的规范基础。从总体立法理念和法律制度设置来看，风险预防的理念和制度在我国环境立法中还未确立。对于土壤环境风险规制而言，风险预防是实用的。当风险预防原则被整合进土壤环境立法之中，其令人震惊的意义便凸显出来了。风险预防原则的规范意义在于，一方面，要求以环境风险预防原则为基础设置具体的风险预防和管控措施；另一方面，要求环境管理机构有所作为，即采取措施防范土壤环境风险的产生或者减缓土壤环境风险所致的损害。构建完备的土壤环境风险规制制度体系应当以环境风险预防原则为根本理念设置具体的风险预防和管控措施。

在土壤环境风险规制方面适用风险预防原则的积极意义在于：一方面，风险预防原则肯定土壤环境风险是可预防的和可控的，即使存在科学技术

---

① Yao Yijun. Pollution：Spend More on Soil Clean-up in China. Nature，533（7604）：469 – 469.
② Edward Soule. Assessing the Precautionary Principle. Public Affairs Quarterly，2000，14（4）：309 – 328.
③ Gerhold K. Becker，James P. Buchanan. Changing Nature's Course：the Ethical Challenge of Biotechnology. Hong Kong University Press，1996：22.

所致土壤环境问题的不确定性。另一方面,风险预防原则的规范意义在于为土壤环境风险管理者设定义务。风险预防原则施加义务于管理者,要求管理者采取措施减免和控制环境风险。风险预防原则不仅停留在理念层面,很多国际法和外国法中都以环境风险预防原则为基础,提出减免环境风险损害的措施。1992 年联合国环境和发展大会上通过的《里约宣言》第 15 项原则表达出风险预防原则的核心理念:为了保护环境,各国应该根据他们的能力广泛地采取预先防范性措施。当存在严重的损害威胁或可能发生的损害后果具有不可逆转的性质时,缺少充分的科学依据不能成为推迟采取费用合理的预防环境恶化的措施的理由。① 土壤污染风险预防原则也是法国土壤污染防治的首要策略。依据法国工业法,法国环境管理机关能够从源头上对潜在的污染进行控制,以预防原则为基础的法国工业法建立了土壤污染防治的日常监测制度、土壤污染防治的农作物种植管理制度、土壤风险评估和修复制度。②

考察我国立法中的预防原则,鉴于我国目前缺失专门的土壤污染防治立法,作为一般法的《环境保护法》所确立的预防原则是主要研究对象。《环境保护法》确立的"保护优先、预防为主、综合治理"③ 原则规定的是应对环境问题的三个根本措施,即保护、预防和治理三者的辩证关系。考察贯彻"预防为主"原则的制度设置,不难发现此处预防的对象是:其一,预防损害发生,为了预防损害的发生而设置的制度有环境规划制度、环境影响评价制度、"三同时"制度、环境标准制度、污染物总量控制制度等;其二,采取措施预防和控制与环境污染有关的疾病发生。④ 可以说,《环境保护法》确立的预防原则仅限于预防实际的损害,并未包含"风险预防"的理念。虽然其设置了环境规划制度,要求建立生态红线,建立了监测预警制度,完善了环境影响评价制度,但总体上这部法律依然具有浓厚的末端治理色彩,没有很好地贯彻风险预防理念,尚未形成"风险管理—冲突管理—危机管理"的完整治理体系。⑤。

预防环境污染对儿童健康造成影响,这种预防应在三个层面展开:第一层次的预防寻求预防儿童健康受损的发生;第二层次的预防包括在环境

---

① Rio Declaration on Environment and Development, The United Nations Conference on Environment and Development, met at Rio de Janeiro from 3 to 14 June 1992, Principle 15.
② 参见曾晖、吴贤静《法国土壤污染防治法律及其对我国的启示》,载《华中农业大学学报(社会科学版)》2013 年第 4 期。
③ 《环境保护法》第五条。
④ 参见《环境保护法》第三十九条。
⑤ 参见吕忠梅《〈环境保护法〉的前世今生》,载《政法论丛》2014 年第 5 期。

问题发生的早期就进行识别和检查的方法,在这些环境损害还没有危及儿童的健康之前;第三层次的预防关注的是对那些健康已经受到环境损害的儿童,如何恢复健康和人体健康的功能。第二层次和第三层次的预防手段,关注医疗手段的预防,典型地表现在包括对健康受损的检查和治疗。检查和治疗对生病的儿童而言是有益处的,但是第一层次的预防对于减少儿童健康受环境损害而言更具有基础意义。要预防儿童健康受到土壤污染环境风险损害,最为关键的还是预防损害发生,即将土壤环境受损的状况扼杀在摇篮之中。[①]

二、环境风险预防原则理论价值

无论是从立法导向,还是我国实际发生的环境事件来看,我国都已经步入了高"环境风险"时代。环境风险也有着自身的特质,针对环境风险的特质,应当在法律之中确立环境风险预防原则,并在该原则的引导下设置具体的风险预防和管控措施。风险预防通常在两种层面上被解释,可以称为温和的风险预防和强硬的风险预防。温和的风险预防比较实用主义,其授予政策制定者和管理者非常大的余地,让他们决定什么是风险规制中应当考量的因素,以及如何衡量这些相关因素。在温和的风险预防之中,环境风险是否在科学上具有确定性不是人们采取行动的必要条件,即不得以没有科学确定性为由而推迟采取积极的预防行为。强硬的风险预防则严格约束管理者防控环境风险有可能带来的损害。即使在原因与结果之间的关系都没有得到证明的情况下,也必须采取减免环境风险的行为。对于环境立法而言,温和的风险预防是实用的和适当的,不论是从道德上、政治上还是其他方面来说。

除了与水污染、大气污染同样具有污染的一般特性,土壤污染也有着不同于水污染和大气污染的特性,土壤环境风险也有着自身的特质。与水污染和大气污染相比较,土壤污染的隐蔽性更强,土壤环境风险的表征更不易察觉。针对土壤污染和土壤环境风险的这些特质,更应当在法律之中确立环境风险预防原则,并在该原则的引导下设置具体的风险预防和管控措施。

[①] Stephen A. Rauch, Bruce P. Lanphear. Prevention of Disability in Children: Elevating the Role of Environment. The Future of Children, 2012, 22 (1): 193 – 217.

三、环境风险预防原则实践价值

土壤环境风险规制的法律体系由两个基本部分组成,技术的部分被称为"风险评估",旨在度量和物质相关联的风险;而更具政策导向意味的部分被称为"风险管理",是决定对此要做些什么。① 在规制体系层面,土壤环境风险法律规制体系包括土壤环境风险评估制度,以及对于风险评估所揭示出的土壤环境风险进行管控的法律制度,主要有土壤环境修复制度和土壤环境事件应急制度。

(一)土壤环境风险法律规制制度体系的价值

立法的不同功能在于它追求的是保证或实现明确的社会或集体目标。在这个过程中,通过由个人组成的政治团体为人们提供"公共物品"。② 制度变迁决定了人类历史中的社会演化方式,因而是理解历史变迁的关键。③ 历史是重要的,其重要性不仅在于我们可以从历史中获取知识,还在于种种社会制度的连续性把现在、未来与过去联结在一起。现在的和未来的选择是由过去所形塑的,并且只有在制度演化的历史话语中,才能理解过去。④ 制度是一个社会的博弈规则,或者更规范地说,它们是一些人为设计的、形塑人们互动关系的约束。制度变迁决定了人类历史中的社会演化方式,因而是理解历史变迁的关键。⑤ 技术变迁与制度变迁是社会与经济演化的关键,这二者都呈现出路径依赖的特征。⑥ 要探讨理性选择进路在制度研究方面的缺失,我们必须深入分析人类行为的两个具体方面:①动机;

---

① 参见〔美〕史蒂芬·布雷耶《打破恶性循环:政府如何有效规制风险》,宋华琳译,法律出版社 2009 年版,第 8 页。
② 参见〔美〕詹姆斯·M. 布坎南《制度契约与自由——政治经济学家的视角》,王金良译,中国社会科学出版社 2016 年版,第 35 页。
③ 参见〔美〕道格拉斯·G. 诺斯《制度、制度变迁与经济绩效》,杭行译,韦森译审,格致出版社、上海三联书店、上海人民出版社 2016 年版,代译序第 5 页。
④ 参见〔美〕道格拉斯·G. 诺斯《制度、制度变迁与经济绩效》,杭行译,韦森译审,格致出版社、上海三联书店、上海人民出版社 2016 年版,第 1 页。
⑤ 参见〔美〕道格拉斯·G. 诺斯《制度、制度变迁与经济绩效》,杭行译,韦森译审,格致出版社、上海三联书店、上海人民出版社 2016 年版,第 3 页。
⑥ 参见〔美〕道格拉斯·G. 诺斯《制度、制度变迁与经济绩效》,杭行译,韦森译审,格致出版社、上海三联书店、上海人民出版社 2016 年版,第 122 页。

②对环境的辨识。① 信息的高昂成本是交易费用的关键。② 我们的首要问题——为什么交易需要成本——无论是对于微观理论的重建，还是对于制度理论来说，都是共同的。③

（二）构建整全的土壤环境风险评估制度

土壤环境风险评估在土壤环境风险规制制度体系中处于核心地位。风险评估是将应对风险的路径系统化的方法，用这种方法确定行动重点，或许可借此降低风险、优化风险与收益的平衡。④ 环境风险的层出不穷也引发了有关人类和人类社会知识的危机。现代风险的不确定性和由此带来的危害远远超出传统风险。现代风险的高度不确定，使得现代科学很难充分认识它。它的这种特性对传统的自然科学知识和社会科学知识，包括人们的经验传统都提出了挑战；传统的以确定性为基础的自然科学和计算方法变得不适应，单凭人们的经验和想象力更是无法判断和评估风险。⑤ 风险评估侧重于对与人类健康密切相关的危险物质的生物、化学和物理数据进行分析，其基本过程包括对于危险物质的评估、评估危险物质对于周边环境的影响，以及评估危险物质未来可能带来的环境影响等。⑥ 由我国《污染场地风险评估技术导则》（HJ 25.3—2014）加以规范的污染场地风险包括"污染场地健康风险""致癌风险""土壤和地下水风险"等，将污染场地风险进行了具体化；这部技术导则还规定了风险控制值、风险表征等量化标准，将污染场地风险予以量化，对污染场地风险评估的程序也做出了规定。通过该导则的文本，不难看出我国土壤环境风险评估侧重于对人体健康风险的评估。

土壤是水、空气和所有生态功用中的最关键环节。生物多样性依赖于土壤的演化，所有的陆地生物循环都与土壤相关。一旦土壤环境质量发生

---

① 参见［美］道格拉斯·G. 诺斯《制度、制度变迁与经济绩效》，杭行译，韦森译审，格致出版社、上海三联书店、上海人民出版社2016年版，第23页。

② 参见［美］道格拉斯·G. 诺斯《制度、制度变迁与经济绩效》，杭行译，韦森译审，格致出版社、上海三联书店、上海人民出版社2016年版，第32页。

③ 参见［美］道格拉斯·G. 诺斯《制度、制度变迁与经济绩效》，杭行译，韦森译审，格致出版社、上海三联书店、上海人民出版社2016年版，第33页。

④ 参见［英］彼得·泰勒·顾柏、［德］詹斯·O. 金《社会科学中的风险研究》，黄觉译，中国劳动社会保障出版社2010年版，第191页。

⑤ Graciela Chichilnisky, Geoffrey Heal. Global Environmental Risks. The Journal of Economic Perspectives, 1993, 7 (4): 65 – 86.

⑥ David T. Dyjack, Samuel Soret, Barbara Anderson. Community-Based Environmental Risk Assessment. Public Health Reports (1974—), 2002, 117 (3): 309 – 312.

退化，或者土壤受到损害，生物多样性、生物循环和水循环，包括水的质量和水循环的过程也就相应地受到影响。① 在更为广泛的意义上，由于土壤是地球的生命支撑系统，土壤环境风险影响着所有的生命体，给其带来健康风险，给整个生态系统带来不确定的风险。② 美国的环境风险评估制度经历了从健康风险评估发展至生态系统风险评估的过程。美国联邦环保局1992年发布的《生态风险评估框架》对生态风险评估做了如下定义：生态风险评估是对一种或者多种因素对生态系统、生态系统的组分和生态系统的过程产生影响的可能性的评估。生态风险评估的目的是了解、预测和预防外界因素对生态系统可能产生的损害，以此作为环境管理部门采取减缓生态损害措施、制定应急预案和制定政策的依据。③ 在此之前，美国环境风险评估侧重于评估环境问题对人体健康带来的风险。在这份框架的基础上，1998年美国联邦环保局发布了一项关于生态风险评估的最终导则，这份导则着眼于规范整个生态系统的风险评估。④ 曾经，在我国这种专门的土壤污染立法缺失的状况下，《污染场地风险评估技术导则》（HJ 25.3—2014）是我国土壤环境风险管控的主要依据。这部技术导则和土壤污染立法在土壤环境风险评估方面仍然有很大的完善和发展空间，应当在土壤污染立法和技术导则中增加对于生态系统的风险评估。无论是从评估对象、评估方法、评估程序而言，生态系统风险评估都是一个动态的、系统的过程。生态系统分析评估要求对生态系统的每个组分进行识别，对每个组分与生态系统整体的关系进行动态监测，依据监测数据得出一种或者多种物质有可能对生态系统的组分或者生态系统整体产生影响的可能性，并且提出减缓生态系统风险的措施和应急预案。

　　风险评估被用来预测人们不期望在未来发生的一些可能性，环境风险评估的最终目的是保护人类健康和环境，通过为决策者提供信息，这些信息能够为决策者所用而减少或避免风险。环境风险评估由政府相关部门在日常管理过程中进行，用作政府决策和管理风险的依据。风险评估的基本过程包括对危险物质的评估、评估危险物质对周边环境的影响，以及评估

---

　　① 参见［法］拉巴·拉马尔、让-皮埃尔·里博《多元文化视野中的土壤与社会》，张璐译，商务印书馆2005年版，第13～19页。
　　② Lesley Rushton, Paul Elliott. Evaluating Evidence on Environmental Health Risks. British Medical Bulletin, 2003, 68: 113-128.
　　③ USEPA, Framework for Ecological Risk Assessment, EPA/630/R-92/001, 1992.
　　④ USEPA, Guidelines for Ecological Risk Assessment, EPA/630/R-95/002F, 1998.

危险物质未来可能带来的环境影响。① 如何评估大气中排放的污染物,包括尾气、煤烟等污染物质对人体健康和生态系统可能造成的风险,科学技术方法通常有实验数据分析、抽样分析、化学物质分析、暴露评估、统计数据等几种。② 值得一提的是,土壤环境风险评估过程尽管以科学技术方法为主,但是也并非完全"价值无涉"。土壤风险评估研究经历了从技术手段的评估转向社会文化价值综合评估的过程。在实验室中运用科学技术知识对土壤环境风险并加以评估仅仅是风险话语中的一部分事实,风险评估的另一个视角是利益相关者对风险的感知以及对风险评估报告的参与论证和接受。由于土壤环境风险评估程序所得出的评估报告有可能影响到诸多利益主体,土壤环境风险评估也应当具有环境正义的视角,在恰当的节点将社会因素融入土壤环境风险评估程序之中。③ 有可能影响土壤环境风险评估报告接受程度的社会因素有:民众的风险感知、风险分配和分布状况、土壤环境风险可能造成的灾难、民众承受风险的能力和意愿等,这些社会因素都应当在土壤环境风险评估报告中得到考量。

(三) 以风险为导向的土壤环境修复制度

土壤一旦被污染,其修复状况直接关系到其已经产生的环境损害和可能产生的损害风险,因此,土壤环境修复的风险导向非常重要。常州外国语学校土壤污染事件中有一个关键的事实是:其周边的土地利用性质曾经发生过变更。在 2013 年对该"毒地"所做的环境风险评估报告中,这块土地的开发利用性质为商业和住宅用地,当时的土壤环境修复标准和修复目标值都是依据商业和住宅用地的利用性质来确定的。而常州外国语学校在 2015 年 9 月搬迁至现在的新校区之后,依据原来的商业和住宅用地性质进行的土壤环境修复工程产生了刺鼻的异味,严重影响到了常州外国语学校的人群。在这样的状况下,常州外国语学校周边土地的开发利用性质由原来的商业住宅用地变更为绿化即公共设施用地。通常情况下,对于受污染地块的环境修复标准和目标值应当根据土地利用性质来倒推。我国土壤类

---

① David T. Dyjack, Samuel Soret, Barbara Anderson. Community-Based Environmental Risk Assessment. Public Health Reports (1974—), 2002, 117 (3): 309 – 312.

② Harma J. Albering, Sandra M. van Leusen, Edwin J. C. Moonen, et al. Human Health Risk Assessment: a Case Study Involving Heavy Metal Soil Contamination After the Flooding of the River Meuse During the Winter of 1993—1994. Environmental Health Perspectives, 1999, 107 (1).

③ Dirk Grasmück, Roland W. Scholz. Perception of Heavy Metal Soil Contamination by High-Exposed and Low-Exposed Inhabitants: the Role of Knowledge and Emotional Concerns. Risk Anal, 2005, 25 (3): 611 – 622.

型多样，同一种污染物在不同土壤类型和不同区域所致环境损害也不一样，不同区域和土地未来利用的不同状况决定了土壤修复标准的不同。既然如此，如何确定土壤修复的标准？通过对英国、美国和法国法律的考察，本书总结出这些国家污染土壤修复标准都是以受污染土地的未来利用为导向的。若采用复合的保护目标，污染土壤的行动值标准则更多地指示污染物的清理等修复行动。而对于城市污染土壤而言，则更容易基于土地未来的用途，如住宅开发、商业开发、工业用地、绿地等，在行动值标准的基础上确定应对方法。① 英国法律中对于污染土地的管理以污染物与周边人群和生态系统相关联的观念为基础，通过土壤污染技术导则对不可预期污染风险进行识别，然后采取措施将风险减少和控制到可接受的状态，以便土地适合"未来的使用"。② 法国和美国的立法中也遵循此规则。

我国《环境保护法》第三十二条规定了土壤调查、监测、评估和修复制度。实际操作中，土壤污染修复适用的技术导则有《污染场地土壤修复技术导则》（HJ 25.4—2014）、《土壤环境质量标准》（GB 15618—1995）、《污染场地风险评估技术导则》（HJ 25.3—2014）等。其中，《污染场地土壤修复技术导则》（HJ 25.4—2014）附录中规定的"污染场地土壤修复方案编制大纲"第二部分内容要求对场地问题进行识别、第三部分"3 场地修复模式"中"3.3 场地修复目标"的解释是"由场地环境调查和风险评估确定的目标污染物对人体健康和生态受体不产生直接或潜在危害，或不具有环境风险的污染修复终点"。从该技术规范文本的角度分析，场地修复目标的设定已经包含"风险"要素，也根据不同的污染物规定了量化指标。但是，该技术导则并没有直接规定根据土地未来的利用来设置土壤污染修复的不同标准。

（四）体系化的土壤环境风险应急制度

如果说土壤环境风险评估和土壤环境修复是日常的环境风险管理制度，那么，土壤环境事件应急制度则是特殊状况下应对不能预期的环境风险的制度。土壤环境事件应急管理与土壤环境风险日常管理有着内在的联系。③

---

① 参见王欢欢《污染土壤修复标准制度初探》，载《法商研究》2016 年第 3 期。
② Luo Qishi, Philip Catney, David Lerner. Risk-based Management of Contaminated Land in the UK: Lessons for China? Journal of Environmental Management, 2009, 90: 1123 – 1134.
③ Peter J. Webster, Jian Jun. Environmental Prediction, Risk Assessment and Extreme Events: Adaptation Strategies for the Developing World. Philosophical Transactions: Mathematical, Physical and Engineering Sciences, 2011, 369 (1956): 4768 – 4797.

环境应急管理通过对偶然事件的管控来做好"突发环境事件的风险控制"①和减少环境损害的发生,从而达到一种最佳的状况。就制度设置目的而言,土壤环境事件应急制度与土壤环境风险日常管理制度是不谋而合的,即都是以管控土壤环境风险和减少环境损害发生为目的。风险应急管理需要一种应对不确定性的意识和处理应急情况的创造力,以处理那些完全不能预期的情况。环境事件应急制度也具有显见的社会价值,被视为环境正义的实现途径之一。从环境正义的视角,那些容易受到突发环境事件影响的人群大多是贫穷的、弱势的和易受感染的人群。对环境正义的关注为土壤环境风险规制提供了一个独特的视角,即为民众提供系统的、综合的、完备的突发土壤环境污染事故应急处理制度,以考量所有可能受到突发土壤环境事件影响的人群的利益。

(五) 其他土壤环境风险规制制度

以现有环境法体系和既有制度资源为基础延展和创新的土壤环境风险应对制度体系,可以从如下几个层面展开:第一,考虑将一些土壤污染物列入土壤污染和土壤环境质量相关技术规范,作为土壤污染物类型之一。第二,确立低碳发展和绿色发展的法律原则、创新低碳发展和绿色发展法律制度体系。绿色发展是一种全新的发展观,指的是经济社会的全面发展必须符合资源节约和环境友好的要求,提倡清洁能源和循环经济。绿色发展原则是可持续发展和生态文明倡导的发展观。21世纪注定在人类历史上是一个承上启下的时代,这种承上启下主要体现在:21世纪承接了现代社会至后现代社会的演进;在文明形态上,21世纪承接着工业文明至生态文明的发展。② 绿色象征着生命,预示人们呼唤绿色,从"绿色道路"走向可持续发展的未来。③ 绿色道路的选择标志着一系列观念、理念、行为模式的变革。绿色发展的基本实现路径是构建和实施包括绿色产业、绿色消费、绿色建筑、政府绿色采购、绿色包装等在内的行为规范和法律制度。这些绿色发展法律制度并非仅凭一个部门法就能够完成的,而是应当依靠环境法、经济法、民商法等多个法律部门的共同应对。第三,构建土壤环境风险对应的国际法规范,研究和探索国际法规范转化为国内法规范的机制以及国际法规范得以遵守和执行的机制。

---

① 《环境保护法》第四十七条。
② 参见蔡守秋《调整论——对主流法理学的反思与补充》,高等教育出版社2003年版,第88页。
③ 参见余谋昌《生态哲学》,陕西人民教育出版社2000年版,第240页。

在土壤环境风险应对制度体系中，土壤环境风险识别与土壤环境风险感知密切相关。应该将环境风险评估制度置于一个更为广阔的框架内进行探讨，土壤环境风险识别和感知与人们的社会经济地位和社会知识背景密切相关，比如，在社会中处于边缘地位的人群基于他们的社会地位而获得的识别与感知往往是独特的。① 土壤环境风险识别制度在土壤环境风险管控制度体系之中起着核心和基础作用，土壤环境风险识别决定着土壤环境风险评估制度的对象，以及如何以土壤环境风险识别和评估结果为基础对土壤环境风险加以预防和管控。

突发土壤污染事件应急制度是另一个需要详述的土壤环境风险管控制度。如果说前文论述的土壤环境风险识别、土壤环境风险评估等制度是应对土壤环境风险的日常管理，那么突发土壤污染事件应急则是应对突发性的、非常态的环境风险之制度安排。突发土壤污染事件一旦发生，其影响范围是不确定的，其损害是不可逆转的，因此，对于突发土壤污染事件的应对应当遵循以预防原则为主的应急思路。突发土壤污染事件应急制度是处理重突发土壤污染事件的第一道和最重要的一道安全线。我国突发土壤污染事件应急的主要法律规范依据有《环境保护法》《土壤污染防治法》②和《中华人民共和国突发事件应对法》（以下简称《突发事件应对法》）的相关规定。除此之外，还有《国家突发公共事件总体应急预案》《国家突发环境事件应急预案》《突发公共水事件水文应急测报预案（试行）》等。可以说，我国已经初步形成了突发土壤污染事件应急的法律框架。然而，由于我国重污染天气法律应对起步较晚，制度理念也不够先进，导致有些配套性措施不健全，重污染天气应急制度执行过程中存在诸多问题。第一，我国突发环境事件类型繁多，针对不同类型突发环境事件的应急预案应当有所区别。以现行的《国家突发公共事件总体应急预案》为统一标准很难涵盖所有类型的突发环境事件应对。尤其是突发土壤污染事件应急方面，我国的应急标准和应急预案不充分。第二，突发土壤污染事件应急信息公开和信息通报制度执行不力。突发土壤污染事件一旦发生，其信息发布和公开是应急处理的核心环节。在实践中，突发土壤污染事件发生后，其信息发布和公开程序很薄弱。第三，突发土壤污染事件应急后评估在实践中比较缺乏，突发土壤污染事件应急结束之后，针对突发土壤污染事件造成

---

① Michelle Larkins Jacques. Expanding Environmental Justice: a Case Study of Community Risk and Benefit Perceptions of Industrial Animal Farming Operations. Race, Gender & Class, 2012, 19 (1/2): 218–243.

② 参见《土壤污染防治法》第四十四条。

的影响如何加以评估，也是实践中容易忽略的一个重要问题。

以既有资源为基础完善土壤环境风险管控制度体系，构建土壤环境风险应对制度体系，并不一定意味着完全打破现状而重新构建法律体系。比较务实的路径是以现有法律体系和法律制度为基础发展和创新更多的土壤环境风险应对制度。为了应对土壤污染带来的不确定性，应当基于现有的土壤污染防治相关法律和制度构建控制温室气体的管控原则、基本政策措施和法律制度。考察现有的立法和法律制度，《环境保护法》和《土壤污染防治法》在推动经济生产方式转变、调整和优化产业结构、鼓励低碳经济和低碳发展方面也能起到一定程度的作用。除了《环境保护法》《土壤污染防治法》等几部主要法律，我国的《清洁生产促进法》和《循环经济促进法》也可以从某种程度上起到应对气候变化的作用。这两部法律运用法律制度和机制鼓励和促进国家建立绿色和低碳 GDP 发展机制，从法律制度的角度转变经济增长方式和经济发展方式。清洁生产机制和循环经济能够促进经济发展模式从高能耗模式转向低能耗模式。除了法律体系和法律规范，规范性文件和政策等软法文件也可以为土壤环境风险应对提供制度资源和制度支撑。国家战略和政策能够制定的土壤环境风险应对制度体系包括但不限于如下制度：国家发展战略和政策中规定采取措施调整优化产业结构，国家战略和政策鼓励优先发展节约能源，国家出台规范性文件推动减少土壤污染物排放。

第四节　土壤环境风险法律规制的应然规范基础

人们对土壤环境风险的基本经验是：它们没有边界，在严重的损害出现之前很难察觉，存在广泛的不确定性，由于地下水和空气的自然循环而普遍化和全球化。土壤环境风险看似缥缈，与传统的法律调整对象诸如有形"物"相去甚远。对于这种存在高度不确定性、很难感知的风险，究竟能否将其以法律来约束？答案是肯定的，法律中一直都不乏控制风险的规范。如何将土壤环境风险纳入法律调整范围？大致有以下几种路径可以为土壤环境风险规制提供法律规范基础。结合《土壤污染防治法》对土壤环境风险规制法律规范基础之创新，本书对土壤环境风险法律规制应有的法律规范基础做出了一些创新性的探究。

一、以风险为基础定义土壤污染

考察外国土壤污染相关立法,可以发现土壤环境风险作为法律调整的对象已经被纳入法律的视野,其基本思路是对土壤污染做扩大解释,使之包括土壤环境风险。法国《环境法典》关于"废物"的篇章中,其调整范围就包括"土壤污染"和"土壤污染风险"。法国《环境法典》Art. L. 541-3 规定:当存在土壤污染和土壤污染风险,或者废弃物丢弃、存储、处置违背本章规定或者其他相关条文规定的场合,在经过正当程序的传唤后,管理机构可以执行必要的修复工作,修复费用由责任人承担。[①] 透过该条款,不难看出法国《环境法典》对于"土壤污染"的定义是包含土壤污染风险的。贯穿英国土壤污染防治法律体系的一个主线就是风险管控,英国《环境法令》对于"污染土地"的界定即是以风险为基础的。根据英国《环境法令》(1995年)第二部分"污染土地和废弃矿地"第 78A 的规定,污染土地指的是地方管理机构管辖区域内的任何有如下状况的土地:由于物质进入土地,附着于土地之上或者渗透至土地之中所致(a)显著的土地损害或者有产生土地损害的可能性;或者(b)水体污染,或者水体有污染的可能性。[②] 英国《环境法令》的规定是对污染土地所做的广义解释,由于某种物质的进入附着于土地上而对土壤生态系统或者地下水造成的环境损害,或者有可能产生的环境损害也被视为污染土地的一种情况。只要这些土地已经或者有可能发生环境危害,都可以被视为受污染土地,这是从风险防控的角度对土壤污染所做的解释。以风险为基础界定"土壤污染"不仅仅意味着法律的调整范围包括土壤环境风险,更为显著的规范意义在于"土壤污染"的界定隐含以风险为基础和导向的土壤污染管控基本理念和方法。[③] 英国《环境法令》第二部分"污染土地和废弃矿地"首先以风险为基础定义土壤污染,沿袭此思路,下文规定的污染土地管控方法,诸如土地技术导则、土地未来利用、土地修复制度等自始至终贯穿着风险防控的理念。

我国《环境保护法》没有直接界定环境污染,从环境污染监督管理措施的条文很难推导出我国立法有关环境污染的定义是以风险为基础的。考

[①] Code de l'Environnement de la France, Article L. 541-3.
[②] Environment Act 1995 of United Kingdom, Part II A "Contaminated Land" 78A.
[③] Luo Qishi, Philip Catney, David Lerner. Risk-based Management of Contaminated Land in the UK: Lessons for China? Journal of Environmental Management, 2009, 90: 1123-1134.

察地方土壤污染防治立法中的法律规范，以《湖北省土壤污染防治条例》为例，该条例第二条第二款规定的"土壤污染"，是指因某种物质进入土壤，导致土壤化学、物理、生物等方面特性的改变，影响土壤有效利用，危害人体健康或者破坏生态环境，造成土壤环境质量恶化的现象。[①] 可以理解为，《湖北省土壤污染防治条例》对于"土壤污染"的解释只包括土壤生态系统实际破坏和土壤环境质量的实际恶化，并未包括生态系统受损和环境质量恶化的可能性或者风险。

《土壤污染防治法》对土壤污染的定义是"本法所称土壤污染，是指因人为因素导致某种物质进入陆地表层土壤，引起土壤化学、物理、生物等方面特性的改变，影响土壤功能和有效利用，危害公众健康或者破坏生态环境的现象"[②]。从该条款分析，土壤污染指的是土壤化学、物理、生物等方面特性的改变，而并未包含土壤污染所可能引起的环境风险的内涵。在缺失专门性土壤污染立法的状况下，技术导则也是土壤污染防治的规范依据。我国《污染场地风险评估技术导则》（HJ 25.3—2014）对于"潜在污染场地"和"污染场地"均做出了解释。"污染场地"指的是"对潜在污染场地进行调查和风险评估后，确认污染危害超过人体健康或生态环境可接受风险水平的场地"[③]。可以理解为，《污染场地风险评估技术导则》中的风险评估对象"污染场地"的界定包含风险要素，污染场地的衡量以超过可接受环境风险水平为标准。以风险为基础界定土壤污染或者污染场地，是直接将土壤环境风险作为法律调整和防控对象的思路。我国专门性土壤污染立法应借鉴风险管控的思路，以土壤环境风险为基础界定土壤污染，或者规定土壤污染的表现形式包括土壤环境风险，以此为土壤环境风险规制提供法律规范基础。

结合《土壤污染防治法》对土壤环境风险规制法律规范基础的创新，本书对土壤环境风险法律规制应有的法律规范基础做出了一些创新性的探究。以风险为基础界定土壤污染或者污染场地，是直接将土壤环境风险作为法律调整和防控对象的思路。我国专门性土壤污染立法应借鉴风险管控的思路，以土壤环境风险为基础界定土壤污染，或者规定土壤污染的表现形式包括土壤环境风险，以此为土壤环境风险规制提供法律规范基础。

---

① 参见《湖北省土壤污染防治条例》第二条第二款。
② 《土壤污染防治法》第二条。
③ 《污染场地风险评估技术导则》（HJ 25.3—2014）。

二、将环境风险视为环境损害

土壤环境风险的法律规范基础不局限于土壤污染的定义,对于土壤污染所致损害的界定和救济也可以为土壤环境风险管控提供法律规范基础。2004年欧洲议会和欧盟理事会发布《关于预防和补救环境损害的环境责任指令》,该指令的目的是以"污染者付费"原则为基础构建不同于传统民事责任的环境责任制度框架,以预防和救济环境损害。该指令对于环境损害的界定也是不同于民事法上的人身损害、财产损害和精神损害的。该指令所列举的环境损害包括:①受保护物种和栖息地损害,包括受保护物种保育状况受损和栖息地的生态状况受损。参考基线条件,同时根据附件一规定的标准评估此种重大影响。②水损害,指对有关水体的生态、化学和/或者数量状况和/或者2000/60/EC指令定义的生态潜力造成的重大不利影响的损害,指令第4(7)条适用的不利影响除外。③土地损害,指任何能产生由于物质、生物体或者微生物在土地里面、上面直接或者间接地引入而导致的对人类健康造成不利影响的重大风险的土地污染。[①] 该指令所指的"环境损害"不仅包括已经产生的损害,还包括"潜在的损害威胁"。欧盟环境责任指令的出台是为了深化欧盟环境责任白皮书指出的"污染者负担"原则,以实现预防和补救环境损害。同时,该指令还要求,当存在"潜在的损害威胁"之时,经营者应当采取措施来减免环境损害的风险。由于损害与责任直接相关,当经营者延迟采取措施减免潜在损害之时,其承担的经济责任可能会增加。

"潜在的损害威胁"可以视为潜在的环境风险所致损害。法律规范对于环境损害的界定包含潜在的环境风险所致环境损害,将土壤环境风险所致的环境损害作为法律预防和救济的损害,则可以对产生土壤环境风险的经营者施加环境责任,将土壤环境风险所致损害纳入法律规制的范畴。我国《环境保护法》将"因污染环境和破坏生态造成损害的"救济指向适用《中华人民共和国侵权责任法》(以下简称《侵权责任法》)。[②]《侵权责任法》第八章"环境污染责任"规定,"因污染环境造成损害的"[③] 适用环境污染民事责任。依据《侵权责任法》的法律规范,此处的"损害"包括人身损

---

① Directive 2004/35/CE of the European Parliament and of the Council of 21 April 2004 on environmental liability with regard to the prevention and remedying of environmental damage.

② 参见《环境保护法》第六十四条。

③ 《侵权责任法》第六十五条。

害、财产损害和精神损害，不包括环境损害或者生态损害。同时，《环境保护法》和《中华人民共和国民事诉讼法》（以下简称《民事诉讼法》）规定的公益诉讼制度适用于"损害社会公共利益"，也并未特指救济由于损害社会公共利益而导致的"环境损害"或者"潜在环境损害"。① 如此可见，我国现有立法救济的损害不包括"潜在的损害"，将潜在的环境损害或者环境风险作为环境损害之一纳入法律规制范畴还需等待时日。

三、确立土壤生态系统综合管理

（一）综合生态系统管理解读

《生物多样性公约》对"生态系统"的定义是，"指植物、动物和微生物群落和它们的无生命环境交互作用形成的、作为一个功能单位的动态复合体"②。在对生态系统的精准定义和深刻认识基础上，该公约的导则提出了综合生态系统管理方法，作为实施生物多样性保护的基本准则和方法。综合生态系统管理方法强调综合考虑各学科知识和各种群体的利益，具有综合性的特点；强调对于生态系统的综合管理融合社会学、生态学、环境科学等多学科的知识；强调对生态系统的每个组分进行系统和统筹管理，并且达到各个主体的多元惠益，达致经济、社会、文化多元效益。综合生态系统管理方法要求系统、整体、动态地来认识生态系统以及生态系统的每一个组成部分，认识自然生态系统的内在价值、系统价值、生态系统对于人类的工具价值。同时，要求认识人类的经济、政治、社会和文化系统这些人造的系统与自然的生态系统之间的关系。可以表述为，人类创造的文化系统对于自然的生态系统的依赖性，以及生态系统对于人类物质活动的基础性。

环境管理制度的发展是自发演进和理论建构并行的，因此，环境管理制度经常会有相当程度上的变动。环境管理制度与其他制度体系相区别的一个显见特征就在于综合性。很多关于环境管理制度的研究都重点论述环境管理制度的综合性。应当考虑到采用环境管理制度的实践在多大程度上适用综合性原则，例如，一些团体适用环境管理制度仅仅是为了避免不同集团利益相关者的纷争，而不是为了寻求环境问题的进展。在这些状况下，环境管理制度代表了提高公共形象的努力。据此，需要强调的重点应当在

---

① 参见《民事诉讼法》第五十五条和《环境保护法》第五十八条。
② Convention on Biological Diversity, Article 2.

于环境管理制度的综合性。例如，两个机关都拥有环境监督权力，但是，两个机关在监督的具体职权方面是有区别的。因此，为了考虑使用的强度，研究者观察了综合性的几个方面：①观察环境实践作为环境制度重要性的一个方面；②要求在一定程度上对每一项环境制度实践进行考察。环境管理制度的综合性与制度压力之间的关系如何？制度理论强调组织结构和实践方面的社会和文化压力。为了应对来自制度环境方面的压力，一些组织采用被认为是合法和合适的结构和实践，即便有一些不确定性存在。制度理论在一个广泛的意义上被作为一个流行的和强有力的组织实践。制度理论同样持有这样的观点，即制度方法已经证明了制度环境对于组织结构的重要性。[①]

对于清洁水资源的影响依赖取水的空间定位和河床的规模，因此，相对于温室气体排放而言具有全球范围的影响，水资源利用影响高度依赖水资源的空间位置、该区域对于取水的环境敏感性。于是，地理空间成为评估取水影响的一个决定性的因素。在一个国家范围内的评估可能包括了一些发生在地方层面的影响。[②] 近期，有一些研究特别阐述了对于地区取水的影响。丹麦学者的研究提供了两个原因用来分析取水对于地下水资源的影响和空间范畴的重要性：①丹麦饮用水供应完全依赖地下水；②丹麦水资源完全由国内供应。[③] 为了观察空间决议的含义，人们实施了在不同空间范围内的一系列评估，包括地下水体空间范围、河床空间范围和地区范围。在地下水体范围，指的是特定的地下水的含水层；河床空间范围指的是被河流干流和支流冲刷的土地范围；地区空间范围指的是所有的水体流经的地区，通常包括多条河床。[④] 通过实验和测量数据显示，空间状况在很大程度上影响取水供应。对于不同的河流和不同的水体，空间状况的影响是有差异的。相对应的是，扩大地下水体的空间对于地表水厚度而言具有重大

---

① Thanh Nguyet Phan, Kevin Baird. The Comprehensiveness of Environmental Management Systems: the Influence of Institutional Pressures and the Impact on Environmental Performance. Journal of Environmental Management, 2015, 160: 45 – 56.

② Hybel A. M., Godskesen B., Rygaard M. Selection of Spatial Scale for Assessing Impacts of Groundwater-based Water Supply on Freshwater Resources. Journal of Environmental Management, 2015, 160: 90 – 97.

③ Hybel A. M., Godskesen B., Rygaard M. Selection of Spatial Scale for Assessing Impacts of Groundwater-based Water Supply on Freshwater Resources. Journal of Environmental Management, 2015, 160: 90 – 97.

④ Hybel A. M., Godskesen B., Rygaard M. Selection of Spatial Scale for Assessing Impacts of Groundwater-based Water Supply on Freshwater Resources. Journal of Environmental Management, 2015, 160: 90 – 97.

的影响。

(二) 综合生态系统管理的法律规范

现行环境资源立法中不乏综合生态系统管理的规范。以《环境保护法》《大气污染防治法》和《水污染防治法》为分析对象，2014年修订的《环境保护法》在原则中即强调"综合治理"①，此处规定的综合治理是包含多方面意义的，通过《环境保护法》分则中的条款可见一斑。环境综合治理的意义包括资源综合利用②、农村环境综合整治③、废弃物综合利用④等诸多方面的含义。

2015年修订的《大气污染防治法》贯彻大气污染物综合管理和大气生态系统综合管理，主要展现在如下几个方面：①对于多种来源的大气污染物的管控，第四章分别针对燃煤和其他能源污染、工业污染源、机动车船等污染源、扬尘污染源、农业和其他污染源加以规范；⑤ ②对各种大气污染物加以协同控制；⑥ ③区域大气污染联合防治和区域大气生态环境综合治理。⑦ 不难发现，大气污染综合治理和大气生态环境综合管理是多维度的，既有污染物的综合管理，也有污染源的综合治理，还有大气生态环境的整体治理。这些多维度的思维正是2015年《大气污染防治法》超越2000年《大气污染防治法》的先进理念和制度安排。参照美国1990年通过的《污染预防法》，这部法律确立了一系列的清洁生产、源头消减制度、污染物综合管制制度以从源头减少污染以及减少污染引起的环境风险。这里的综合治理是指综合运用行政的、市场的和社会的调整机制，综合采用经济、行政、司法、科学技术、宣传教育、伦理道德等手段，加强对大气环境的全面法律保护。可以说，我国2015年修订的《大气污染防治法》很好地贯彻了大气污染综合管控和大气生态系统综合管理的理念。

2015年修订的《大气污染防治法》为何确立大气污染物综合管理和大气生态环境综合管理的理念和制度框架？其根本原因在于：①当前我国大气污染的形态和特点都发生了变化，从之前的煤烟型污染为主的大气污染转变为区域复合型大气污染。②大气生态系统与其他生态系统的关系得到

---

① 《环境保护法》第五条。
② 参见《环境保护法》第二十一条。
③ 参见《环境保护法》第三十三条。
④ 参见《环境保护法》第四十条。
⑤ 参见《大气污染防治法》第四章。
⑥ 参见《大气污染防治法》第二条。
⑦ 参见《大气污染防治法》第五章。

重视，对于大气生态环境的治理应当兼顾整体生态系统和其他子生态系统的平衡，以及各种社会功能和价值。综合生态系统管理的首要目标仍然是保持生态系统本身的生态价值。维护生态系统的机构和功能是综合生态系统管理方法的有限管理目标。综合生态系统管理方法要求，在对各种生态要素和生物资源进行开发、利用以满足人类需要时，必须以生态系统的承载力和自然功能的阈值为底线。① ③大气污染防治的视阈和战略背景发生了变化，其理念也应当适时演进。大气污染物治理的视角更为宽广，大气生态环境治理的目标更为先进，强调对大气生态系统功能的维护以及大气生态系统平衡的维护。

2017年新近修订的《水污染防治法》也贯彻了综合生态系统管理的要求。该法律的原则规定"水污染防治应当坚持综合治理的原则"。② 与2008年修订的《水污染防治法》不同的是，此次修订的《水污染防治法》提出水污染防治规划的综合宏观调控。③ 综合生态系统管理的要求是多方面的、多视角的和多学科的，《水污染防治法》规定的综合宏观调控是从水污染防治的监督管理机关视角加以规定的。此外，《水污染防治法》还规定了水污染的综合防治④、废水综合利用⑤。

（三）土壤生态系统综合管理的挑战

综合生态系统管理、生态服务功能理论、土地功能或者景观理论提供了一个很好的框架，能够将与人类相关的土地特征更好地抽象出来，以便能够应用于土地规划之中。将综合生态系统服务这个观念运用到土地规划之时，存在的挑战是现存的土壤监测和监督管理体系并非根据这种观念来设置的。相关的问题是如何选择合适的标准来将综合生态系统管理应用到土地制度程序中。而且，人们关于生态系统中各个组分的相互关联和作用以及如何对土地制度做出贡献的知识比较贫乏。⑥ 生态系统中不同组分之间的相互关联、相互依赖的关系，需要以合适的程序被评估。除此之外，综

---

① Decisions adopted by the Conference of the Parties to the Convention on Biological Diversity at its First Extraordinary Meeting of the Convention on Biological Diversity.
② 参见《水污染防治法》第三条。
③ 参见《水污染防治法》第十六条。
④ 参见《水污染防治法》第四十四条。
⑤ 参见《水污染防治法》第五十六条。
⑥ Christine Fürst. Integrated Land Use and Regional Resource Management—a Cross-disciplinary Dialogue on Future Perspectives for a Sustainable Development of Regional Resources. Journal of Environmental Management, 2013, 127: S1 – S5.

合土地利用规划还必须在一个交叉学科的立场上考虑利益相关者。这些利益相关者指的是不同规模、不同立场甚至利益相互冲突的不特定群体。相关的土地拥有者从自身的微观立场有不同的利益和呼声。例如，供水方可能需要说明蓄水池的空间范围和空间要求；自然保护者可能需要考虑自然保护的空间范围和规模，珍惜野生动植物的栖息地或者独特的风景保护区。在所有情况下，对于土地的优先使用或者对某一利益集团利益的保护限制了土地规划者完全按照自身意志来规划土地。不断增长的公共物品保护需求如休闲、风景保护等增加了土地综合利用规划的冲突。所有这些方面使得土地综合规划的问题变得复杂，土地规划者必须回答的问题是："在相互影响和相互交织的立场上，谁和什么应当得到考虑？"[①]

综合生态系统方法要求实现不同部门和不同学科的协同发展和协同合作，便于相关领域方法融合。综合生态系统管理是一种新的管理策略和方法，其要求综合生态学、环境科学、管理学、法学、政治学等多学科的知识，综合运用多种调整机制，它对生态系统的诸要素采用系统的观点，进行统筹管理，对生命系统与非生命系统实行统一管理，从单要素管理向多要素综合管理转变，将人类活动纳入生态系统的协调管理，从对自然生态的统治和"善政"向"治理"和"良治"转变。由于我国现行的自然资源和环境管理体制是部门导向的，将综合生态系统方法运用到环境管理和自然资源管理中，就要求环境和自然资源的各部门间实行协同管理，打破传统管理体制的弊端。自然资源和生态环境综合管理能够真正实现尊重生态系统的规律和自然规律，而不是将生态系统和自然环境割裂开来进行片面的管理。

反观我国的环境管理体制，《环境保护法》和《大气污染防治法》均规定我国的大气污染监督管理是环境保护机关统一管理和分级分部门管理相结合的体制。由于生态环境系统中的每一个要素如水、土地、生物、空气等与其他要素都是相关联的，对一种或者一定区域内资源或者环境要素的利用往往会"牵一发而动全身"，关系到整个生态系统的平衡。[②] 我国国家和地方政策中提出了很多行政部门协调机制，包括部门联席会议、跨行政

[①] Christine Fürst. Integrated Land Use and Regional Resource Management—a Cross-disciplinary Dialogue on Future Perspectives for a Sustainable Development of Regional Resources. Journal of Environmental Management, 2013, 127: S1 – S5.

[②] 参见吴贤静《生态文明建设与环境法制度创新》，载《江汉大学学报（社会科学版）》2014年第1期。

区行政协议、信息通报交流、交叉备案、协调委员会、联合执法、联合检查等。① 我国的环境管理相关机构之间的协同管理并非常态,而是以联席会议、信息通报、协调委员会等来实现的,这与法国的综合性管理机构相去甚远,也不符合对环境资源进行综合管理的需要。

2017 年 7 月发布的《中华人民共和国土壤污染防治法(征求意见稿)》对土壤污染加以规范定义的时候运用了生态系统综合管理原则。② 该定义强调土壤中多种相关自然地理要素之间的相互影响,以及由此构成的综合体。该法律同时强调土壤监督管理中的公众参与③、土壤污染防治过程中的公众参与④、公众获取土壤污染信息⑤,这些法律规范都贯彻了综合生态系统管理原则的规定。2018 年 8 月 31 日通过的《土壤污染防治法》对污染状况的界定为"土壤化学、物理、生物等方面特性的改变",对于土壤污染后果的界定为"危害公众健康或者破坏生态环境的现象"⑥。该定义也具有考量土壤污染对于生态系统影响的面向。

---

① 参见杨治坤《论跨行政区大气污染联合防治机制构建》,载《资源开发与市场》2014 年第 8 期。
② 参见《土壤污染防治法》第二条。
③ 参见《土壤污染防治法》第三条。
④ 参见《土壤污染防治法》第十条。
⑤ 参见《土壤污染防治法》第八十一条。
⑥ 参见《土壤污染防治法》第二条。

第五章　土壤环境风险法律规制制度体系

作为我国环境法律体系的基本法，《环境保护法》修订之时就开创性地规定了环境与健康监测、调查和风险评估制度、突发环境事件的风险控制、预警和应急制度。① 该法对于环境风险预防、控制和应对的规定，是我国其他环境立法的基本定位，为其他环境立法提供了基本的指引。虽然《环境保护法》修改了立法目的并增加了环境与健康风险评估制度，但在制度体系中仅原则性地规定了环境与健康调查、监测、评估制度，并未将其与相关制度进行衔接，可能导致环境与健康制度无法实施，立法目的落空。② 质言之，《环境保护法》虽然粗略地规定了环境风险评估制度，但是其如何有效细化和执行却有待探索，环境风险规制制度体系框架如何构建也有待研究。

土壤环境风险规制的法律制度体系由两个基本部分组成。"技术的部分被称为'风险评估'，旨在去度量和物质相关联的风险；而更具政策导向意味的部分被称为'风险管理'，是去决定对此要做些什么。"③ 完备的土壤环境风险法律规制体系涵括土壤环境风险评估制度，以及对于风险评估所揭示出的土壤环境风险进行管理的法律制度；土壤环境风险管理制度包括贯彻"事中严管"理念的土壤环境事件应急制度和贯彻"事后处置"理念的土壤环境修复制度。

---

① 参见《环境保护法》第三十九条、第四十七条。
② 参见吕忠梅《〈环境保护法〉的前世今生》，载《政法论丛》2014年第10期。
③ [美]史蒂芬·布雷耶：《打破恶性循环：政府如何有效规制风险》，宋华琳译，法律出版社2009年版，第8页。

第一节 土壤环境风险评估制度

一、土壤环境风险评估制度理念

以现有法律规范和技术规范为基础反思土壤环境风险评估制度之不足，有必要探寻土壤环境风险评估制度的内在逻辑。

（一）土壤环境风险评估制度逻辑

1. 土壤环境风险与科学技术的内在关系

土壤环境风险来自何处？土壤环境风险主要来源于工业和农业生产所产生的土壤污染，土壤环境风险最初的、最首要的表征是大量的污染场地。与工业生产相比较，农业产生的土壤污染之影响也是显见的。大量施加于农用土地的农药和肥料会造成大面积的土壤污染，这些农药和肥料将在漫长的时间中持续存在于土壤之中，对土壤生态系统以及土壤中的生物造成慢性的损害。[1] 土壤环境风险的来源在表征上呈现为工业和农业污染，但其实质是"当代大部分风险产生自社会－技术体系，而不是自然现象"[2]，来自现代科学和技术广泛应用所带来的不确定性。[3] 也就是说，土壤环境风险的表征是工业和农业产生的土壤污染，但深层根源却是现代科学技术，"技术创造出一个个人工世界并把致命的辐射废墟留了下来。原子能提供着取之不尽的能源，但所谓对其废料的清除使我们的土壤加重负担逾数千年"[4]。现代化交通工具虽然十分便利，却同时损害了我们赖以生存的空气和水源的质量[5]。

---

[1] Laura Venn. Quality Assurance in the UK Agro-food Industry: a Sector-driven Response to Addressing Environmental Risk. Risk Management, 2003, 5 (4): 55–65.

[2] [英] 彼得·泰勒·顾柏、[德] 詹斯·O. 金：《社会科学中的风险研究》，黄觉译，中国劳动社会保障出版社2010年版，第85～106页。

[3] Mitchel N. Herian, Joseph A. Hamm, Alan J. Tomkins, et al. Public Participation, Procedural Fairness, and Evaluations of Local Governance: the Moderating Role of Uncertainty. Journal of Public Administration Research and Theory, 22: 815–840.

[4] [德] 汉斯·约纳斯：《技术、医学与伦理学》，张荣译，上海译文出版社2008年版，第3页。

[5] 参见 [德] 汉斯·约纳斯《技术、医学与伦理学》，张荣译，上海译文出版社2008年版，第3页。

辨识土壤环境风险的表征和深层根源，预设了土壤环境风险评估制度的内在逻辑，即土壤环境风险评估以及其他风险规制制度与科学技术有着与生俱来的关联。科学技术对于土壤环境风险规制的贡献一方面在于，科学技术不确定性"开启了创造和争论环境问题的大门"①，几乎所有的环境论题都是从科学技术研究中产生的，诸如全球气候变暖、酸雨、地下水污染、土壤污染、废弃物污染等；另一方面，科学技术的高度发达，使这些原本是科学领域之内的问题如今超越了科学研究的范畴，而成为法学探讨和解决的社会问题。② 这一方面说明，科学技术与法律的关系如此密切，科学技术源源不断地为法律提供研究领域；另一方面，恰恰证实了科学技术在应对环境问题时无法周延，土壤环境风险评估必须放置于一个更为广阔的背景中来阐释。土壤环境风险与科学技术的交织，为土壤环境风险评估和管控设定了基本进路，即如何将科学技术中产生的土壤环境问题转化为法律管控和规制的对象，如何结合科学技术知识和法律正当程序评估土壤环境风险，继而以土壤环境风险评估为依据确定土壤环境风险管控措施。风险评估被用来预测人们不期望在未来发生的一些可能性，环境风险评估通过为决策者提供信息而减少和避免风险，最终目的是减免环境风险对人类健康和生态环境所致的损害。

2. 土壤环境风险评估须全盘考量社会和生态因素

土壤环境风险影响何在？土壤环境风险评估对象与潜在危害之间的关系应得到全盘考量。土壤环境风险的来源是工业和农业产生的土壤污染，包括重金属污染、放射性污染、农药污染以及其他存在于土壤之中的有毒有害物质。这些有毒有害物质对人类健康、动植物和生态系统将会带来怎样的短期和长期影响，这些影响在目前很难判断。这些风险造成的损害往往是巨大的、潜在的、不可逆的，而且，这些伤害在日常生活中也难以被感知。污染物通过各种环境媒介在土壤中富集，人们通过食用蔬菜、牛肉等农产品而从中摄取重金属。应当认识到，土壤环境风险可以由多种原因引起，土壤环境风险评估对象呈现多样化态势，也可能产生多重潜在危害。土壤环境风险评估对象和潜在危害之间的关系是多样的，应当将土壤环境风险所致潜在危害置于更为广阔的视野中来审视，而不是仅仅局限于对某个阶层的风险，或者局限于人类的健康风险。土壤污染所致环境风险的不

---

① ［加］约翰·汉尼根：《环境社会学》，洪大用等译，中国人民大学出版社 2009 年版，第 102 页。

② 参见苏力《法律与科技问题的法理重构》，见苏力《制度是如何形成的》，北京大学出版社 2007 年版，第 91～109 页。

确定与很难感知，决定了环境风险规制是需要各阶层、多元化主体参与的。例如，对使用DDT造成的土壤环境风险进行评估，评估内容不能局限于由于使用DDT产生的死亡和残疾，而应当基于科学家和利益相关者就土壤环境污染对于不特定人群可能产生的健康风险所进行的反复的科学观察，以及对生态系统的潜在损害进行的恰当分析。[①] 无独有偶，作为土壤环境管控制度的土壤环境修复制度，也有着环境正义和环境利益的维度。对于污染场地分布状况的观察显示出场地污染在社会经济地位不同的人群中的不公正分配，社会经济地位更低的人群和区域倾向于遭受更多的场地污染。人们应当采用一个更为广阔的视角来认识环境正义对于土壤环境修复的意义。[②] 所有的论证都表明，土壤环境风险评估致力于解决科学技术所致风险，然而环境风险评估不是一个纯粹的科学技术问题，运用法律程序评估科学技术所致的环境风险需要在恰当的节点融入社会因素。

土壤环境风险评估既是运用科学技术知识评判人身健康风险和生态风险的过程，也是考量社会因素进行风险建构的过程。土壤环境风险评估超越了科学研究中的定量分析，有一系列的社会因素影响环境风险评估报告。这些社会因素包括风险的可控性、风险引发的恐惧、民众的风险感知和风险的可见性、承担风险的意愿、风险分布的均衡程度、受环境风险影响的人群利益表达等，都超出了纯粹科学技术测定的范围。在土壤环境风险评估过程中，这些社会因素应当得到综合考量。除此之外，土壤环境风险评估报告还应当综合运用经济学方法，对人身健康和生态系统损害进行经济学分析，对场地建设项目经济费用或费用效果进行分析，对土壤环境风险评估报告所导向的土壤环境修复进行成本效益分析。

3. 土壤环境风险评估的沟通维度

土壤环境风险有可能影响到的主体范围之广、时间跨度之长、扩散地域之不确定都达到了前所未有的程度，这正是现代技术所致环境风险的特质。任何有可能被土壤环境风险影响的人和团体，都有潜能创造有关土壤环境风险的知识，土壤环境风险评估过程应该有利益相关者的充分参与。如何保障土壤环境风险评估程序正当性，如何克服民众对于土壤环境风险的不确定和恐惧心理，这已经不是政府或者专家的事情，而是一个"关于

[①] Nico M. van Straalen. Assessment of Soil Contamination—a Functional Perspective. Biodegradation, 2002, 13: 41 – 52.

[②] Adam Eckerd, Andrew G. Keeler. Going Green Together? Brownfield Remediation and Environmental Justice. Policy Sciences, 2012, 45 (4): 293 – 314.

公共权威、文化定义、全体公民、议会、政治家、道德规范和自愿组织的问题"①。风险规制情境中主要有两个不同的行政宪政主义范式支配：理性－工具范式和商谈－建构范式。理性－工具范式适用的技术风险往往是客观的、可计量的、科学不确定性是可控的，理性－工具范式通过利益代表制来确定价值偏好，技术风险的内在价值争论可以通过利益代表来表达冲突；商谈－建构范式使用的技术风险往往是复杂的社会－政治争论，涉及价值和认识论难题，在这种范式之下，专家的专业判断与民主结合起来，以积极思考特定情形中的风险可接受性。② 如何将这两种范式适用于不同的风险规制情境之中，有学者提出，以决策事项为逻辑起点来确定运用何种范式，对于具有客观属性的决策事项运用偏向科学的"理性－工具范式"策略，对于体现主观属性的决策事项运用偏向民主的"商谈－建构范式"策略。③ 那么，在土壤环境风险评估领域，所有这些均与风险评估本身的性质有关。什么是"相关的"信息取决于特定的问题，包括将经验和公众的外行评论都容纳进来的各类知识和信息。④ 与土壤污染相关的多样信息，包括受污染土壤、社会要素、文化要素、经济要素等多方面的信息。⑤ 如何将这些信息整合进土壤环境风险评估结果之中是适当程序的内在要求。

  风险的社会竞技场里充斥着各式各样的演员，他们各自有着自己的戏剧标签：风险承受者、风险承受者的代言人、风险制造者、风险研究者、风险管控者、风险事件的报告者等。土壤环境风险评估是一个利益表达和利益博弈的过程，在这个过程中，贴着各种戏剧标签的主体，包括政府、企业、团体、专家以及利益相关者，应当在风险评估的全过程，通过恰当的沟通程序进行深思熟虑的参与和合乎理性的对话，从而得出易被接受和认可的风险评估结果。第三方机构从事土壤环境风险评估也具有风险沟通的维度。为了保障第三方机构实施土壤环境风险评估的程序和实质公正、使第三方机构的评估报告更具有公信力，开展土壤环境风险评估的第三方机构应当依法具备相应的资质，并向开展业务所在地有关部门备案。第三

---

  ① ［德］乌尔里希·贝克：《风险社会》，何博闻译，译林出版社2004年版，第182页。
  ② 参见［澳］伊丽莎白·费雪《风险规制与行政宪政主义》，沈岿译，法律出版社2012年版，第34～46页。
  ③ 参见戚建刚《我国行政决策风险评估制度之反思》，载《法学》2014年第10期。
  ④ Irwin A. Citizen Science. Routledge, 1995; Krimsky S. Epistemic Consideration on the Value of Folk-Wisdom in Science and Technology. Policy Studies Review, 1984, 3: 246. 转引自［澳］伊丽莎白·费雪《风险规制与行政宪政主义》，沈岿译，法律出版社2012年版，第40页。
  ⑤ Mary Arquette. Holistic Risk Assessment: a New Paradigm for Environmental Risk Management. Race, Poverty & the Environment, 2004/2005, 11 (2): 49-52.

方机构从事风险评估和公众参与论证风险评估报告应当力求避免对于不可行方案的苛求,如零风险方案;也应当避免采纳那些似乎可以做到零风险的不合理方案。

在现代社会繁杂多样的环境风险之中,土壤环境风险正日益成为公众讨论和法律论争的焦点。2016 年发生的常州外国语学校土壤污染事件更是引发了人们对土壤环境风险防控的深层思考。① 土壤环境风险之所以成为公众广泛关注的焦点,很大程度上与土壤环境风险的特征有关。与水体和大气污染相比,土壤污染更具有隐蔽性和滞后效应,土壤环境污染带给人体健康和生态环境的影响也许数十年甚至更久才能显现出来。土壤污染这种"延迟的副作用"②将带来"短期和长期的对植物、动物和人的影响"③,它们引致系统的、常常是不可逆的伤害,而且这些伤害一般是不可见的。当土壤污染对人群健康和生态环境产生的影响不能够得到确定和预测,我们就可以认为土壤污染有产生潜在环境损害的可能性或者风险。④ 土壤污染的特质以及我国土壤污染的现实状况催生了土壤环境风险管控的迫切需要。作为我国土壤污染防治行动指南的《土壤污染防治行动计划》于 2016 年出台,这部行动计划和 2017 年 1 月新近出台的配套规范《污染地块土壤环境管理办法(试行)》均提出构建完备的土壤环境风险管控制度体系。

土壤环境问题具有系统性、复杂性和动态性的特征,这些特征使得治理土壤环境问题所致的环境风险成为一个巨大的挑战。对土壤环境风险的正确认知和评估,是采取良好环境风险应对措施的前提。在土壤环境风险管控制度体系之中,风险评估是一个重要环节,也是土地重新开发利用的必经程序。由于土壤环境风险评估预测环境风险、评估风险的等级,能够在一定程度上说明哪些东西危险、哪些不危险,在土壤环境风险规制制度体系中处于核心和先导的地位,决定着土壤环境修复和治理的导向。⑤ 在过去 30 年,污染土地防治中发展出两种应用广泛的管理策略,其一是运用风险评估来确定土壤环境污染和环境风险的严重性,其二是运用风险管理策略来缓解和减轻风险评估识别的问题。这两者构成了土壤污染防治的两个

---

① 参见冯子轩《学校污染,政府如何防范环境风险》,载《法制日报》2016 年 4 月 20 日。
② [德] 乌尔里希·贝克:《风险社会》,何博闻译,译林出版社 2004 年版,第 16 页。
③ [德] 乌尔里希·贝克:《风险社会》,何博闻译,译林出版社 2004 年版,第 20 页。
④ Edward Soule. Assessing the Precautionary Principle. Public Affairs Quarterly, 2000, 14 (4): 309 - 328.
⑤ 参见 [英] 彼得·泰勒·顾柏、[德] 詹斯·O. 金《社会科学中的风险研究》,黄觉译,中国劳动社会保障出版社 2010 年版,第 85～106 页。

基本面向。① 土壤环境风险评估与其他土壤风险管控制度之间存在相互协调的必要性，土壤环境风险评估为其他土壤风险管控制度提供科学依据和技术支撑，而其他土壤风险管控制度以土壤环境风险评估结论为依据可以做出价值判断以及决定采取何种规制措施。②

土壤环境风险评估在土壤环境风险规制制度体系中处于核心地位。风险评估是将应对风险的路径系统化的方法，他们用这种方法确定行动重点，或可借此降低风险、优化风险与收益的平衡。③ 在土壤环境风险应对全过程中，风险评估在制度防卫体系中处于核心地位。评估土壤污染对人体健康、生态系统可能产生的风险，遵循法定程序和技术方法。④ 依据法定程序和技术规范，通过科学实验、成本效益分析、风险描述等方法获得的风险评估结论，必然衍生出恰当的风险应对措施。⑤

基于解决土壤环境现实问题的压力以及构建土壤环境风险评估制度体系的诉求，本书致力于探讨的问题有：我国现有的法律规范和技术规范如何规定土壤环境风险评估内容和程序，在辨识土壤环境风险来源的基础上探讨土壤环境风险评估制度的内在逻辑和法理要义，继而分析现有土壤环境风险评估制度存在何种缺失，论证应当如何从程序和实体层面改良和创新土壤环境风险评估制度。最后，提出在我国制定专门性的土壤污染防治立法过程中构建环境风险法律文化的构想。本书对现有法律规范和技术规范中土壤环境风险评估的实体内容和法定程序进行文本分析和实证研究，契合土壤环境风险法律规制的现实需要；内容中有对土壤环境风险评估制度法理和制度改良的探讨，也有对法律与科学技术关系的法理重述。

---

① Cundy A. B. Developing Principles of Sustainability and Stakeholders Engagement for "Gentle" Remediation Approaches: the European Context. Journal of Environmental Management, 2013, 129: 283 - 291.

② 参见刘超《环境风险行政规制的断裂与统合》，载《法学评论》2013 年第 3 期。

③ 参见［英］彼得·泰勒·顾柏、［德］詹斯·O. 金《社会科学中的风险研究》，黄觉译，中国劳动社会保障出版社 2010 年版，第 191 页。

④ Harma J. Albering, Sandra M. van Leusen, Edwin J. C. Moonen, et al. Human Health Risk Assessment: a Case Study Involving Heavy Metal Soil Contamination After the Flooding of the River Meuse During the Winter of 1993—1994. Environmental Health Perspectives, 1999, 107 (1).

⑤ Peter J. Webster, Jian Jun. Environmental Prediction, Risk Assessment and Extreme Events: Adaptation Strategies for the Developing World. Philosophical Transactions: Mathematical, Physical and Engineering Sciences, 2011, 369 (1956): 4768 - 4797.

二、土壤环境风险评估制度检视

土壤环境风险似乎是不可捉摸的,如何运用科学技术知识来认识无形的土壤环境风险、如何运用法律规范和技术规范表述无言的土壤环境风险,是土壤环境风险应对的前提。

(一) 土壤环境风险评估规范基础

我国专门性的土壤污染防治立法尚未出台,作为一般法的《环境保护法》仅对环境风险评估制度做出原则性规定,这符合其基本法地位。[①] 尽管《环境保护法》对环境风险评估制度仅做出寥寥数字的规定,其意义却是深远的。通过规定环境风险评估制度和突发环境事件风险控制制度[②],《环境保护法》扩大了环境行政管制的范围[③],同时也开创性地在环境基本法中贯穿风险管控的理念。《污染地块土壤环境管理办法(试行)》对污染地块风险等级划分、风险评估、风险管控、环境治理与修复做出了较为全面的规定,为土壤环境风险管控提供规范依据。[④] 尽管这部规章的效力层级不高,但其构建的体系化的土壤环境管理制度可以为专门的土壤污染防治立法提供立法资源。[⑤]

作为国家环境立法的有力补充,地方立法中有一些相关规范,如《上海市环境保护条例》对土壤和地下水环境质量调查、污染源排查、风险防控方案、风险防控措施、土壤环境修复做出了规定。[⑥]《福建省土壤污染防治办法》涵盖第三方机构开展土壤污染评估、污染地块风险评估报告和污染地块修复制度。[⑦]《湖北省土壤污染防治条例》将土壤环境风险评估和土壤环境修复作为土壤污染治理的措施做出规定。[⑧] 总结起来,地方立法中有

---

① 参见《环境保护法》第三十九条。
② 参见《环境保护法》第四十七条。
③ 参见柯坚《我国〈环境保护法〉修订的法治时空观》,载《华东政法大学学报》2014 年第 3 期。
④ 参见高敬《污染地块想再次开发要过几道关?——环保部土壤司负责人解读,〈污染地块土壤环境管理办法(试行)〉》,新华网: http://news.xinhuanet.com/politics/2017-01/23/c_1120370910.htm。
⑤ 周旺生先生考察迄今以来的资源性法的渊源,认为先前法是法的内容材料的来源,先前法是立法的重要资源性要素。参见周旺生《重新研究法的渊源》,载《比较法研究》2005 年第 4 期。
⑥ 参见《上海市环境保护条例》第五十条。
⑦ 参见《福建省土壤污染防治办法》第十五条、第三十二条。
⑧ 参见《湖北省土壤污染防治条例》第三十二条、第三十三条。

关土壤环境风险评估制度的规定涉及土壤环境风险评估对象、评估方案、第三方机构参与风险评估、以土壤环境风险评估为基础的土壤环境修复等方面。

除了《环境保护法》、部门规章和地方立法,技术规范也是土壤环境风险评估的重要依据。正因为我国缺失专门性的土壤污染法律,技术规范便成为我国土壤环境风险评估的主要规范依据。技术规范在特点和功能上与法律规范有所区别。法律规范往往采用概括性和模糊的语言来表达规制目标,诸如"维护土壤环境质量""预防土壤污染"等,如果将这些作为对排污者设定的唯一法律义务,很多情况下会产生信息成本问题。如此,环境标准作为技术规范的意义便凸显出来了。考虑到污染的复杂性和不确定性,以及污染在一定程度上是可测量的,有必要对污染控制设定定量的标准和目标值。① 技术标准通过"设定量化的数值、指标、技术规范,来直接规定技术目标和工艺流程"②。在现有国家和地方立法、技术规范中,土壤环境风险的主要评估对象是"污染场地"或称为"污染地块"。③ 对于"污染场地"的解释,2017年新近出台的《污染地块土壤环境管理办法(试行)》将其界定为"从事过有色金属冶炼、石油加工、化工、焦化、电镀、制革等行业生产经营活动,以及从事过危险废物贮存、利用、处置活动的用地"④。通常情况下,环境风险评估由政府及其部门在日常管理过程中进行,用作政府决策和管理风险的依据。风险评估的基本过程包括对危险物质的评估、评估危险物质对周边环境的影响,以及评估危险物质未来可能带来的环境影响。⑤

(二)土壤环境风险评估对象和程序

《污染场地风险评估技术导则》(HJ 25.3—2014)"4 工作程序和内容"中,规定了我国污染场地风险评估包括危害识别、暴露评估、毒性评估、风险表征、土壤和地下水风险控制值的计算五个程序。第一阶段是

---

① 参见〔英〕安东尼·奥格斯《规制:法律形式与经济学理论》,骆梅英译,中国人民大学出版社2008年版,第210~211页。
② 宋华琳:《论技术标准的法律性质——从行政法规范体系角度的定位》,载《行政法学研究》2008年第3期。
③ 上文中列举的立法和技术规范中,或使用"污染场地"术语,或使用"污染地块"术语,或者两者通用。鉴于这两者的实质含义一致,本文将两者在一个意义上使用,均指称土壤环境风险的评估和管控对象。
④ 参见《污染地块土壤环境管理办法(试行)》第二条。
⑤ David T. Dyjack, Samuel Soret, Barbara Anderson. Community-Based Environmental Risk Assessment. Public Health Reports, 2002, 117 (3): 309-312.

"危害识别",对于土壤环境污染和土地资源过量使用所致的环境风险的评估是公共关注的一个热点。这个阶段包括对资源和环境状况全面认识的知识,以及理解各种生态系统组分之间的关系。这种评估的主要目的是变化的,但是一般含有如下目的:①对环境危害和人群健康(包括普通人群和特殊群体)的偶然关系的识别;②评估当环境变化时人群健康发生的变化;③为环境污染物质设定一个"可接受的"质量标准条款寻求科学证据。[①] 第二阶段被称为"暴露评估",以第一阶段对污染场地环境危害的信息识别为基础,暴露评估阶段运用实验室的科学评估模型来计算人群对场地中污染物的暴露量,以及分析场地污染物质造成危害人群健康的可能性。首要应当识别潜在可能会暴露的个体,事实上的媒介物质或者潜在发生的媒介物质,评估这种影响的持久性。第三阶段是"毒性评估",主要评估和分析场地污染物对人体健康所致的危害和负面影响。在第一和第二阶段识别危害来源和暴露评估的基础上,毒性评估分析污染物质有可能产生的危害。根据当前的技术规范,主要分析人体健康受损的可能性,以相关的参数、致癌率等数据来定量地表述。第四阶段是"风险表征",又被称为"风险描述",以前三个阶段整合的基本数据为基础。"风险表征"阶段的目标是描述暴露于危险物质中人体健康有可能受到的损害。第五阶段聚焦于"土壤和地下水风险控制值的计算",计算风险值是否超过可接受风险水平,得出风险评估结论。

总结起来,评估这些重金属和化学物质等污染物质对人体健康所致的风险,通常有实验数据分析、抽样分析、化学物质分析、暴露评估、统计数据等几种方法。[②] 通过一系列的模型、实验数据、经济学分析等手段获得的关于环境风险的判断,衍生出一种风险应对的适应性措施。[③] 如果土壤环境风险评估的结果超过人体健康可接受的风险水平,则必须确定风险次序、风险等级,发展相应的土壤环境修复措施。然而,必须注意的是,可接受风险问题本身就是一个混杂了专业判断、成本效益分析和社会历史情境的决策问题。不同的决策主体、信息收集和参与者会导致决策者的不同选择,

---

① Lesley Rushton, Paul Elliott. Evaluating Evidence on Environmental Health Risks. British Medical Bulletin, 2003, 68: 113 – 128.

② Harma J. Albering, Sandra M. van Leusen, Edwin J. C. Moonen, et al. Human Health Risk Assessment: a Case Study Involving Heavy Metal Soil Contamination After the Flooding of the River Meuse During the Winter of 1993—1994. Environmental Health Perspectives, 1999, 107 (1).

③ Peter J. Webster, Jian Jun. Environmental Prediction, Risk Assessment and Extreme Events: Adaptation Strategies for the Developing World. Philosophical Transactions: Mathematical, Physical and Engineering Sciences, 2011, 369 (1956): 4768 – 4797.

最佳选项的风险就可以被视为可接受风险。①

（三）土壤环境风险评估制度反思

因循此思路，我国土壤环境风险评估制度存在如下三个层面的缺失。

1. 专家主导型土壤环境风险评估价值缺位

梳理我国现有土壤环境风险评估法律规范和技术导则可以发现，土壤环境风险评估程序和内容几乎一致地反映了这样的思想：土壤环境风险应该被客观地和科学地评估，应该完完全全是科学家、工程师和其他专家的事，而普通大众对此不得有任何怀疑。由科学家来主导，他们在实验室中进行操作，以实验的结果为基础通过规划来应对土壤环境风险的不确定性。而事实上，土壤环境风险的公众感知和评估不完全是专家的事情，专家主导的风险评估仅仅是风险话语中的一部分事实。② 运用科学技术知识评估环境风险，必定是承载价值的。在有些情况下，由于一些环境风险问题牵涉的社会价值比较复杂，科学技术对土壤环境风险评估的价值则变得有限。决策者将要面临的问题是：科学评估土壤环境风险具有多大程度的重要性，以及非科学因素在多大程度上影响土壤环境风险评估结果。③ 在当前科学家和专家占主导地位的风险评估程序中，对科学家和专家的内生局限应予认真对待。对于科学技术与价值考虑几乎并重的风险评估议程和优先次序，也应该有相适配的法律控制方法——来自更大范围内的公众监督与建议。

这就说明为什么公众对于某种危险活动的接受（或不接受）程度常常与专家对风险的正式评估不相符（后者通常只强调概率和风险度量中的后果），为什么解决这类差异不仅仅是科学技术"知识"的问题。④ 以专家为主导的土壤环境风险评估结果并非绝对客观和可靠，其缺失了对风险的价值判断。⑤ 每一种定义都有偏向，每一种不同的主张都来自不同的文化和社

---

① 参见［英］费斯科霍夫等《人类可接受风险》，王红漫译，北京大学出版社2009年版，第11页、第76页。

② Dirk Grasmück, Roland W. Scholz. Perception of Heavy Metal Soil Contamination by High-Exposed and Low-Exposed Inhabitants: the Role of Knowledge and Emotional Concerns. Risk Anal, 2005, 25 (3): 611-622.

③ Jacqueline Peel. Science and Risk Assessment in International Environmental Law: Learning from the WTOSPS Experience. Proceedings of the Annual Meeting (American Society of International Law), 2004, 98: 283-287.

④ 参见［英］彼得·泰勒·顾柏、［德］詹斯·O. 金《社会科学中的风险研究》，黄觉译，中国劳动社会保障出版社2010年版，第85～106页。

⑤ 参见何香柏《风险社会背景下环境影响评价制度的反思与变革——以常州外国语学校"毒地"事件为切入点》，载《法学评论》2017年第1期。

会背景。对于什么是土壤环境风险的不同认知和定义,最终都是建立在有关社会组织的最佳形式道德评判的基础上。由于"环境正义"的诉求,工业场地在选址和经营时通常要承担更多的社会责任,考量更多的群体利益以及工业选址对这些群体的潜在环境影响。[①] 土壤环境风险评估超越了科学研究中的定量分析,有一系列的因素影响环境风险评估,包括:①经济因素影响环境风险所致损害的成本效益分析;②法律规范要求对政府管理机构施加义务和约束;③社会因素考量受到环境风险影响的个体或者人群的不同立场;④技术因素决定环境风险可行性、影响和风险管理选择范围;⑤政治因素左右政府不同机构之间的互相影响和政府不同机构所代表的阶层;⑥公共因素由个体的价值,以及社团的环境质量要求来决定。[②] 由于土壤环境风险评估结果对利益相关主体可能产生的影响,除了科学技术所得数据,对于不同利益主体利益的考量和土壤环境风险价值的判定也应当体现在土壤环境风险评估过程之中。

2. 土壤环境风险评估公众参与不足

《污染地块土壤环境管理办法(试行)》"第三章 环境调查与风险评估"规定了土壤环境调查报告信息系统建设和信息公开[③]、污染地块名录以及污染地块信息系统[④]和风险评估报告的信息公开[⑤]。这部规章实际上规定了公众有知晓土壤环境风险评估报告的权利,但是公众无法实质上参与风险评估过程。出于提升民主程度和提高风险分担效率的原因,《土壤污染防治行动计划》也强调信息公开与公众参与。信息公开的范围包括:土壤环境风险评估对象即污染源的信息,主要有污染物名称、排放方式、排放浓度、排放总量,以及污染防治设施建设和运行情况;土壤环境风险评估主体,土壤环境风险评估时间。《土壤污染防治行动计划》"引导公众参与"所包括的参与形式是举报、监督、参与执法等。

可以说,现行土壤环境风险评估制度在公众参与程序方面存在明显的不足。我国环境法制度体系中最为彰显预防原则的环境影响评价制度中,不论是规划环境影响评价抑或是项目环境影响评价,土壤环境风险评估都

---

① Edwards D., Darnall N. Averting Environmental Justice Claims? The Role of Environmental Management Systems. Public Administration Review, 2010, 70 (3): 422 – 433.

② Scott Somers, James H. Svara. Assessing and Managing Environmental Risk: Connecting Local Government Management with Emergency Management. Public Administration Review, 2009, 69 (2): 181 – 193.

③ 参见《污染地块土壤环境管理办法(试行)》第十三条。

④ 参见《污染地块土壤环境管理办法(试行)》第十四条。

⑤ 参见《污染地块土壤环境管理办法(试行)》第十七条。

不是一个必要的、强制性的项目,同样,环境风险评估也不是规划批准的一个要件。① 将公众参与视为必要程序的环境影响评价程序中没有贯彻土壤环境风险评估的内容。现有法律、法规、部门规章、规范性文件和技术规范中规定的公众参与本质上是公众知晓土壤环境风险评估报告结果和内容的权利,是一种知情权。这实质上是一种末端的参与,浮于表面,无法深入土壤环境风险评估的实质内容。

3. 土壤生态风险评估阙如

我国《污染场地风险评估技术导则》(HJ 25.3—2014)中规范的污染场地风险包括"污染场地健康风险""致癌风险""土壤和地下水风险"等,将环境风险予以特定化;这部技术导则还规定了风险控制值、风险表征等量化标准,将环境风险予以量化。我国土壤环境风险评估侧重于对人体健康风险的评估,而不关注有害物质对于野生动植物、生态系统、生态服务功能的影响。在很多发达国家诸如美国、英国的法律中,生态风险评价机制都是贯穿污染防治法律的主线。环境健康风险评估的最终目的是保护人类健康和环境,通过为决策者提供信息,使这些信息能够为决策者所用而减少和避免风险。生态系统风险评估从人群健康风险评估中演化和发展而来,用来应对和预防环境污染对生态系统、子生态系统或者生态系统的组分所致的不可逆转的生态影响。

增加土壤生态风险评估内容,取决于土壤的自然属性。② 土壤的生态功能是多面的,土壤中存在大量有机体,是生物原生地和基因存储库;相比较其他的群落生境,土壤所包含的物种数量和种类是最多的;土壤是清洁的水和地下水的过滤器;土壤是许多有价值的矿物质的来源。③ 土壤功能的基础是由土壤自身作为一个历史自然体、五大圈层的纽带和土壤资源的特点所决定的。④ 土壤生态系统与整个生物圈都是相关联的。从功能主义的角度来理解土壤生态系统,土壤环境质量下降或者土壤生态系统遭到破坏,带给生态系统的风险将是致命的和不可逆转的。⑤ 土壤中的有机物质遭到破

---

① Luo Qishi, Philip Catney, David Lerner. Risk-based Management of Contaminated Land in the UK: Lessons for China? Journal of Environmental Management, 2009, 90: 1123 – 1134.

② 参见[法]拉巴·拉马尔、让-皮埃尔·里博《多元文化视野中的土壤与社会》,张璐译,商务印书馆2005年版,第59页。

③ Nico M. van Straalen. Assessment of Soil Contamination—a Functional Perspective. Biodegradation, 2002 (13): 41 – 52.

④ 参见龚子同、陈鸿昭、张甘霖《寂静的土壤》,科学出版社2015年版,第1页。

⑤ Steven Picou J., Brent K. Marshall. Contemporary Conceptions of Environmental Risk: Implications for Resource Management and Policy. Sociological Practice, 2002, 4 (4): 293 – 313.

坏后释放出大量含有碳的气体如氮气和甲烷等，会改变大气环境质量，土壤演变和大气环境演化之间的关系不可忽视；土壤的变化必然引起大气生态环境状况发生变化，从而引起气候变化。[①] 鉴于土壤生态系统是生态系统中最关键的环节，土壤生态系统状况的变化会对生态系统整体产生不可估量的影响，改良现有土壤环境风险评估制度应当增加生态风险评估的内容，不仅应包括对人群健康的风险评估，还应包括对野生动植物物种和生态系统的风险进行评估。

三、土壤环境风险评估制度完善

如何使土壤环境风险评估公众参与落到实处以保障风险评估结果正当和易接受，如何使土壤环境风险评估能够涵盖潜在危害，前文的制度检视指明了土壤环境风险评估制度改良与创新的思路。

（一）土壤环境风险评估公众参与制度改良

1. 利益相关者识别

土壤环境风险本身就具有高度的争议性。土壤环境风险评估往往还需要考虑不同的利益主体，甚至还需要考虑对后代人的福利影响，这些因素加剧了土壤环境风险评估的复杂性。如何识别土壤环境风险利益相关者、如何平衡不同利益相关者之间的关系是至关重要的。根据受土壤环境风险影响的程度对利益相关者进行分类，识别出哪些利益需要优先考虑在土壤环境风险评估程序中处于基础地位。[②] 例如，工业项目发展者、场地拥有者、管控者、计划者和服务提供商，以及那些潜在的有可能直接从土壤环境风险中受害的人，这些利益相关者在土壤环境风险评估中处于核心地位；其他的利益相关者不处于核心地位，但是他们的意见可能会影响土壤环境风险评估结果，这些利益相关者可能包括财团、相邻者、投资者、保险公司、未来的土地利用者、新闻集团和环保团体等。从广泛的意义上解释，利益相关者包括有可能直接或者间接受到土壤环境风险影响的任何组织、集团或个人，或者有能力影响土壤环境风险评估的组织、集团或个人。

---

① Pallab Mozumdera, Robert P. Berrensb. Inorganic Fertilizer Use and Biodiversity Risk: an Empirical Investigation. Ecological Economics, 2007, 62: 538 – 543.

② Cundy A. B. Developing Principles of Sustainability and Stakeholders Engagement for "Gentle" Remediation Approaches: the European Context. Journal of Environmental Management, 2013, 129: 283 – 291.

我国《污染地块土壤环境管理办法（试行）》和《土壤污染防治行动计划》只是笼统地规定"引导公众参与"，对于公众的范围并未做出列举。2016年修订的《环境影响评价法》也未直接列举公众的范围，只是规定有关单位、专家和公众参与环境影响评价的权利。① 美国的环境风险公众参与程序中利益相关者的范围非常广泛，包括州政府、受影响的工厂、地方政府、公民组织、企业主、社区团体、同业公会、基层组织、工会、环保组织、公共健康组织、消费者权利组织、学术机构、宗教组织、户外俱乐部、渔民和猎人、受影响的公民、公民权利组织和其他联邦机构。② 在土壤环境风险评估领域，利益相关者的范围往往非常广泛。土壤环境风险评估利益相关者参与是一个持续的过程。为了便于利益相关者更好地和更高效地参与土壤环境风险评估，专门性的土壤污染防治立法或者技术规范应当列举出土壤环境公众参与的主体，即有可能受影响的利益相关者。

2. 构建实质性的公众参与机制

前文述及，在我国土壤污染防治相关立法、规范性文件和技术规范中，实质性的利益相关者参与土壤环境风险评估的机制是缺失的。本文以美国《累积性风险评估框架》文本为研究对象，试图分析实质性的公众参与机制的基本框架。累积性的风险也是公众关注的一个焦点，在美国1996年实施的超级基金法案中，累积性风险的问题也被多次提及。这部框架描述了累积性风险评估的三个阶段：第一个阶段是计划、确定范围以及问题建构阶段，第二个阶段是分析阶段，第三个阶段是风险描述。在每一个阶段中，利益相关者的参与机制、参与角色都得到了详细的阐述。③

在第一个阶段，由风险管理者、风险评估者和其他利益相关者共同建构风险评估的目标、范围、深度和对象。在风险评估的计划和确定范围阶段，风险评估专家（包括那些参与风险评估的生态学家、毒理学家、化学家、经济学家、工程师和其他一些技术专家）和决策制定者组成一个团队，以从利益相关者处获知的信息为依据，决定风险评估的基本原理和风险评估范围。风险评估的基本要素（风险来源、原因、受影响人群等）由这些利益相关者集思广益来识别。累积性风险评估的第二个阶段是分析阶段。分析阶段主要依据科学技术方法来实施对污染源、风险暴露、污染物和风险指数的分析，分析阶段侧重于科学家或者其他专家的工作。尽管如此，在分析阶段利益相关者仍然能够通过不同的方法参与进这个程序。利益相

---

① 参见《环境影响评价法》第五条。
② Framework for Cumulative Risk Assessment, EPA/630/P-02/001F, May 2003.
③ Framework for Cumulative Risk Assessment, EPA/630/P-02/001F, May 2003.

关者在分析阶段的角色和参与机制主要是：①提供风险评估数据；②对问题建构阶段识别的问题加以分类；③与专家一起工作，观察什么数据和假设能够在分析程序中加以运用，理解风险评估程序是如何实施的；④建议可选择和可替代的方案。累积性风险评估的最后一个阶段，是风险特征描述阶段，对风险分析阶段的结果进行综合和解释，解决问题建构阶段识别的问题。在风险描述阶段，利益相关者的参与机制是：①理解累积性风险评估的结果；②对累积性风险评估的结果提出问题；③确认累积性风险评估是否达到了问题建构阶段设定的评估目标。

可以说，利益相关者实质上参与了累积性风险评估的全过程。反观我国土壤环境风险评估程序的五个阶段，第一个阶段"危害识别"类似于美国累积性风险评估的第一个阶段。问题建构阶段的利益相关者参与在我国《污染场地风险评估技术导则》（HJ 25.3—2014）中有所涉及，该技术规范"3.5 关注污染物"的要求是：根据场地污染特征和场地利益相关方意见，确定需要进行调查和风险评估的污染物。[①] 此处提到了利益相关者在确定风险评估范围和对象这个阶段的作用，然而由于缺乏可操作性规则，在实践中该规范的执行效果大打折扣。我国土壤环境风险评估的第二和第三阶段类似于美国累积性风险评估第二阶段——"分析阶段"，我国土壤环境风险评估的第四和第五阶段类似美国累积性风险评估的第三阶段——"风险描述"。而除了第一阶段"危害识别"中有利益相关者的简单规定，我国土壤环境风险评估其他程序都没有涉及利益相关者的参与。利益相关者公众参与机制的缺失造成我国土壤环境风险评估制度程序的显见不足。当前，我国正在研究制定专门性的土壤污染防治立法，这无疑为土壤环境风险评估制度的程序机制完善提供了非常适当的契机。结合专门性的土壤污染立法、行政立法和技术规范对土壤环境风险评估公众参与制度加以完善，是比较务实的路径。

利益相关者的参与是否起到实质性的作用，取决于如下几个要点：[②] ①利益相关者愿意在多大程度上参与风险评估；②利益相关者的参与目标是否在参与程序的最初就清楚明了；③利益相关者是否全过程参与风险评估程序；④利益相关者是否试图从不同的视角考虑所有潜在的受影响群体；⑤利益相关者的协商、沟通机制是否具有弹性和灵活性；⑥利益相关者参与风险评估过程中能否得到技术帮助。这些方面不仅是利益相关者能否实

---

① 参见《污染场地风险评估技术导则》（HJ 25.3—2014）"3.5 关注污染物"。
② Elgin Mannion. What's in a Name? Methodological Changes in Environmental Risk Assessment. Journal of Appalachian Studies, 2002, 8 (2)：309 - 331.

质参与和有效参与的判断标准，也是完善土壤环境风险评估公众参与制度的基本理路和目标。

（二）土壤风险评估实体内容延展

风险评估探讨的关注点有：第一，大多数风险是很难量化的。事实上，在统计学的意义上，对于风险的可能性描述是未知的。很难描述环境污染将会在什么频率上影响人体健康，影响人体健康事件发生的偶然性，或者致死的概率。第二，风险的内生性。我们当前面临的风险是由我们自身的行为所导致的。第三，风险之间的关联。气候变化将以同样的方式影响所有的人。第四，风险的不可逆转是最后一个特征。例如，气候变化、冰山融化、荒漠化、物种灭失，这些过程都是不可逆转的，至少在某种程度上，在一定时期内。总结起来，我们在应对一种风险，这种风险是我们了解甚少的、内生的、集体的、普遍的和不可逆转的。在政策术语中，气候变化的不确定性的状态和程度暗含了社会地位将由如下两个问题主导：什么样的成本值得去减少我们了解甚少的气候变化风险，以及我们应当施加什么样的成本来提高我们对于风险的认识和理解。有多少已经有的社会制度，比如保险和有价证券市场，能够被应用于提供更多、更有效率的风险分配。[1]

现代工业和农业带给环境的负面影响主要有两个层面：第一个层面，从自然环境中索取过多，以至于造成自然资源过度利用，不可更新的自然资源过度使用，对于可更新资源的使用比其更新的进程快很多。第二个层面，施加于环境之中的物质以污染的形式存在，污染的释放比自然本身的降解能力和消解能力要快，远远高于自然本身的降解能力。事实上，21世纪的大量环境问题都是由于忽视了这两者之间的联系引起的。在20世纪，水资源管理机构经常忽略水污染带给水资源的挑战。化石原料的燃烧引发温室效应与森林的大面积砍伐引发全球气候变化，这两个过程几乎是同步的。即使是对于未来环境风险的评估，也应当充分考虑到这些带给人类健康和生物圈的风险。因此，理论上而言，对于环境风险的来源研究应当包括资源消耗方面的风险和环境污染带来的风险两种。

很多发达国家目前都已经确立了生态风险评价机制和法律精神。美国于1998年颁布了生态风险评价的导则，法国工业场地生态修复也是以生态风险预防为基础理念的。我国目前风险评价和应对机制相对起步比较晚，

---

[1] Graciela Chichilnisky, Geoffrey Heal. Global Environmental Risks. The Journal of Economic Perspectives, 1993, 7 (4): 65-86.

根据我国现有的风险评估和应对规范观察,我国《环境保护法》中仅有第三十九条规定了实施风险评估,但是对于怎么样评估实际上是由技术规范来确定的。然而,我国的风险评估技术规范不甚完善,今后我国应当完善生态风险评估方面的技术规范,建立生态风险评估所需的大量评价方法、应急预案、减缓措施等。

生态风险评估由政府及其部门在日常管理过程中进行,用作政府决策和管理风险的依据。风险评估的基本过程包括对于危险物质的评估、评估危险物质对周边环境的影响,以及评估危险物质未来可能带来的环境影响。风险评估被用来预测一些人们不期望在未来发生的事件的可能性,包括工业爆炸、工厂受损、遭受自然灾害等。自从20世纪70年代环境风险评估出现以来,健康风险评估已经成为一个流行的事项,构建出了一个独立的学科体系。[1] 生态风险评估在很多发达国家的法律中都是一以贯之的法律精神,风险控制一直以来侧重于对与人类健康密切相关的危险物质的生物、化学和物理数据进行分析。

以《污染场地风险评估技术导则》(HJ 25.3—2014)为代表的土壤环境技术规范中贯彻了土壤环境风险评估。根据这部技术规范的文本,土壤环境风险评估规范的制定以土壤环境质量标准、土壤生态系统标准、土壤生态系统的长期监测数据为基础。《污染场地风险评估技术导则》(HJ 25.3—2014)中规范的污染场地风险包括"污染场地健康风险""致癌风险""土壤和地下水风险"等,将环境风险特定化了;这部技术导则还规定了风险控制值、风险表征等量化标准,将环境风险予以量化;对污染场地风险评估的程序也做出了规定。透过这部《污染场地风险评估技术导则》(HJ 25.3—2014)的文本,不难看出我国土壤污染风险评估侧重于对人体健康风险的评估。

《污染场地风险评估技术导则》(HJ 25.3—2014)对于我国土壤污染风险管控而言是一个显见的进步,但是土壤污染风险评估仍然有发展的空间,这便是我们可以在土壤污染立法中贯彻土壤污染对于生态系统的风险评估。生态系统风险评估要求大量的生态系统监测数据、生态系统各要素各组分的监测数据、数据分析、风险识别、风险应对和减缓措施、风险应急预案等。我国《环境保护法》和《环境影响评价法》规定的环境影响评价制度在一定程度上可以看作对环境风险的预防。构建土壤污染风险评估制度还可以借助现有环境影响评价制度的力量。在目前的法律中,不论是规划环

---

[1] David T. Dyjack, Samuel Soret, Barbara Anderson. Community-Based Environmental Risk Assessment. Public Health Reports (1974—), 2002, 117 (3): 309-312.

境影响评价抑或是项目环境影响评价，土壤环境风险的评估都不是一个必要的、强制性的项目，同样，环境风险评估也不是规划批准的一个要件。[①] 环境影响评价事实上是环境法中贯彻预防原则最为彻底的一项制度，对于这项制度的合理改造和完善将为土壤污染风险评估制度的构建起到辅助作用。然而，严格意义上的生态风险评估在我国环境法中还没有完全展开，在今后修改《环境保护法》的过程中应该考虑建立生态系统风险评估制度。

1. 现行立法中土壤环境风险评估实体内容扩张

美国的环境风险评估也经历了从健康风险评估发展至生态风险评估的过程。美国联邦环保局1992年发布的《生态风险评估框架》对生态风险评价做了如下定义——生态风险评估指评价一种或者多种因素对生态系统、生态系统的组分和生态系统的过程产生影响的可能性。生态分析评价的目的是了解、预测和预防外界因素对生态系统产生损害，作为环境管理部门管理生态系统和制定政策的依据。[②] 此前，美国环境风险评估侧重于评估环境问题对人体健康带来的风险。1998年，美国联邦环保局发布了一项关于生态风险评估的最终导则，生态风险评估被运用至多种类型的管理决策中，包括危险废物厂址管理、工业化学品和农药，以及各种受非化学品和化学品影响的水体和其他生态系统的管理。生态系统的风险评估要求综合评估生态系统中各种环境资源的状况，决定对这些受损的潜在问题进行修复的先后次序。[③] 生态风险评估对于不确定性的描述能够帮助风险管理者聚焦于可能减免风险的领域，以作为环境决策的基础；生态风险评估为风险分级和风险优先排序提供了一个依据，这些分级和排序同样可以应用于成本效益分析，为管理者提供可选择的替代方案。[④] 可能的立法路径是，在我国制定土壤污染专门立法和完善土壤污染防治法律体系的契机下，土壤污染防治法律规范和技术规范仍然有很大的完善空间，可以考虑在土壤污染立法和技术导则中增加对生态系统的风险评估制度。

2. 生态风险评估程序要求

土壤生态系统风险评估要求对土壤生态系统及其子生态系统进行长期的、持续的动态监测，得出生态系统的基本数据，在此基础上描述一种或者多种物质可能对生态系统、子生态系统稳定或者生态系统组分产生潜在

[①] Luo Qishi, Philip Catney, David Lerner. Risk-based Management of Contaminated Land in the UK：Lessons for China? Journal of Environmental Management，2009，90：1123 – 1134.

[②] USEPA, Framework for Ecological Risk Assessment, EPA/630/R-92/001, 1992.

[③] 参见［英］费斯科霍夫等《人类可接受风险》，王红漫译，北京大学出版社2009年版，第196页。

[④] USEPA, Guidelines for Ecological Risk Assessment, EPA/630/R-95/002F, 1998.

危害的可能性。可资借鉴的美国《生态风险评估导则》中所规定的生态风险评估以两个要素为基石：对于污染物特征的描述和对于生态系统影响特征的描述。生态风险评估程序分为三个阶段，第一阶段是问题建构阶段，这个阶段重点在于清楚地描述生态风险评估的目的、界定问题、决定分析和描述风险的规划，第一阶段的工作包括综合风险来源、污染物、生态影响和生态系统特征等各方面的信息。第二个阶段是分析阶段，这个阶段的工作是分析确定哪些植物、动物和生态系统会受到污染物的影响。第三个阶段是风险描述阶段，包括风险测算和风险特征描述两个方面。风险测算内容有暴露路径和危害指数，风险特征描述重点是界定动物、植物和生态系统受到影响的程度。[①] 生态系统风险评估无论在评估对象、评估程序方面均与人身健康风险评估有着本质的区别。

现代社会是一个风险社会，由于人类自身行为而产生的环境风险与人类的生存、生活和发展密不可分。无处不在的环境风险让人们无处遁形，每一个人和群体都必须基于对环境风险的认识，在对环境风险的应对和抉择中谋求生存和发展。环境风险的本质不在于它已经发生，而在于它可能发生。风险意识的核心不在于现在，而在于未来。[②] 应该将土壤环境风险评估的研究置于一个更为广阔的框架内进行探讨，土壤环境风险评估与利益相关者的社会经济地位和社会知识背景密切相关。[③] 当前的土壤环境风险评估制度通常以专家为主导、在污染管制的层面上被建构，而不是在风险规制的层面上被解释。[④] 土壤环境风险管控，从其评估到应对，每一个环节都是科学技术知识和价值判断的交织。如何建构土壤环境风险评估制度，决定着立法中如何管控土壤环境风险，以及如何以土壤环境风险评估结果为基础展开土壤环境风险应对和土壤环境修复。土壤环境风险评估隐含的风险规制理路，以及土壤环境风险评估制度所呈现的风险应对法理，为我国土壤污染防治立法提供了极好的理论基础。

---

① USEPA, Guidelines for Ecological Risk Assessment, EPA/630/R-95/002F, 1998.
② 参见［德］乌尔里希·贝克《风险社会》，何博闻译，译林出版社2004年版，第35页。
③ Michelle Larkins Jacques. Expanding Environmental Justice: a Case Study of Community Risk and Benefit Perceptions of Industrial Animal Farming Operations. Race, Gender & Class, 2012, 19 (1/2): 218-243.
④ Lucie Laurian, Dana Pottratz. The Distribution of Environmental Risks: Analytical Methods and French Data. Population (English Edition, 2002), 2008, 63 (4): 617-634.

第二节 土壤环境事件应急制度

由于工业化进程所造成的土壤污染规模之大、影响之深远前所未有。土壤污染、土壤环境质量下降、土壤生物多样性锐减等土壤环境事件曾多次出现,尤其是在土壤生态系统脆弱的地区。① 土壤环境事件应急也具有显见的制度价值,被视为土壤环境风险管控的实现途径之一。

一、土壤环境事件应急制度要点

体系化的土壤环境事件应急制度应当关注如下几个方面②:第一,根据对土壤环境风险来源和状况的认识形成应急事项关注点和应急日程。第二,雇佣和建设土壤环境风险应急职业队伍,地方政府应当推动突发土壤污染事件应急队伍训练。第三,由于土壤环境事件应急涉及综合性的事项,因此有必要促进组织间和跨组织间合作,包括城市管理者和乡村管理者之间的合作、政策制定者和政策执行者之间的合作、政府不同机构之间的合作等。第四,确定土壤环境应急规划和应急组织方法,土壤环境应急制度通常在地方政府层面来操作,地方政府的土壤环境应急主要包括四个方面:应急规划、减缓风险的措施、应急应对措施和事后修复。第五,应急规划,制定土壤环境风险应急规划是土壤环境应急准备程序,作为土壤环境应急制度的核心制度,土壤环境应急规划指的是"政府部门间的协调,以确保有能力以应对潜在突发土壤污染事故",土壤环境应急规划应当清晰地界定在一个突发土壤环境事故中政府不同机构的责任和义务。第六,土壤环境风险应急规划演习,从广义的意义而言,规划演习有特定的目标和目的,意味着有机会来检验规划的恰当性和应急队伍的工作效率。第七,建设土壤环境事件应急体系和应急操作中心,要求所有相关政府部门在综合指挥、控制面、信息机制方面的完美结合。

---

① 参见龚子同、陈鸿昭、张甘霖《寂静的土壤》,科学出版社 2015 年版,第 75 页。
② Scott Somers, James H. Svara. Assessing and Managing Environmental Risk: Connecting Local Government Management with Emergency Management. Public Administration Review, 2009, 69 (2): 181 – 193.

二、构建体系化的土壤环境事件应急制度

完备的突发土壤污染事件应急制度体系包括如下几项制度[①]。

1. 突发土壤污染事件应急预案

根据突发土壤污染事件形成的社会原因和自然原因制订突发土壤污染事件应急关注事项和日程。明确突发土壤污染事件应急规划重要事项,包括应急措施、减缓影响的措施和应急事后评估等多方面事项。制订突发土壤污染事件应急规划,突发土壤污染事件应急规划的目的是使政府环境行政部门能够有能力应对潜在的、突发的土壤污染事件。

2. 完善突发土壤污染事件应急管理机制

突发土壤污染事件应急管理涉及综合性的事项,因此,重污染天气应急管理是一项系统工程,需要多个政府部门进行协调和配合。建立突发土壤污染事件应急体系和操作中心,确保政府管理部门能够及时、有效地对突发土壤污染事件加以指挥和控制。突发土壤污染事件应急应当有常设性的应急管理机构,在国家层面构建常设性的应急机构;在地方层面,根据不同区域和地方的发展状况设置具体的应急执行机构。

3. 为了确保突发土壤污染事件应急能够有效实施,还应当加强社会信息网络的建设和公众参与机制的完善

突发土壤污染事件应急信息网络构建,应着力打造信息管理和信息交流平台,确保突发土壤污染事件的信息能够第一时间得到处理和公开,以及政府应急管理部门能够依据信息及时做出应急处理措施。突发土壤污染事件应急需要多方主体的合作,包括政府与非政府组织的合作、突发土壤污染事件应急规划制定者与执行者之间的合作、公众参与合作。

4. 建设突发土壤污染事件应急人员队伍,经常组织突发土壤污染事件应急应对演练

突发土壤污染事件应急演练的目标是:一旦发生突发土壤污染事件,受过专业训练的应急队伍能够及时地、高效地、恰当地处理重污染实践。

在《土壤污染防治法》尚未出台时,对土壤污染防治的法律调整主要通过《环境保护法》《水法》等相关法律的条款和技术导则来实现。土壤环境风险应急制度的现状也是如此,除了《环境保护法》第四十七条规定的

[①] Scott Somers, James H. Svara. Assessing and Managing Environmental Risk: Connecting Local Government Management with Emergency Management, Public Administration Review, 2009, 69 (2): 181–193.

突发环境事件的风险控制之外，还通过《中华人民共和国突发事件应对法》（以下简称《突发事件应对法》）、《国家突发环境事件应急预案》等进行规定。然而，由于土壤污染不同于水、大气、废物等环境要素污染的特殊性，这些法律的一般性规定在土壤环境风险应对层面的作用甚微。除了这些法律法规和规章中的一般性规定，作为技术规范的《污染场地土壤修复技术导则》（HJ 25.4—2014）附录中规定的"污染场地土壤修复方案编制大纲"第六部分"环境管理计划"的"6.4　环境应急方案"中要求制定环境应急计划。土壤环境风险应急制度是以"不变应万变"的风险防控制度，《土壤污染防治行动计划》对土壤污染应急也做出了总体规划。《土壤污染防治行动计划》作为国家层面的政策，可以对国家立法和地方立法起到引导作用；《污染场地土壤修复技术导则》（HJ 25.4—2014）作为技术规则，其效力层级不足。如果没有强有力的法律作为保障，国家政策和技术规则的执行力也有待加强。我国土壤污染专门立法中构建土壤环境风险应急制度可以从如下几个方面展开：其一，土壤环境风险应急制度首先要求对土壤环境风险来源进行识别，以此为基础确定土壤环境风险应急制度的主要关注点，以及设置预防环境风险发生的日常具体措施；其二，完善土壤环境风险应急规划，规定紧急情况下应对土壤环境风险采取的紧急措施，包括紧急情况下的指挥机构、应急措施、应急队伍、信息、监测等全方位的保障措施；其三，与风险日常管理相联系，规定事前预防必须准备的应急队伍、各种装备以及培训等。尽管土壤环境风险的应急管理与土壤环境风险日常管理相区别，但两者仍然需要紧密结合，以构成全面的土壤环境风险规制制度体系。

第三节　土壤环境修复制度

土壤环境修复制度能够恰当地解释，当土壤污染超过了一定环境容量阈值的时候将带来风险的可能性。作为土壤污染和土壤环境风险产生之后的"兜底"制度，土壤环境修复制度能够有效地清除土壤污染，土壤环境修复状况直接关系到其已经产生的环境损害和可能产生的损害风险。土壤环境修复制度同样作为突发土壤环境事件应急的事后处置制度存在。鉴于土壤环境修复制度在土壤环境风险规制制度体系中的承接作用，土壤修复制度也应当贯穿风险规制的理念,[①] 以此完善以风险预防和风险"事后处置"为导向的土壤环境标准体系。前文述及,为了达致对土壤环境风险的规制,使其所致损害的风险减至最低,不仅需要法律规范中的规制工具,同时需要综合运用技术规范。与水污染和大气污染相比,土壤污染的隐蔽性很强,很多状况下仅通过普通民众的感官无法察觉,需要通过科学技术来测定土壤中的污染物含量才可以确定。如何修复受污染土壤是一个多层次的问题,综合了技术措施、政策工具和法律制度。

一、土壤环境修复制度的实践价值

在实践中,相比较水污染治理和大气污染治理,我国土壤污染治理和污染地块修复还缺乏成熟的运作模式。考察既有制度和立法,土壤环境修复的规范依据主要是《环境保护法》《土壤污染防治法》《水法》《大气污染防治法》和《固体废物污染环境防治法》等几部单行环境法律的相关条款。然而,现行《环境保护法》在污染防治理念方面侧重于预防污染产生,而对污染产生后的环境修复重视程度不足。对于《环境保护法》的主要调整对象排污企业,则呈现出重视对企业排污行为的监管,而忽视企业外部环境修复的状况。[②] 其他几部环境保护单行法由于侧重点不在于土壤污染防治,因此,在规范土壤污染防治方面显得捉襟见肘。作为三大污染防治行动计划中的最后一块"拼图",《土壤污染防治行动计划》2016 年已经出台,该行动计划重点强调构建和完善土壤环境修复制度体系。作为《土壤污染防治行动计划》配套规定之一的《污染地块土壤环境管理办法(试行)》第五章规定了"治理与修复",其中囊括了污染地块环境修复主体、修复范围和目标、修复程序等。《污染地块土壤环境管理办法(试行)》对污染地块风险等级划分、风险评估、风险管控、环境治理与修复做出了较为全面的规定,为土壤环境风险管控提供了规范依据。[③] 尽管《土壤污染防治行动计划》和《污染地块土壤环境管理办法(试行)》对土壤环境修复做出了专门的规定,但是《土壤污染防治行动计划》在性质上是规范性文件,而且《污染地块土壤环境管理办法(试行)》作为环境保护部发布的部门规

---

① 参见吴贤静《我国土壤环境修复制度反思与重构》,载《南京社会科学》2017 年第 10 期。
② 参见李挚萍《环境修复法律制度探析》,载《法学评论》2013 年第 2 期。
③ 参见高敬《污染地块想再次开发要过几道关?——环保部土壤司负责人解读〈污染地块土壤环境管理办法(试行)〉》,新华网: http://news.xinhuanet.com/politics/2017-01/23/c_1120370910.htm。

章效力层级不高。

　　土壤一旦被污染,其修复状况直接关系到其已经产生的环境损害和可能产生的损害风险。土壤环境修复制度作为土壤污染产生之后的"兜底"制度,能够有效地清除土壤污染和减免土壤污染引致环境风险的可能性。鉴于土壤环境修复制度在土壤环境风险规制制度体系中的承接作用,土壤修复制度这类社会规范中也应当贯穿这种风险防控的理念。完善面向风险的土壤环境修复标准体系。如何达致对于土壤环境风险的规制,使其所致损害的风险减少到最低,不仅需要法律规范中的规制工具,同时需要综合运用技术规范。关于土壤环境修复制度的反思与重构既有解决现实问题的迫切需要,也契合我国 2016 年出台的《土壤污染防治行动计划》的根本理念。曾经,既有法律规范的不足和实践中土壤环境修复状况的不尽如人意,促使人们反思如何有效整合现有《环境保护法》、环境保护单行法、部门规章和地方法规中零散的土壤环境修复法律规范,以重构完备的土壤环境修复法律制度体系。

　　土壤环境问题的来源、表征、对生态系统的深远影响预设了土壤环境修复制度的法理,决定了土壤环境修复的价值和实践导向:其一,土壤环境修复应当有清晰明确的修复责任主体和责任形式;其二,土壤环境修复的标准体系应当完备,应足以涵盖所有土地类型、能够应对土壤污染的全过程管理;其三,土壤环境修复的目的是使土壤能够应用到今后的开发和利用中,应当以风险规制为导向重构我国土壤环境修复制度,预防土壤环境污染所致的"二次"环境损害。本书将以常州外国语学校土壤污染事件为切入点,基于现有的土壤污染防治政策、法律规范和技术规范对我国土壤环境修复制度进行全面深刻的检视,反思现有土壤环境修复制度之不足,继而提出完善土壤环境修复制度的建议和对策。同时,本书致力于探讨和明确如下几个问题:土壤环境修复责任、土壤环境修复标准和土壤环境修复目标值。这三者构成了土壤环境修复制度的三块基石。最后,本书提出在我国制定专门性土壤污染防治法律的契机下,应当贯穿环境风险应对法理的建议。书中对土壤环境修复制度现有规范所做的文本分析,是实证层面的探讨;对风险规制和环境管制理念的重述,也具有法理探讨的维度。

二、明晰土壤环境修复责任

　　土壤环境修复往往混杂了很多因素,这种状况在很大程度上是由于土壤修复责任主体的复杂状况造成的。① 土壤环境修复责任施加给谁，责任形式如何，是土壤环境修复的关键问题。

(一) 现有法律规范检视

《环境保护法》的规制对象主要是政府和排污者，根据该法的规定，承担土壤环境修复责任的法律主体是向土壤排污的企事业单位。该法"第六章 法律责任"中规定，违法排放污染物和超标排放污染物的法律责任形式有：罚款处罚、限制生产、停产整治、责令恢复原状。同时，《环境保护法》将土壤污染造成损害的责任指向《侵权责任法》。② 我国对民事损害责任进行规范的法律主要有《中华人民共和国民法通则》（以下简称《民法通则》）和《侵权责任法》，两者的关系是一般法与特别法的关系。在土壤污染导致损害的情况下，两者规定如果有不一致，应当优先适用《侵权责任法》。根据《侵权责任法》第五十六条，"污染者"是承担环境污染侵权责任的主体，并且这种责任不以违法性为要件。③《侵权责任法》第六十八条的规定将承担土壤污染侵权责任的主体扩大至有过错的第三人。关于土壤污染侵权责任形式，在理论层面上，《民法通则》和《侵权责任法》规定的所有民事责任形式都可以适用于环境侵权责任领域。由于环境侵权行为所造成的损害特点不同于民事侵权，在司法实践中常见的运用于环境侵权的责任形式主要有排除妨碍、恢复原状和赔偿损失。④

除了《环境保护法》和民事法律，《固体废物污染环境防治法》也对在土地之上产生工业固体废物的责任做出了规定。根据《固体废物污染环境防治法》第三十五条的规定，对土地上产生的工业固体废物承担处置责任的主体有三种情况：①产生工业固体废物的单位。在该单位终止之前必须对未处置的工业固体废物做出妥善处置；单位发生变更的，由变更后的单位承担。②人民政府。该法律施行前已经终止的单位未处置污染物质的情况由人民政府环境保护部门或者其他主管部门承担处置责任。③土地使用权依法转让的情形，土地转让方和受让方可以约定责任主体，这是依据土地之前利用者和之后利用者之间的民事关系来确定责任主体。如果转让方

---

① Adam Eckerd, Andrew G. Keeler. Going green together? Brownfield Remediation and Environmental Justice. Policy Sciences, 2012, 45 (4): 293-314.
② 参见《环境保护法》第六十四条。
③ 参见《侵权责任法》第六十五条规定：因污染环境造成损害的，污染者应当承担侵权责任。
④ 参见张新宝、庄超《扩张与强化：环境侵权责任的综合适用》，载《中国社会科学》2014年第3期。

和受让方没有约定的状况，《固体废物污染环境防治法》确定由土地使用权受让人承担处置费用。在土地上产生工业固体废物的处置责任形式有：妥善处置、排除危害、赔偿损失和恢复环境原状。有关责任形式，《固体废物污染环境防治法》的规定比较模糊，仅仅规定了"处置责任"，并未直接规定污染物清除和土壤修复责任。

考察这些相关法条，不难发现我国土壤环境修复责任方面存在的问题有如下几个方面：

第一，《环境保护法》和其他法律确定了污染者的责任，但是并没有明确究竟是由最初的污染者、过去的污染者还是当前的污染者来承担修复责任。根据"污染全过程管理"的理念和"源头严防、过程严管、后果严惩的城市生态保护制度"① 的要求，土壤环境修复责任者应当包括过去的污染者以及当前的污染者。2017 年年初发布的《污染地块土壤环境管理办法（试行）》"第五章 治理与修复"对由土地所有权人治理和修复受污染地块的土地利用性质做出了列举，包括"对拟开发利用为居住用地和商业、学校、医疗、养老机构等公共设施用地的污染地块"②。而土地使用权人负责治理和修复受污染地块的情形则笼统地规定为"需要开展治理与修复的污染地块"③。这部行政规章实质上并未对土地所有权人和土地使用权人的责任情形做明确划分。

第二，《固体废物污染环境防治法》对责任主体发生变更，以及无法确定责任主体的情况做出了规定，但是，该规定只适用于固体废物污染土地的情形，无法涵盖其他污染物质污染土壤的情形。

第三，关于土壤环境修复责任形式。《环境保护法》只是笼统地规定了建立环境修复制度，并未规定在什么样的情形下应当如何修复，也未规定应当修复至何种状况，更未明确环境修复是环境侵权的责任形式。《固体废物污染环境防治法》中规定的固体废物"处置义务"也不能完全理解为对受固体废物污染的土壤进行环境修复。我国《侵权责任法》中规定多种独立并列的侵权责任方式的制度语境中，恢复原状侵权责任主要指的是对于受到损害的财产进行物理性的修复。④ 质言之，我国现有立法中并没有规定实质意义上的"土壤环境修复"作为土壤污染侵权责任形式，而仅仅有

---

① 刘小冰、纪潇雅：《生态法律治理中的地方偏好及其法律规制》，载《南京社会科学》2016 年第 7 期。
② 《污染地块土壤环境管理办法（试行）》第二十三条。
③ 《污染地块土壤环境管理办法（试行）》第二十四条。
④ 参见刘超《环境修复审视下我国环境法律责任形式之利弊检讨——基于条文解析与判例研读》，载《中国地质大学学报（社会科学版）》2016 年第 2 期。

"恢复原状"这样的物理性修复。

(二) 立法明晰土壤环境修复责任主体和形式

当前土壤环境修复制度援引的《环境保护法》《固体废物污染环境防治法》等法律规范，由于其并非专门针对土壤环境，在调整土壤环境修复方面存在显见的不足和不适应。应当在《环境保护法》或专门的土壤污染防治立法中设定专门的土壤环境修复责任条款，以明确土壤环境修复责任主体和责任形式。

第一，厘清不同情形下的土壤环境修复责任主体。将《固体废物污染环境防治法》规定的责任主体扩展至所有土壤污染的情形，而不仅局限于在土地之上产生工业固体废物的情形。确定土壤环境修复责任的一般法则是由造成土壤污染的单位或者个人承担土壤环境修复责任，土壤污染者包括过去的污染者和现在的污染者；当土壤污染由第三人过错引起时，第三人也应该承担土壤环境修复责任；在责任主体发生变更的情形，原则上以变更后的继受主体作为土壤环境修复责任主体；如果土地使用权转让方和受让方约定责任主体，可由土地受让人承担土壤环境修复责任；县级以上政府承担土壤环境修复的情形是——责任主体灭失或者不明确的情况。

第二，立法确定土壤环境修复作为土壤污染损害的责任形式。对土壤环境修复进行准确的定义，这种定义应当超越传统民事法中的"恢复原状"，也应当不同于《固体废物污染环境防治法》中的"处置"责任。土壤修复不应仅仅局限于一种环境污染防治制度，而应当规定"土壤环境修复"是土壤污染侵权的一种责任形式，并且将土壤环境修复的程序和目标值以法律形式确定下来。本书将在下文探讨如何从法律上明确规定土壤环境修复的标准和目标值。

三、重塑土壤环境标准体系

(一) 土壤环境标准体系的法理解读

我国现有的土壤环境标准有将近50项，主要由五大类标准组成。第一类是土壤环境质量标准和评价标准，诸如《土壤环境质量标准》《食用农产品（大田）产地环境质量评价标准》《温室蔬菜产地环境质量评价标准》《展览会用地土壤环境质量评价标准（暂行）》。第二类是技术导则类标准，如《土壤环境监测技术规范》《场地环境调查技术导则》《场地环境监测技术导则》《污染场地风险评估技术导则》《污染场地土壤修复技术导则》等。第三类是土壤污染物分析方法标准，对土壤中有关污染物的分析方法做出了规定。第四类是土壤污染控制类标准，包括农用地、城镇垃圾、农用灌溉水质等方面的污染控制标准。第五类则是土壤污染基础类标准，主要有《土壤质量词汇》和《污染场地术语》等。

土壤环境标准的价值和功能是多元的：

（1）土壤环境标准在特点和功能上与法律规范有所不同。以土壤污染控制法律规范和土壤环境标准为例，土壤污染法律规范往往采用模糊的语言表达规制目标，诸如"维持土壤环境质量""预防土壤污染"等。土壤污染具有相当的复杂性和不确定性，法律规范的模糊规定往往产生理解成本和信息成本。由于土壤污染在一定程度上是可测量的，制定具体的定量标准可以量化法律规范目标，使法律规范目标更切实可行。因而可以制定具体的定量的目标标准，我们经常将这称为环境标准。① 技术规范"通过设定量化的数值、指标、技术规范，来直接规定技术目标和工艺流程"②，与法律规范一样构成规制方法之一。

（2）土壤修复标准是土壤污染与人群健康损害之间的一个连接因素。判断、识别和控制土壤污染对人群健康所致的损害可以通过制定和实施土壤环境标准来实现。③ 在这个意义上，土壤环境修复标准具有一种"中介价值"，它能够解释当土壤污染超过了一个临界点的时候将带来不可逆转的造成人群健康损害的风险，同时揭示出土壤环境修复后调查、监测的必要性。

（3）依据土壤环境标准和土壤环境修复标准，土壤环境监管机构可以判断何种土壤应当被划分为"受污染土壤""污染场地"，何种土壤已经修复至适应重新利用的状况，以及何种土壤经过修复后仍然需要持续的修复后监测。

（4）土壤环境修复标准还具有社会经济价值。通过实施土壤环境修复标准，不难发现设定标准时立法者和标准制定者对于人群健康风险、生态系统风险与经济发展之间的权衡和取舍。如果土壤环境修复标准设置得过低，可以理解为地方经济发展在与人群健康和生态安全博弈时占了上风，

---

① 参见［英］安东尼·奥格斯《规制：法律形式与经济学理论》，骆梅英译，中国人民大学出版社2008年版，第210～211页。

② 宋华琳：《论技术标准的法律性质——从行政法规范体系角度的定位》，载《行政法学研究》2008年第3期。

③ Luo Qishi, Philip Catney, David Lerner. Risk-based Management of Contaminated Land in the UK: Lessons for China? Journal of Environmental Management, 2009, 90: 1123–1134.

反之则是人群健康和生态安全得到了更多的支持。①

并非一切污染造成的损失都可以修复，其中有些是根本无法修复的，一旦这些污染产生的风险成为事实，就再也没有什么技术能够阻止它们了，更遑论修复了。② 这更加凸显了对土壤污染所致环境风险进行预防和管控的重要性。当前，重塑我国土壤环境标准体系应当首先贯彻风险预防和管控的理念，以风险控制为基础来构建完备的土壤环境修复标准体系成了一个最紧迫的目标。《污染场地土壤修复技术导则》（HJ 25.4—2014）的适用范围是"污染场地土壤修复技术方案编制的基本原则、程序、内容和技术要求"，不适用于地下水修复。根据该技术导则，土壤环境修复的基本程序要求是：确认场地条件、筛选修复技术、制定修复方案和编制修复方案，该导则文本也对《污染场地土壤修复方案编制大纲》的内容做出了规定。

关于土壤环境修复的制度理念，需要把握的两个基本问题有：为何需要修复污染地块，什么情形下需要修复？土壤环境修复的目的何在，土壤环境修复的终点是什么？对于第一个问题的回答，应当将土壤环境修复制度置于土壤环境规制制度体系之中考察。土壤环境修复的前提通常是"经风险评估确认需要治理与修复的"③ 状况。评估这些重金属和化学物质等污染物质给人体健康带来的风险，通常有实验数据分析、抽样分析、化学物质分析、暴露评估、统计数据等几种方法。④ 通过一系列的实验数据、模型建构、成本效益分析等科学技术手段获得的风险评估结论，必然发展出一种风险应对的适应性措施。⑤ 土壤环境风险评估制度并不是土壤环境风险管控的终点，如果土壤环境风险评估的报告显示，土壤环境风险超过人体健康可接受的风险水平，则必须发展相应的土壤环境修复和治理措施，或者有其他相应的土壤环境风险减免措施。风险规制措施不能以直觉和恐惧为

---

① Li Chianung, Lo Chienwen, Su Weichiang, et al. A Study on Location-Based Priority of Soil and Groundwater Pollution Remediation. Sustainability, 2016, 8：377.

② 参见［德］汉斯·约纳斯《技术、医学与伦理学》，张荣译，上海译文出版社 2008 年版，第 48 页。

③ 《污染地块土壤环境管理办法（试行）》第二十三条，《湖北省土壤污染防治条例》第三十二条、第三十三条。

④ Harma J. Albering, Sandra M. van Leusen, Edwin J. C. Moonen, et al. Human Health Risk Assessment：a Case Study Involving Heavy Metal Soil Contamination After the Flooding of the River Meuse During the Winter of 1993—1994. Environmental Health Perspectives, 1999, 107（1）.

⑤ Peter J. Webster, Jian Jun. Environmental Prediction, Risk Assessment and Extreme Events：Adaptation Strategies for the Developing World. Philosophical Transactions：Mathematical, Physical and Engineering Sciences, 2011, 369（1956）：4768-4797.

依据,相反,应当建立在对后果评估的基础上。① 土壤环境修复在土壤环境管控制度体系之中,与土壤环境评估制度相衔接。关于第二个问题,《污染地块土壤环境管理办法(试行)》将土壤环境修复的终点规定为修复后的土壤"符合国家或者地方有关规定和标准要求"②。这是从环境质量标准的角度做出的规定。这部行政规章同时也规定了土壤环境修复应当"防止对地块及其周边环境造成二次污染"③,以及编制"治理与修复效果评估报告"④。这里隐含的法理是,土壤环境修复的终点是达到环境质量标准的要求,同时也应当避免修复后的土壤产生土壤环境风险。对这两个基本问题的解答使得土壤环境修复的风险视角变得清晰起来,土壤环境修复也是风险管控制度体系,或者是风险规制制度的关键一环。

可以说,我国的土壤环境修复法律规范和技术导则中已经有"风险"管控的萌芽,但是风险管控的视角在我国土壤环境修复制度中是不彻底的。而且,在实践中,风险管控也是经常缺位的,很多对于土壤污染的研究都集中于土壤污染清除、基于土壤监测所获得的土壤环境质量数据。⑤ 常州外国语学校周边化工厂造成的土壤污染如果修复不彻底,将来可能会造成新的污染转移,会给"毒地"附近居民区和学校带来长期威胁。即使是修复达到了重新利用的标准,也应当对受污染土壤展开持续的空气、土壤和地下水监测,以避免受污染土壤对人群健康和生态系统产生隐患。从法律和政策层面审视,这些"隐患"其实是一种风险。由于土壤污染与人群健康的密切关系,土壤污染的风险关注度逐年上升。如今,土壤环境风险也并非完全是科学和技术意义上的范畴,在土壤修复制度这类社会规范中也应当贯穿这种风险防控的意识。在土壤环境修复和评估过程中,将受环境风险影响的人群和生态系统视为一个整体。在这样的框架下,在土壤环境修复的各种程序中,都将土壤污染所致的人群健康和生态系统风险纳入考量因素。⑥ 常州外国语学校土壤环境修复缺失的正是这种"风险"意识,其不仅在修复过程中没有很好地预防对于今后人群健康的风险,更没有在修复

---

① 参见[美]凯斯·R. 孙斯坦《风险与理性——安全、法律及环境》,师帅译,中国政法大学出版社2005年版,第12页。
② 《污染地块土壤环境管理办法(试行)》第二十五条第三款。
③ 《污染地块土壤环境管理办法(试行)》第二十五条第一款。
④ 《污染地块土壤环境管理办法(试行)》第二十六条。
⑤ Kim B. F., Poulsen M. N., Margulies J. D., et al. Urban Community Gardeners' Knowledge and Perceptions of Soil Contaminant Risks. PLoS ONE, 2014(2): 1-9.
⑥ Mary Arquette. Holistic Risk Assessment: a new Paradigm for Environmental Risk Management. Race, Poverty & the Environment, 2005(2): 49-52.

之后进行持续的监测以关注修复后土壤对人群健康所致的风险。

(二) 以风险为导向重塑土壤环境修复标准体系

为了避免土壤环境污染带给人体健康和生态系统的负面影响,我国必须投入更多用于土壤修复,创造适合中国国情的土壤修复标准和技术导则。① 如何以风险为导向重构我国土壤环境标准体系,具体而言应当关注以下几个方面:

(1) 根据土地分类完善土壤环境质量标准体系。我国在确定具体环境修复目标时应该考虑土壤环境质量要求。② 土壤环境质量标准体系是土壤修复的基础标准,也是预防和管控土壤环境修复所致环境风险的基础。我国土壤环境管理侧重于管理农用地,对工业用地的管理规范不甚完备,但即使农用地的土壤环境质量标准也无法涵盖所有农用地。现行《土壤污染环境标准》的适用范围是"农田、蔬菜地、茶园、果园、牧场、林地、自然保护区等地的土壤"。这项环境标准的覆盖面有限,也未能体现土地分类管控目标,目前缺失耕地和建设用地土壤环境质量标准,这是我国土壤环境质量标准体系中一个明显的疏漏。

(2) 将风险管控贯彻至土壤环境监测、环境影响评价、调查评估、治理与修复技术规范之中。面向风险管控的土壤环境监测和风险评估要求针对不同类型的土地用途和土地今后的利用来设定监测和调查评估技术导则。尤其值得关注的是,应当拓展环境影响评价技术导则。环境影响评价制度是环境法制度之中最能够体现预防原则和"风险预防"理念的,然而在我国现有环境影响评价法律规范中,土壤环境修复之后的环境影响评价并不是强制性要求。已经发布的环境影响评价技术导则涵盖了声环境、地下水环境、地面水环境、农药建设环境、大气环境等各方面,但是没有关于土壤环境的环境影响评价技术导则。由于这个显见的缺失,应当加紧制定有关土壤环境的环境影响评价技术导则,并且在相关法律条文中规定土壤环境经过修复之后重新利用之前必须通过环境影响评价。如此,土壤环境修复后的环境影响评价既有法律依据保障执行,也有技术导则指导其实施。

(3) 制定严格的土壤污染物排放标准,从源头预防土壤环境损害和潜在的环境风险。从污染物全过程管理的视角,保护土壤环境质量和修复土壤环境污染的前提是从源头控制土壤环境污染,完备的污染物排放标准体系能够有效地预防污染物排放,以及污染物产生之后的环境损害和环境风

---

① Yao Yijun. Pollution: Spend More on Soil Clean-up in China. Nature, 533 (7604): 469 – 469.
② 参见李挚萍《环境修复目标的法律分析》,载《法学杂志》2016 年第 3 期。

险。土壤污染具有累积和叠加效应,如果不能够有效减少土壤污染物质,或者不能有效对已经产生的土壤污染进行治理,便很难达到保护和改善土壤环境质量的目的。因此,健全的土壤污染物排放标准是治理土壤污染和保护土壤环境的有效措施。

四、重述土壤环境修复目标值

(一) 土壤环境修复目标值不恰当

常州外国语学校土壤污染事件中有一个关键性的事实是:"毒地"的土地利用性质前后发生过变更。土地利用的不同性质是否会影响土壤环境修复的目标值呢?答案是肯定的。通常情况下,应当根据受污染土地今后的利用性质来倒推土壤环境修复目标。也即是,土地在修复之后重新利用的性质决定了对污染土壤如何修复以及修复的目标值。反观我国立法和技术导则中有关土壤环境修复目标值的规定,《环境保护法》仅笼统地规定了土壤监测、评估和修复制度,并未规定土壤修复的目标值如何确定。土壤环境修复依据的主要技术规范《污染场地土壤修复技术导则》(HJ 25.4—2014)的附录"污染场地土壤修复方案编制大纲"中"3.3 场地修复目标"是场地修复程序的终点,以达到"对人体健康和生态受体不产生直接或潜在危害"为标准。同时,该导则提出的如何确定土壤目标污染的修复目标值,是根据土壤中污染物的含量和国家相关技术标准中规定的限值来规定的。也即是,土壤环境修复的目标是根据《污染场地风险评估技术导则》(HJ 25.3—2014)、《土壤环境质量标准》(GB 15618—1995)、《拟开放场址土壤中剩余放射性可接受水平规定(暂行)》(HJ 53—2000)和《温室蔬菜产地环境质量评价标准》(HJ 333—2006)等其他技术标准来设定。从《污染场地土壤修复技术导则》(HJ 25.4—2014)文本分析,污染场地修复目标的设定已经包含"风险"要素,也规定根据不同类别的土地和不同的土地污染状况制订不同的量化指标。但是,现有立法和技术规范的这些规定是非常模糊的,立法和技术导则中并未直接规定以"土地未来的利用"这项一般性规则作为设定土壤环境修复目标值的基础。当前的土壤环境修复目标值关注"土壤环境质量"的恢复,旨在减少特定标准之下的污染物聚集,如此修复标准将成为一个量化的目的价值。然而,在一个更为灵活的方法"适应未来的使用"的基础上设定土壤环境修复目标值不仅能够体现土地类型化管理,也反映了更为深刻的风险管控观念。

(二) 以"未来的利用"为标准确定土壤环境修复目标值

英国法中以"适应未来的利用"作为土壤环境修复标准的首要原则,同时强调土壤环境修复和污染场地的重新利用应当由必要的金融、财政和法律激励机制来支撑。① 英国环境立法对污染场址的识别也根据"适应未来的利用"这个政策方法,要求对污染场地恢复至"对健康和环境没有风险,并且运用成本效益分析方法将污染场址今后的使用加以考虑"。英国对受污染场址采用的修复并不是达到"任何形式的利用"标准,而是采用以风险为基础的标准,这种标准依据特定不同情况的利用、自然状况和受污染程度,以及风险管理的语境等来决定。② 无独有偶,法国《环境法典》也规定,环境管理机构必须在对污染场地的受污染状况进行全面的识别和评估之后,以土地"未来的利用"为基础,规划土壤环境修复。③ 法国2005年的第1170号法令规定,"未来的利用"有如下两种具体情形:①由场地操作者、土地所有者和地方政府讨论达成一致的利用;②在没有①的情形下,由地方政府环境管理机关认定土地未来的利用。④

《污染场地土壤修复技术导则》(HJ 25.4—2014)确定的"场地修复目标"是"目标污染物对人体健康和生态受体不产生直接或潜在危害,或不具有环境风险"。可以理解为,我国土壤环境修复的目标值根据"土壤环境质量"来确定,具有了环境风险管控的萌芽。我国2016年发布的《土壤污染防治行动计划》一个显见的进步就是对土地利用用途进行详细的划分。要求对农用地根据污染程度进行划分,对耕地以用途为依据进行划分,划定建设用地用途。以《土壤污染防治行动计划》政策为依据,我国将在未来几年对农用地、耕地和建设用地的用途进行详细划分,并且根据不同的用途设置不同的管控方法。土壤环境修复目标值亦然,土壤环境修复目标值不是整齐划一的、线性的,应当根据土地"未来的利用"来设定不同的修复标准。2016年12月出台的《污染地块土壤环境管理办法(试行)》第二十三条确定了土地今后的利用性质,列举了"居住用地和商业、学校、医疗、养老机构等公共设施用地"等几种类型,但并未明确规定以这几种

---

① Luo Qishi, Philip Catney, David Lerner. Risk-based Management of Contaminated Land in the UK: Lessons for China? Journal of Environmental Management, 2009, 90: 1123-1134.

② Rivett M. O., Petts J., Butler B., et al. Remediation of Contaminated Land and Groundwater: Experience in England and Wales. Journal of Environmental Management, 2002 (65): 251-268.

③ Code de l' Environnement de la France, Article L. 541-3.

④ 参见曾晖、吴贤静《法国土壤污染防治法律及其对我国的启示》,载《华中农业大学学报(社会科学版)》2013年第4期。

类型的利用性质为基础确定土壤环境修复。

"适应未来的使用"关注受污染土地未来可能带来的风险，识别这些风险的可能性，在任何污染物的层面，将根据土地利用和未来的其他因素有所变化。适应"土地未来的使用"结合了"适合被使用"和"风险控制"两个因素。适应"土地未来的使用"既是土壤环境修复的一般法则，也提供了土壤环境修复的变量，以便控制与土地未来利用相关联的环境风险。土地的利用方式一旦发生改变，法律针对其之前的利用方式设置的管控方式将逐渐淡化，其受到法律以外因素的影响要远大于法律对其的约束。[①] 适应"土地未来利用"的土壤环境修复有助于提高土壤环境修复效率，契合土地利用规划，能够控制由于土壤环境修复不当在今后可能导致的环境风险。[②] 以"适应未来的使用"为依据确定的土壤环境修复目标值，更好地诠释了土壤环境修复的终极目的——土地资源的可持续利用。[③]

我国立法和技术导则中有关土壤环境修复目标值的规定应当在以下两个方面加以完善：一方面，我国现行法律没有规定以"土地未来的利用"作为确定土壤环境修复目标值的一般性规定和基本法则；另一方面，现有的技术导则也无法涵盖所有受污染场地今后可能有的利用方向，因此，应当在"土地未来的利用"这个一般法则之下再完善土壤修复目标值。

土地"未来的利用"如何确定？①如果有土地使用权转让情形，则应当由转让方和受让方的协议来决定。②在转让方和受让方没有协议的情况下，或者其他无法确定使用用途的情形，则应当由环境管理机关来确定土地未来的利用性质。③环境管理机关在以"未来的利用"为基础规划和设定土壤环境修复义务的同时，也应当考虑受污染土壤所在区域的整体规划和生态环境状况。例如，如果一个被污染场址处于住宅区，即使未来的利用可能是工业用地，环境管理机构仍然应当将土壤的未来利用认定为有可能是住宅使用，使得土壤污染修复能够符合周边住宅使用土地的需要。反之，如果一个污染场址未来利用与周边规划一致，则可以直接认定为周边规划用途即是该场址未来利用用途。

健康的土壤是指一个具有生物多样性和高度生物活性的土壤。简而言

[①] Terra T. N., dos Santos R. F., Costa D. C., et al. Land Use Changes in Protected Areas and Their Future: the Legal Effectiveness of Landscape Protection. Land Use Policy, 2014, 38: 378 – 387.

[②] Luo Qishi, Philip Catney, David Lerner. Risk-based Management of Contaminated Land in the UK: Lessons for China? Journal of Environmental Management, 2009, 90: 1123 – 1134.

[③] Cundy A. B. Developing Principles of Sustainability and Stakeholder Engagement for "Gentle" Remediation Approaches: the European Context. Journal of Environmental Management, 2013, 129: 283 – 291.

之,是具备水土协调、养分平衡、不受污染,并有可持续自净能力和生产力的土壤。① 土壤是否健康影响着国家食品安全、生态安全、能源安全和气候变化。历史和生态往往是制度规范的决定性要素。② 我国土壤环境修复制度在理念和构造方面存在的不足,以及实践中土壤环境修复的迫切需求促使土壤环境修复制度演进和完善。经过了30年的发展,我国的土壤污染管理和土壤环境修复状况还是不尽如人意,无论是在制度观念还是在制度实践层面,都需要以风险为导向加以完善,这主要通过土壤环境修复技术标准、利益相关者参与和责任条款等来实现。③

土壤的不同功能已经得到广泛的认识和认可,土壤是建筑物的载体和物质基础,土壤蕴藏着各种微生物和矿物质,土壤为地下水提供过滤器,土壤还为农业生产提供物质基础。从更为广阔的视角来认识土壤,土壤还为地球生物圈提供生态承载功能。④ 在土壤的众多功能之中,土壤的生态功能是最为脆弱和最为重要的。由于土壤的基本生态功能,土壤与地球上几乎所有的环境要素和资源要素都相关联。维护土壤生态功能的需求对土壤环境修复提出了更高的要求,这为我们指明了土壤环境修复制度发展和完善的方向。土壤环境修复应当具有更为广阔的视角——面向生态系统、面向风险、面向未来。⑤

基于这种整全的视角,本书的结论如下:①土壤环境修复制度需要专门的立法表达,应当摒弃适用民事法律、《环境保护法》、环境保护单行法和部门规章的混乱状况,在专门性土壤污染防治立法中明确土壤环境责任主体、责任形式和修复目标值。②以风险为导向来完善现有土壤环境标准体系,以土地分类为基础设置具体的土壤环境标准、土壤环境修复标准和其他土壤环境标准。将风险管控的理念贯彻至土壤环境修复的每一项程序之中,并且以土地"未来的利用"为基础设定土壤环境修复目标值。只有以更为整全的视角来看待土壤功能,才能构建更为完善的土壤环境修复制度,才能更全面地维护土壤的生态功能、维持土壤的持续生产力。③构建

---

① 参见龚子同、陈鸿昭、张甘霖《寂静的土壤》,科学出版社2015年版,第83页。
② 参见[日]青木昌彦《比较制度分析》,周黎安译,上海远东出版社2006年版,第57页。
③ Li X. N. Soil Pollution and Site Remediation Policies in China: a Review. Environ. Rev., 2015, 23: 263-274.
④ Yevheniy Volchko, Jenny Norrman, Magnus Bergknut, et al. Incorporating the Soil Function Concept into Sustainability Appraisal of Remediation Alternatives. Journal of Environmental Management, 2013, 129: 367-376.
⑤ Nico M. van Straalen. Assessment of Soil Contamination—a Functional Perspective. Biodegradation, 2002, 13: 41-52.

环境风险应对法律文化。法律文化意指法理规范、规则、机构以及它们之间的相互影响。① 法律文化不仅是观念层面的，它还处于法律规范的描述和法律制度的深层建构之间。

第四节　其他土壤环境风险规制制度

一、土壤环境风险预警制度

（一）土壤环境风险预警制度的内涵

从环境风险的发生状况以及形成时间可以将环境风险划分为突发环境风险与累积环境风险。突发环境风险指的是瞬间大量爆发的污染物质引起的环境质量急剧下降的环境风险；累积环境风险指的是潜在的、不容易被发现、不断累积，直至有一天产生环境损害的环境风险。这两种不同类型的环境风险决定了政府在应对土壤环境风险时采取的措施是不同的。根据突发环境风险和累积环境风险的分类，土壤环境风险应对可以区分为紧急风险应对和日常风险应对。对于土壤突发性的环境风险应当有区域环境事件应急制度，而应对日常的、潜在的和累积的环境风险，则应当发展出完善的土壤环境风险预警制度。不管是突发性的土壤环境风险，还是日常土壤环境风险的应对，都应当有健全的法律制度，否则，一旦土壤环境风险引致人身或财产损害，其后果将会是政府为之付出高昂的修复成本，而且还会损害政府的公信力。因此，对于政府土壤环境风险规制而言，应当基于法治政府的背景构建体系化的土壤环境风险预警制度，以将风险防控的理念贯穿至环境治理的各个领域。

（二）土壤环境风险预警制度的意义

土壤环境风险预警制度就是应对日常土壤环境风险的关键制度。对于土壤环境风险的应对是全过程的，应当贯彻"决策—行为—监督"全环节防控，方能奏效。我国各个级别的政府在进行行政决策或行政立法时，通

---

① 参见［澳］伊丽莎白·费雪《风险规制与行政宪政主义》，沈岿译，法律出版社2012年版，第47页。

常会涉及风险应对和风险防控。在决策阶段就强调风险防控，可以从源头减少环境风险发生的概率，也可以降低行政成本，提高行政机关工作效率。土壤环境风险预警作为政府行政行为之一，其对风险规制存在极其深远的意义。

（1）风险预警过程中会提升和扩充有关风险的信息量，并且鼓励相关公众参与讨论，如此可以向民众传达更多的、更为全面的土壤环境风险信息，使风险决策能够更容易被接受。

（2）有助于增进民众对土壤环境风险的敏感性，尤其是在大规模开发事件的决策阶段，民众能够更倾向于去了解区域环境事件以及其有可能带来的环境风险。在当前法治政府的背景下可以预见，政府应当扩大土壤环境风险预警过程中的公众参与，打破行政壁垒，扩张市场化机制的运用。各种各样方法的运用，形成了任何机构处理技术风险问题的一个固有特性——专家知识。对专家知识的需求和对信息收集的需求一样，都是公共行政发展的传统理由之一。专家知识指的是领域十分广泛的各种学科的知识，包括自然科学、社会科学、专门行业知识以及相关经验。专家并不是离群索居的，他们属于其学科共同体和职业共同体的一部分。[①] 在涉及土壤环境风险规制的领域，专家知识对于风险信息的解释尤为重要。专家对于土壤环境风险知识的解释和预警比较能够为普通民众所理解和接受。

（3）有助于提高政府环境规制的民主性和科学性，政府在土壤环境风险预警过程中如何作为，受政治氛围影响很大。政府应当承担环境治理的责任和环境质量责任，由政府规制土壤环境风险也是顺理成章的。

二、土壤环境规划制度

（一）土壤环境规划的内涵

土壤环境规划本质上属于环境规划的一个类型。环境规划的含义是对一定时期内确定的区域、流域和空间范围的环境目标所做的总体规划和部署，为了实现规划目标，通常还需要从战略上提出规划行动方案。从法律性质上而言，环境规划的内容属于规范性文件，环境规划也属于政策范畴。我国《环境保护法》将环境规划作为最重要的环境保护制度之一。环境规划和土壤环境规划在我国都有法律依据。在实践中，土壤环境规划也有相

---

① 参见［澳］伊丽莎白·费雪《风险规制与行政宪政主义》，沈岿译，法律出版社2012年版，第26页。

当多的有益经验。为了执行规划，规划中通常会提出规划执行机制和指标。指标系统作为推动永续发展的三大机制，除了持续追踪与调整外，更要搭配永续纲领性文件提出的愿景，以及基于指标的政策管控、检讨与引导功能，将永续发展的理念融入政府的决策过程之中，并且基于由确保政府政策规划都能够符合永续的理念，带领迈向更永续的环境与社会。①

生态环境系统的复杂性和多变性，土壤污染的隐蔽性以及土壤环境风险的不确定性等诸多原因，使得对土壤污染和土壤环境风险的法律规制要求更为有效的制度设置。为了有效避免和预防土壤环境风险的产生，有必要借助土地规划制度或者土壤污染防治规划制度。在我国的环境立法中早有环境规划制度，然而，土壤污染防治规划和土地利用规划作为一种特殊类型的规划应当得到强调。综合性的环境规划很难在土壤污染防治领域和土壤环境风险规制领域实现预防风险和综合保护。土地利用规划制度能够扩展传统环境行政规制的空间和时间，拓展环境行政规制的范围以及事后评估的范围，使行政机关的环境规制行为和环境决策更为灵活，能够预防更多的风险发生。

(二) 土壤环境规划制度的目的

土地利用规划也分为综合性规划和专项规划。土壤污染防治规划与土地利用规划同为土地方面的规划，但是规划内容的侧重点不同，土壤污染防治规划侧重于污染防治层面和环境风险规制，而土地利用规划侧重于土地作为资源效用的发挥。但是，两者都可以起到污染防控和环境风险预防的实际效果。如何设定土壤污染防治规划和土地利用规定的内容，主要应当从土地现状或者土壤污染现状出发，对未来一定时期内的土地利用行为和土壤排污行为进行综合评估，设定将来一段时间的目的。一般而言，规划可以作为行政机关实施土壤污染防治和土壤环境风险规制的内部规章和指南。规划尽管不具备法律规范的效力，但是规划统一具有执行力，也可以指导政府行政行为，为政府行政行为提供指针。规划不仅强调实体内容，同时也应当保障规划制定程序的正当。规划制定过程中也应当有相当程度的公众参与。根据我国《环境影响评价法》，规划制定过程中必须贯彻环境影响评价程序，专项规划还必须有公众参与的法定程序。为了保障规划的程序正当，规划制定过程中也应当有充分的信息公开，充分的信息公开是制定良好规划的前提条件，也是规划民主性的保障。

---

① 参见叶俊荣、施奕任《从学术建构到政策实践：永续台湾指标的发展历程及其对制度运作影响》，载《都市与计划》第 2 期，第 103～124 页。

(三) 土壤环境规划与其他规划的衔接和实施

对于土壤污染防治规划和土地利用规划特殊性的认识，还必须强调这两者与法律规范的不同。土地利用规划和土壤污染防治规划没有法律效力，在现实中执行也存在诸多不明确的因素。尤其是在国家层面上，国家层面上的很多规划都应当与土壤污染防治规划和土地利用规划相衔接。除了国家层面的规划和区划，还有国家 2016 年出台的《土壤污染防治行动计划》等。如何衔接和实施这些不同层级、不同内容的土壤污染防治规划和土地利用规划，存在着巨大的问题。

第一，土壤污染防治规划和土地利用规划与现有全国主体功能区划协调。主体功能区划是对我国整体国土空间开发的基础性、战略性和约束性的规划，是对我国整体国土空间的全局和全面安排。土壤污染防治规划和土地利用规划首先应当与全国主体功能区划相衔接，其中最重要的是理顺全国主体功能区中应当划入的土壤污染防治规划和土地利用规划的区域，诸如重点生态功能区等。全国主体功能区划中最为典型的土壤污染防治规划和土地利用规划区是国家级自然保护区，传统自然保护区的保护对象主要是有特殊生态价值的自然遗迹、文化遗产，以保障该区域的生物多样性；而生态红线划分的主要依据是根据该区域的生态功能重要性程度、生态系统脆弱程度和生态系统敏感程度。因此，生态红线划定的区域比传统自然保护区的划定区域要宽泛。除了生物多样性保护外，其他生态功能如淡水和产品供给、土壤保持和防风固沙、水体净化、气候调节、水源涵养也是进行生态红线划分需要考虑的因素，从这个意义上讲，生态红线的内涵和外延相对更广。[①]

第二，土壤污染防治规划和土地利用规划与现有环境功能区划协调。生态红线区与环境功能区之间也有很多交叉，有必要协调两者关系。土壤污染防治规划和土地利用规划关注区域和国家整体生态系统以及生态安全维护，而生态系统保护与环境保护、污染防治关系密切。土壤污染防治规划和土地利用规划作为空间管控措施，与现有环境功能区划的关系也非常密切。当前我国正在推动城市生态环境总体规划，土壤污染防治规划、土地利用规划与城市生态环境总体规划关系更为紧密。一方面，土壤污染防治规划和土地利用规划正是在城市生态环境总体规划的过程中发展起来的，这一点本书在论述土壤污染防治规划和土地利用规划的发展历程时已经论

---

① 参见林勇、樊景凤、温泉等《生态红线划分的理论和技术》，载《生态学报》2016 年第 5 期。

述。另一方面,生态功能区划的大部分管理制度都依赖环境功能区划的现有管理制度,诸如环境质量管理、污染物总量控制、生态风险评估和应对等。通过划分生态功能保障基线、环境质量安全底线、自然资源利用上限,保障区域生态环境健康发展。在自然生态保留区和生态功能保育区划定生态功能保障基线,确保我国重要生态功能区、生态环境敏感区和脆弱区的主导功能得到有效保护。[①]《土壤污染防治法》规定,国民经济和社会发展规划、环境保护规划中应当考虑土壤污染防治的要求,[②] 国家和地方层面的土壤污染防治工作也应当作为环境保护规划的一个重要内容。[③] 该征求意见稿还针对性地规定了土地利用规划和建设项目的环境影响评价,该条款的规定具有极大的创新,是从风险预防的角度对土地利用规划加以规制的。[④]

[①] 参见王金南、许开鹏、陆军等《国家环境功能区划制度的战略定位与体系框架》,载《环境保护》2013 年第 22 期。

[②] 参见《土壤污染防治法》第十一条。

[③] 参见《中华人民共和国土壤污染防治法(征求意见稿)》第十六条,中国人大网:http://www.npc.gov.cn/npc/flcazqyj/node_8176.htm,征求意见时间:2017 年 6 月 28 日至 2017 年 7 月 27 日。

[④] 参见《中华人民共和国土壤污染防治法(征求意见稿)》第十七条,中国人大网:http://www.npc.gov.cn/npc/flcazqyj/node_8176.htm,征求意见时间:2017 年 6 月 28 日至 2017 年 7 月 27 日。

研 究 结 论

一、风险规制理念贯穿土壤污染立法

土壤污染防治法律对"土壤污染"的解释和防治都应当以风险管控为基础,以风险规制作为我国建构土壤污染法律制度体系贯穿始终的理念。同时,应该将土壤环境规制的研究置于一个更为广阔的框架内进行探讨,土壤环境风险规制与利益相关者的社会经济地位和社会知识背景密切相关。① 如何建构土壤环境风险规制制度,决定着立法中如何评估土壤环境风险,以及如何以土壤环境风险评估结果为基础展开土壤环境风险应对和土壤环境修复。土壤环境风险规制隐含的风险规制理路,以及土壤环境风险规制制度所展现的风险应对法理、有关环境风险规制的思考为我国土壤污染立法提供了一个不可或缺的视角。

二、完善土壤环境风险规制制度体系

在土壤环境风险规制全过程中,风险评估在制度防卫体系中处于核心地位。土壤环境风险评估与其他土壤风险规制制度之间存在相互协调的必要性。土壤环境风险评估为其他土壤风险管控制度提供科学依据和技术支撑,而其他土壤风险规制制度以土壤环境风险评估结论为依据可以做出价值判断以及决定规制措施。②《环境保护法》《土壤污染防治法》《水污染防治法》《大气污染防治法》等单行环境法、行政法规和部门规章、地方立法以及环境标准都是土壤环境风险规制制度的规范依据。通过对现有法律规范和技术规范的梳理,可以发现我国土壤环境风险规制制度存在一些缺失

---

① Michelle Larkins Jacques. Expanding Environmental Justice: a Case Study of Community Risk and Benefit Perceptions of Industrial Animal Farming Operations. Race, Gender & Class, 2012, 19 (1/2): 218 – 243.

② 参见吴贤静《土壤环境风险评估的法理重述与制度改良》,载《法学评论》2017 年第 4 期。

和不周延。应当基于对土壤环境风险根源和土壤风险评估制度逻辑的剖析，改良现有的土壤环境风险评估制度。在程序层面应当保障程序正当和广泛的利益相关者参与，同时土壤环境风险评估实体内容也应当延展至生态风险评估。

土壤一旦被污染，其修复状况直接关系到其已经产生的环境损害和可能产生的损害风险。土壤环境修复制度作为土壤污染产生之后的"兜底"制度，能够有效地清除土壤污染和减免土壤污染引致环境风险的可能性。鉴于土壤环境修复制度在土壤环境风险规制制度体系中的承接作用，土壤修复制度这类社会规范中也应当贯穿这种风险规制的理念。考察制度现状，我国土壤环境修复制度在理念和构造方面存在一些不足之处，主要表现为立法中土壤环境修复责任主体和责任形式不明确、土壤环境修复标准体系覆盖面不足、土壤环境修复目标值不恰当。鉴于土壤污染的严峻形势和现有土壤环境修复制度的缺失，应当立法明确土壤环境修复责任主体和责任形式，以风险为导向重塑土壤环境修复标准体系，以"土地未来的利用"为基础确定土壤环境修复目标值。

其他土壤环境风险规制制度主要有：

（1）土壤环境风险决策制度。土壤环境风险规制是全过程的，应当贯彻"决策—行为—监督"全过程防控。在决策阶段强调风险防控，可以从源头减少环境风险发生的概率，也可以降低行政成本，提高行政机关工作效率，其对风险规制具有深远的意义。

（2）土壤环境规划和建设项目环境影响评价。对这两项制度的关注点在于从风险预防的角度制定土壤环境规划和增加建设项目环境影响评价之中的风险防范内容。

（3）土壤环境事件应急制度。由于工业化进程所造成的土壤污染规模之大、影响之深远前所未有。土壤污染、土壤环境质量下降、土壤生物多样性锐减等土壤环境事件曾多次出现，尤其是在土壤生态系统脆弱的地区。[①] 土壤环境事件应急也具有显见的制度价值，被视为土壤环境风险管控的实现途径之一。土壤环境事件应急管理与土壤环境风险评估和土壤环境修复等日常管理有着内在的联系并形成互补关系。

三、构建环境风险应对法律文化

环境风险的本质不在于它已经发生，而在于它可能发生。风险意识的

---

① 参见龚子同、陈鸿昭、张甘霖《寂静的土壤》，科学出版社2015年版，第75页。

核心不在于现在，而在于未来。① 它关注的是各种危险的社会性以及它们如何转化为风险，它思考的是这些风险对社会 - 自然环境的影响，以及相应的未来发展趋势。② 因此，不能将环境风险当作一个外在之物来观察——风险一定是建构的。土壤环境风险规制必然会经历从纯粹技术手段的规制转向社会文化价值综合规制的过程。常州外国语学校土壤污染事件以及我国发生的一系列环境公共事件已经向我们揭示，环境风险是无处不在的，这也许就是今后社会的常态。

环境风险规制的意义不仅存在于技术应用和法律实践的过程中，而且也存在于文化建构的过程中。法律文化意指法理规范、规则、机构以及它们之间的相互影响。③ 法律文化不仅是观念层面的，它还处于法律规范的描述和法律制度的深层建构之间。我国社会正处在快速发展和社会转型时期，作为发展中国家将经济发展视为社会发展的原动力是必需的，但是，经济社会的高速发展极大地依赖环境和资源，这种快速发展和社会变迁导致了对环境资源的极大破坏以及环境问题的凸显，土壤污染问题便是其中最吸引公众眼球和最亟须解决的现实问题。土壤污染对人身健康、生态系统和气候变化可能造成的损害风险成为一个人类不可回避的挑战。这种挑战不仅仅是对社会发展模式和可持续性的挑战，也是对法律理念和法律制度的挑战。当前，对于土壤环境风险的法制应对是不彻底的。以《环境保护法》《土壤污染防治法》《大气污染防治法》和《水污染防治法》等为代表的法律在风险立法和风险应对方面做出了一些尝试和迈出了一小步，然而现有立法的风险防控是不彻底的。这种不彻底不仅体现在立法理念的不彻底上，也体现在法律制度的不完备上。

现行法的不足为我们指明了今后发展的方向，这也是本书的结论：一方面，在立法和法律制度中贯彻风险应对法律文化。法律文化意指法理规范、规则、机构以及它们之间的相互影响。④ 法律文化不仅是一种理念，它还存在于法律规范的深处，通过法律的实施过程展现出来。环境法学的终极目的即是在法律领域寻求解决生态环境问题之道。这意味着，环境法学

---

① 参见［德］乌尔里希·贝克《风险社会》，何博闻译，译林出版社2004年版，第35页。
② 参见［英］芭芭拉·亚当、［德］乌尔里希·贝克、［英］约斯特·房·龙《风险社会及其超越：社会理论的关键议题》，赵延东、马缨等译，北京出版社2005年版，第3～4页。
③ 参见［澳］伊丽莎白·费雪《风险规制与行政宪政主义》，沈岿译，法律出版社2012年版，第47页。
④ 参见［澳］伊丽莎白·费雪《风险规制与行政宪政主义》，沈岿译，法律出版社2012年版，第47页。

在应对环境问题提出的挑战时对传统法学必须进行价值取向上的修正。① 土壤环境风险规制超越了纯粹的科学和技术意义上的范畴，在土壤污染防治制度这类社会规范之中应当贯穿这种风险防控的理念和风险应对法律文化。另一方面，以既有制度资源为基础完善现有的土壤环境风险应对制度体系，构建完备的土壤环境风险应对制度体系。彻底的以风险法律文化为导向的立法是必要的，以风险为基础的法律制度是可以建构的。风险文化就是反思的共同体。② "反思性判断其实就是风险文化的核心。"③ 风险文化带给我们更多的反思性判断，以及基于这种反思性判断的发展和变革。

---

① 参见吴贤静《环境法学研究的方法论选择》，载《学术研究》2017 年第 4 期。
② 参见［英］芭芭拉·亚当、［德］乌尔里希·贝克、［英］约斯特·房·龙《风险社会及其超越：社会理论的关键议题》，赵延东、马缨等译，北京出版社 2005 年版，第 68 页。
③ ［英］芭芭拉·亚当、［德］乌尔里希·贝克、［英］约斯特·房·龙：《风险社会及其超越：社会理论的关键议题》，赵延东、马缨等译，北京出版社 2005 年版，第 76 页。

参 考 文 献

一、中文著作

[1] 苏力. 制度是如何形成的 [M]. 北京：北京大学出版社，2007.

[2] 俞可平. 权利政治与公益政治 [M]. 北京：社会科学文献出版社，2005.

[3] 龚子同，陈鸿昭，张甘霖. 寂静的土壤 [M]. 北京：科学出版社，2015.

[4] 全国人大环境保护委员会办公室. 国际环境与资源保护条约汇编 [M]. 北京：中国环境科学出版社，1993.

[5] 金自宁. 风险中的行政法 [M]. 北京：法律出版社，2014.

[6] 公丕祥. 法理学 [M]. 上海：复旦大学出版社，2002.

[7] 人民出版社编辑部. 人是马克思主义的出发点 [M]. 北京：人民出版社，1981.

[8] 世界自然保护同盟，等. 保护地球可持续生存战略 [M]. 北京：中国环境科学出版社，1991.

[9] 施本植，等. 国外经济规制改革的实践及经验 [M]. 上海：上海财经大学出版社，2006.

[10] 吴贤静. "生态人"：环境法上的人之形象 [M]. 北京：中国人民大学出版社，2014.

[11] 高中华. 环境问题抉择论——生态文明时代的理性思考 [M]. 北京：社会科学出版社，2004.

[12] 乌杰. 和谐社会与系统范式 [M]. 北京：社会科学文献出版社，2006.

[13] 蒙培元. 人与自然——中国哲学生态观 [M]. 北京：人民出版社，2004.

[14] 刘刚. 风险规制：德国的理论与实践 [M]. 北京：法律出版社，

2012.

[15] 张康之,李传军,张璋. 公共行政学 [M]. 北京:经济科学出版社,2002.

[16] 李文良,等. 中国政府职能转变问题报告 [M]. 北京:中国发展出版社,2003.

[17] 曹凤中. 绿色的冲击 [M]. 北京:中国环境科学出版社,1997.

[18] 郑少华. 生态主义法哲学 [M]. 北京:法律出版社,2002.

[19] 杨仁寿. 法学方法论 [M]. 北京:中国政法大学出版社,1999.

[20] 《中国自然保护纲要》编写委员会. 中国自然保护纲要 [M]. 北京:中国环境科学出版社,1987.

[21] 汪劲,严厚福,孙晓璞. 环境正义:丧钟为谁而鸣——美国联邦法院环境诉讼经典判例选 [M]. 北京:北京大学出版社,2006.

[22] 王海明. 新伦理学 [M]. 北京:商务印书馆,2002.

[23] 王树义. 俄罗斯生态法 [M]. 武汉:武汉大学出版社,2001.

[24] 武步云. 人本法学的哲学探究 [M]. 北京:法律出版社,2008.

[25] 辛鸣. 制度论:关于制度哲学的理论建构 [M]. 北京:人民出版社,2005.

[26] 徐嵩龄. 环境伦理学进展:评论与阐释 [M]. 北京:社会科学文献出版社,1999.

[27] 余谋昌. 生态哲学 [M]. 西安:陕西人民教育出版社,2000.

[28] 杨日然教授的纪念论文集编辑委员会. 法理学论丛——纪念杨日然教授 [M]. 台北:台湾月旦出版社股份有限公司,1997.

[29] 杨春学. 经济人与社会秩序分析 [M]. 上海:上海三联书店,1998.

[30] 曹志洪. 中国土壤质量 [M]. 北京:科学出版社,2008.

[31] 刘向阳. 清洁空气的博弈 环境政治史视角下20世纪美国控制污染治理 [M]. 北京:中国环境出版社,2014.

[32] 蔡守秋. 调整论——对主流法理学的反思与补充 [M]. 北京:高等教育出版社,2003.

[33] 蔡守秋. 生态安全、环境与贸易法律问题研究 [M]. 北京:中信出版社,2005.

[34] 李世东. 美丽国家理论探索、评价指数与发展战略 [M]. 北京:科学出版社,2015.

[35] 李文钊. 国家、市场与多中心 中国政府改革的逻辑基础和实证分

析［M］．北京：社会科学文献出版社，2011．
[36] 余谋昌．生态学哲学［M］．昆明：云南人民出版社，1991．
[37] 张劲松，等．政府关系［M］．广州：广东人民出版社，2008．
[38] 王铁崖．国际法［M］．北京：法律出版社，1995．

二、外文译作

[1] ［英］安东尼·奥格斯．规制 法律形式与经济学理论［M］．骆梅英，译．北京：中国人民大学出版社，2008．
[2] ［澳］伊丽莎白·费雪．风险规制与行政宪政主义［M］．沈岿，译．北京：法律出版社，2012．
[3] ［德］恩格斯．自然辩证法［M］．中共中央马克思恩格斯列宁斯大林著作编译局，译．北京：人民出版社，1971．
[4] 中共中央马克思恩格斯列宁斯大林著作编译局．马克思恩格斯选集：第1卷［M］．北京：人民出版社，1995．
[5] ［德］乌尔里希·贝克．风险社会［M］．何博闻，译．南京：译林出版社，2004．
[6] ［德］古斯塔夫·拉德布鲁赫．法学导论［M］．米健，朱林，译．北京：中国大百科全书出版社，1997．
[7] ［法］拉巴·拉马尔，让-皮埃尔·里博．多元文化视野中的土壤与社会［M］．张璐，译．北京：商务印书馆，2005．
[8] ［德］汉斯·萨克塞．生态哲学［M］．文韬，佩云，译．北京：东方出版社，1991．
[9] ［德］黑格尔．法哲学原理［M］．范扬，张启泰，译．北京：商务印书馆，1982．
[10] ［德］马克斯·韦伯．经济与社会：上卷［M］．林荣远，译．北京：商务印书馆，2006．
[11] ［德］马克斯·韦伯．社会科学方法论［M］．韩水法，莫茜，译．北京：中央编译出版社，2005．
[12] ［德］乌尔里希·贝克．风险社会［M］．何博闻，译．南京：译林出版社，2004．
[13] ［德］乌尔里希·贝克．世界风险社会［M］．吴英姿，孙淑敏，译．南京：南京大学出版社，2004．
[14] ［德］卡尔·拉伦茨．法学方法论［M］．陈爱娥，译．北京：

商务印书馆，2005.

[15] [英] E. 马尔特比，等. 生态系统管理——科学与社会问题 [M]. 康乐，韩兴国，等译. 北京：科学出版社，2003.

[16] [英] 阿诺德·汤因比. 人类与大地母亲 [M]. 徐波，等译. 上海：上海人民出版社，2001.

[17] [英] 爱德华·B. 泰勒. 人类学：人及其文化研究 [M]. 连树声，译. 桂林：广西师范大学出版社，2004.

[18] [英] 芭芭拉·亚当，[德] 乌尔里希·贝克，[英] 约斯特·房·龙. 风险社会及其超越：社会理论的关键议题 [M]. 赵延东，马缨，等译. 北京：北京出版社，2005.

[19] [英] 戴维·佩珀. 生态社会主义：从深生态学到社会主义 [M]. 刘颖，译. 济南：山东大学出版社，2005.

[20] [英] 哈特. 法律的概念 [M]. 沈宗灵，译. 北京：中国大百科全书出版社，1996.

[21] [英] 克莱夫·庞廷. 绿色世界史：环境与伟大文明的衰落 [M]. 王毅，张学广，译. 上海：上海人民出版社，2002.

[22] [英] 罗索. 西方哲学史：上卷 [M]. 何兆武，李约瑟，译. 北京：商务印书馆，1963.

[23] [英] 马克·布劳著格. 经济学方法论 [M]. 黎明星，等译. 北京：北京大学出版社，1990.

[24] [英] 尼尔·麦考密克，[奥] 奥塔·魏因贝格尔. 制度法论 [M]. 周叶谦，译. 北京：中国政法大学出版社，2004.

[25] [法] 阿尔贝特·施韦兹. 敬畏生命 [M]. 陈泽环，译. 上海：上海社会科学出版社，1992.

[26] [法] 艾蒂安·巴利巴尔. 马克思的哲学 [M]. 王吉会，译. 北京：中国人民大学出版社，2007.

[27] [法] 波德里亚. 消费社会 [M]. 刘成富，全志钢，译. 南京：南京大学出版社，2001.

[28] [美] 爱蒂丝·布朗·魏伊丝. 公平地对待未来人类：国际法、共同遗产与世代间衡平 [M]. 汪劲，等译. 北京：法律出版社，2000.

[29] [美] 奥康纳. 自然的理由：生态学马克思主义研究——当代学术棱镜译丛 [M]. 唐正东，臧佩洪，译. 南京：南京大学出版社，2003.

[30]［美］彼得·S. 温茨. 环境正义论［M］. 朱丹琼, 译. 上海: 上海人民出版社, 2007.

[31]［美］波林·罗斯诺. 后现代主义与社会科学［M］. 张国清, 译. 上海: 上海译文出版社, 1998.

[32]［美］大卫·雷·格里芬. 后现代精神［M］. 王成兵, 译. 北京: 中央编译出版社, 1998.

[33]［美］戴斯·贾丁斯. 环境伦理学［M］. 林官民, 杨爱民, 译. 北京: 北京大学出版社, 2002.

[34]［美］卡洛琳·麦茜特. 自然之死［M］. 吴国盛, 吴小英, 曹南燕, 叶闯, 译. 长春: 吉林人民出版社, 1999.

[35]［美］劳伦斯·M. 弗里德曼. 法律制度——从社会科学角度观察［M］. 李琼英, 林欣, 译. 北京: 中国政法大学出版社, 2004.

[36]［美］罗尔斯顿·霍尔姆斯. 哲学走向荒野［M］. 刘耳, 叶平, 译. 长春: 吉林人民出版社, 2000.

[37]［美］罗斯科·庞德. 法理学: 第一卷［M］. 余履雪, 译. 北京: 法律出版社, 2007.

[38]［美］罗斯科·庞德. 法理学: 第三卷［M］. 廖德宇, 译. 北京: 法律出版社, 2007.

[39]［美］罗斯科·庞德. 法理学: 第四卷［M］. 王保民, 王玉, 译. 北京: 法律出版社, 2007.

[40]［美］纳什. 大自然的权利［M］. 杨通进, 译. 梁治平, 校. 青岛: 青岛出版社, 1999.

[41]［美］文森特·奥斯特罗姆. 美国公共行政思想危机［M］. 毛寿龙, 译. 上海: 上海三联书店, 1999.

[42]［美］L. W. 麦克康门斯, N. 罗莎. 什么是生态学［M］. 余淑清, 等译. 南京: 江苏科技出版社, 1984.

[43]［美］克鲁蒂拉, 费舍尔. 自然环境经济学——商品性和舒适性资源价值研究［M］. 北京: 中国展望出版社, 1989.

[44]［日］尾关周二. 共生的理想: 现代交往与共生、共同的思想［M］. 卞崇道, 刘荣, 周秀静, 译. 北京: 中央编译出版社, 1996.

[45]［意］登特列夫. 自然法——法哲学导论［M］. 李日章, 译. 台北: 联经出版事业公司, 1986.

[46]［意］梅萨罗维克, 佩斯特尔. 人类处于转折点［M］. 梅艳,

译. 北京：生活·读书·新知三联书店，1987.

[47] [瑞士] 克里斯托弗·司徒博. 环境与发展：一种社会伦理学的考量 [M]. 邓安庆，译. 北京：人民出版社，2008.

[48] 世界环境与发展委员会. 我们共同的未来 [M]. 王之佳，柯金良，等译. 长春：吉林人民出版社，1997.

[49] [美] 阿尔文·托夫勒. 第三次浪潮 [M]. 朱志焱，译. 北京：新华出版社，1996.

[50] [德] 弗里德里希·包尔生. 伦理学体系 [M]. 何怀宏，廖申白，译. 北京：中国社会科学出版社，1988.

[51] [德] 柯武刚，史漫飞. 制度经济学 [M]. 韩朝华，译. 北京：商务印书馆，2002.

[52] [美] 汤姆·蒂坦伯格，琳恩·刘易斯. 环境与自然资源经济学 [M]. 王晓霞，杨鹂，石磊，安树民，等译. 北京：中国人民大学出版社，2011.

[53] [英] 杰拉尔德·G. 马尔腾. 人类生态学——可持续发展的基本概念 [M]. 顾朝林，袁晓辉，等译校. 北京：商务印书馆，2012.

[54] [澳] 彼得·布林布尔科姆. 大雾霾：中世纪依赖的伦敦空气污染史 [M]. 启蒙编译所，译. 上海：上海社会科学院出版社，2016.

[55] [加] 约翰·汉尼根. 环境社会学 [M]. 洪大用，等译. 北京：中国人民大学出版社，2009.

[56] [美] 史蒂芬·布雷耶. 打破恶性循环：政府如何有效规制风险 [M]. 宋华琳，译. 北京：法律出版社，2009.

[57] [英] 彼得·泰勒·顾柏，[德] 詹斯·O. 金. 社会科学中的风险研究 [M]. 黄觉，译. 北京：中国劳动社会保障出版社，2010.

[58] [英] 巴鲁克·费斯科霍夫，莎拉·利希滕斯坦，保罗·斯诺维克，斯蒂芬·德比，拉尔夫·基尼. 人类可接受风险 [M]. 王红漫，译. 北京：北京大学出版社，2009.

[59] [美] 杰里·马肖. 贪婪、混沌和治理 [M]. 宋功德，译. 北京：商务印书馆，2009.

[60] [美] 比尔·麦克基本. 自然的终结 [M]. 孙晓春，马树林，译. 长春：吉林人民出版社，2000.

［61］［美］埃莉诺·奥斯特罗姆. 公共事物的治理之道［M］. 余逊达，陈旭东，译. 上海：上海译文出版社，2012.

［62］［美］巴里·康芒纳. 封闭的循环——自然、人和技术［M］. 侯文蕙，译. 长春：吉林人民出版社，2000.

［63］［美］蕾切尔·卡逊. 寂静的春天［M］. 吕瑞兰，李长生，译. 长春：吉林人民出版社，1997.

［64］［美］艾伦·杜宁. 多少算够——消费社会与地球的未来［M］. 毕聿，译. 长春：吉林人民出版社，1997.

［65］［美］约翰·缪著尔. 我们的国家公园［M］. 郭名倞，译. 长春：吉林人民出版社，1999.

［66］［美］芭芭拉·沃德，勒内·杜博斯. 只有一个地球——对一个小小行星的关怀和维护［M］.《国外公害丛书》编委会，译校. 长春：吉林人民出版社，1997.

［67］［日］原田尚彦. 环境法［M］. 于敏，译. 北京：法律出版社，1999.

［68］［美］康芒斯. 制度经济学［M］. 于树声，译. 北京：商务印书馆，2014.

［69］［英］卡罗尔·哈洛，理查德·罗林斯. 法律与行政［M］. 杨伟东，李凌波，石红心，晏坤，译. 北京：商务印书馆，2004.

［70］［美］杰克·奈特. 制度与社会冲突［M］. 周伟林，译. 上海：上海人民出版社，2009.

［71］［美］克利福德·吉尔兹. 地方性知识——阐释人类学论文集［M］. 王海龙，张家瑄，译. 北京：中央编译出版社，2000.

［72］［日］藤田昌久，［美］保罗·克鲁格曼，［美］安东尼·J. 维纳布尔斯. 空间经济学：城市、区域与国际贸易［M］. 梁琦，主译. 北京：中国人民大学出版社，2005.

［73］［美］詹姆斯·M. 布坎南. 制度契约与自由——政治经济学家的视角［M］. 王金良，译. 北京：中国社会科学出版社，2016.

［74］［英］伍德，汉纳，赛德勒. 水文生态学与生态水文学：过去、现在和未来［M］. 王浩，严登华，秦大庸，张琳，等译. 北京：中国水利水电出版社，2009.

［75］［美］科斯，阿尔钦，诺思，等. 财产权利与制度变迁［M］. 胡庄君，等译. 上海：上海三联书店，1994.

［76］［美］道格拉斯·G. 诺斯. 制度、制度变迁与经济绩效［M］.

杭行,译. 韦森,译审. 上海: 格致出版社、上海三联书店、上海人民出版社, 2016.

[77] [美] 凯斯·R. 桑斯坦. 权利革命之后: 重塑规制国 [M]. 钟瑞华, 译. 北京: 中国人民大学出版社, 2008.

[78] [美] 史蒂芬·布雷耶. 规制及其改革 [M]. 李洪雷, 等译. 北京: 北京大学出版社, 2008.

[79] [美] 罗尔斯顿·霍尔姆斯. 环境伦理学 [M]. 杨通进, 译. 北京: 中国社会科学出版社, 2000.

[80] [美] 丹尼斯·米都斯. 增长的极限 [M]. 李宝恒, 译. 长春: 吉林人民出版社, 1997.

[81] [美] 罗伯特·希斯. 危机管理 [M]. 王成, 等译. 北京: 中信出版社, 2004.

[82] [美] 凯斯·R. 孙斯坦. 风险与理性——安全、法律及环境 [M]. 师帅, 译. 北京: 中国政法大学出版社, 2005.

[83] [日] 青木昌彦. 比较制度分析 [M]. 周黎安, 译. 上海: 上海远东出版社, 2006.

[84] [德] 汉斯·约纳斯. 技术、医学与伦理学 [M]. 张荣, 译. 上海: 上海译文出版社, 2008.

[85] [英] E. 马尔特比, 等. 生态系统管理: 科学与社会管理问题 [M]. 康乐, 韩兴国, 等译. 北京: 科学出版社, 2003.

[86] [澳] 大卫·希尔曼, [澳] 约瑟夫·韦恩·史密斯. 气候变化的挑战与民主的失灵 [M]. 武锡申, 李楠, 译. 北京: 社会科学文献出版社, 2009.

[87] [法] 让-皮埃尔·戈丹. 何谓治理 [M]. 钟震宇, 译. 北京: 社会科学文献出版社, 2000.

[88] [美] 菲利普·J. 库珀. 二十一世纪的公共行政: 挑战与改革 [M]. 王巧玲, 李文钊, 译. 北京: 中国人民大学出版社, 2006.

[89] [美] 唐纳德·凯特尔. 权力共享: 公共治理与私人市场 [M]. 孙迎春, 译. 北京: 北京大学出版社, 2009.

[90] [英] 威廉·韦德. 行政法 [M]. 徐炳, 等译. 北京: 中国大百科全书出版社, 1997.

[91] [美] 乔治·弗雷德里克森. 公共行政的精神 [M]. 张成福, 等译. 北京: 中国人民大学出版社, 2003.

［92］［英］安东尼·奥格斯. 规制：法律形式与经济学理论［M］. 骆梅英，译. 北京：中国人民大学出版社，2008.

［93］［美］E. S. 萨瓦斯. 民营化与公私部门的伙伴关系［M］. 周志忍，等译. 北京：中国人民大学出版社，2002.

［94］［美］理查德·C. 博克斯. 公民治理：引领 21 世纪的美国社区［M］. 孙柏英，译. 北京：中国人民大学出版社，2005.

［95］［美］约翰·克莱顿·托马斯. 公共决策中的公民参与：公共管理者的新技能与新策略［M］. 孙柏英，等译. 北京：中国人民大学出版社，2005.

三、外文著作

［1］Campbell-Mohn C，Breen B，Futrell J W. Sustainable environmental law［M］.［S. l.］：West Publishing，1993.

［2］Layzer J A. The environmental case：translating values into policy［M］.［S. l.］：C. Q. Press，2002.

［3］Koeman N S J. Environmental law in Europe［M］.［S. l.］：Kluwer Law International，1999.

［4］Westra L. Environmental justice and the rights of indigenous peoples：international and domestic legal perspectives［M］.［S. l.］：Earthscan，2008.

［5］Carbonnier J. Flexible droit, texts pour une sociologie du droit sans rigueur［M］. 3rd ed. Paris：LGD，1976.

［6］Boivin J P. Les installations classées：traité pratique de droit de l'envoronnement industriel［M］. Paris：Groupe Moniteu，2003.

［7］Boivin J P，Jacques Ricour. Sites et sols pollués：outils juridiques, techniques et financiers de la remise en etat des sites pollués［M］. Paris：Groupe Moniteur，2005.

［8］Lukes S. Individualism［M］. Oxford：Basil Blackwell Publisher Limited，1973.

［9］Weiss E B. In fairness to future generations：international law, common patrimony, and intergenerational eguity［M］. Tokyo，New York，Paris：United Nations University Press，1989.

［10］Blanco H，Lal R. Principles of soil conservation and management

[M]. [S. l.]: Springer Science + Business Media B. V., 2008.

[11] Weber M. Economy and Society [M]. edited by Roth G, Wittich C. [S. l.]: Berkeley University of California Press, 1978.

[12] Kloepfer M. Interdisziplinre Aspekte des Umweltstaats [M]. [S. l.]: Deutsches Verwaltungsblatt, 1994.

[13] Weber M. From Max Weber: essay in sociology [M]. trans and edited by Gerrh H H, Mills C W. New York: Oxford University Press, 1946.

[14] Shaw M N. International law [M]. Beijing: Peking University Press, 2005.

[15] Krimsky S, Golding D. Social theoties of risk [M]. [S. l.]: Westport, CT: 1992.

[16] Beck U. World risk society [M]. Malden: Polity Press, 1999.

[17] Daniell M H. World of risk: next generation strategy for a volatile era [M]. Singapore: John Wiley & Sons (Asia), 2000.

[18] Ebel A, Davitashvili T. Air, Water and soil quality modelling for risk and impact assessment [M]. [S. l.]: Springer, 2007.

[19] Williamson O E. The economic institutions of capitalism [M]. New York: Free Press, 1998.

四、中文论文

[1] 张新宝, 庄超. 扩张与强化: 环境侵权责任的综合适用 [J]. 中国社会科学, 2014 (3).

[2] 吕忠梅. 中国生态法治建设的路线图 [J]. 中国社会科学, 2013 (5).

[3] 吕忠梅, 窦海阳. 修复生态环境责任的实证解析 [J]. 法学研究, 2017 (3).

[4] 吕忠梅. 论生态文明建设的综合决策法律机制 [J]. 中国法学, 2014 (3).

[5] 吕忠梅, 周健民, 李原园, 等. 为改善水环境质量立良法——《中华人民共和国水污染防治法(修正案草案)》专家研讨 [J]. 中国环境管理, 2017 (3).

[6] 吕忠梅. 《环境保护法》的前世今生 [J]. 政法论丛, 2014 (10).

[7] 吕忠梅,刘超. 环境标准的规制能力再造——以对健康的保障为中心[J]. 时代法学,2008(4).

[8] 吕忠梅. 关于修订《大气污染防治法》议案[J]. 前进论坛,2015(4).

[9] 吕忠梅. 美丽乡村建设视域下的环境法思考[J]. 华中农业大学学报(社会科学版),2014(2).

[10] 吕忠梅. 农村环境综合整治的环境法思考[N]. 中国社会科学报,2016-01-20(5).

[11] 吕忠梅. 生态文明建设的法治思考[J]. 法学杂志,2014(5).

[12] 吕忠梅. 新时代中国环境资源司法面临的新机遇新挑战[J]. 环境保护,2018(1).

[13] 吕忠梅. 消除"环境保护对抗环境保护":重金属污染人体健康危害的法律监管目标[J]. 世界环境,2012(6).

[14] 苏力. 法律与科技问题的法理重构[M]//苏力. 制度是如何形成的. 北京:北京大学出版社,2007:91-109.

[15] 徐祥民. 环境质量目标主义:关于环境法直接规制目标的思考[J]. 中国法学,2015(6).

[16] 徐祥民,刘旭. 从海洋整体性出发优化海洋管理[J]. 中国行政管理,2016(6).

[17] 徐祥民. 从科学发展看环境法的使命[J]. 中州学刊,2016(6).

[18] 徐祥民,钟静仪. 对"有区别的责任"的第四种解释[J]. 中国环境法治,2016.

[19] 徐祥民,姜渊. 对修改《大气污染防治法》着力点的思考[J]. 中国人口·资源与环境,2017(9).

[20] 徐祥民,宛佳欣. 环境的自然空间规定性对环境立法的挑战[J]. 华东政法大学学报,2017(4).

[21] 徐祥民. 论我国环境法中的总行为控制制度[J]. 法学,2015(12).

[22] 徐祥民,姜渊. 绿色发展理念下的绿色发展法[J]. 法学,2017(6).

[23] 徐祥民,刘旭,王信云. 我国环境法中的三种立法设计思路[J]. 海峡法学,2016(1).

[24] 李挚萍. 环境修复目标的法律分析[J]. 法学杂志,2016(3).

［25］李挚萍. 外国环境司法专门化的经验及挑战［J］. 法学杂志，2012（11）.

［26］李挚萍. 论以环境质量改善为核心的环境法制转型［J］. 重庆大学学报（社会科学版），2017（2）.

［27］李挚萍. 环境修复法律制度探析［J］. 法学评论，2013（2）.

［28］罗丽. 我国环境公益诉讼制度的建构问题与解决对策［J］. 中国法学，2017（3）.

［29］罗丽. 论土壤环境的保护、改善与风险防控［J］. 北京理工大学学报（社会科学版），2015（6）.

［30］竺效. 论新《环境保护法》中的环评区域限批制度［J］. 法学，2014（6）.

［31］竺效. 创建大气污染区域联防联控机制［N］. 中国社会科学报，2014－01－10（A6）.

［32］竺效，丁霖. 绿色发展理念与环境立法创新［J］. 法制与社会发展，2016（2）.

［33］竺效. 论生态损害综合预防与救济的立法路径——以法国民法典侵权责任条款修改法案为借鉴［J］. 比较法研究，2016（3）.

［34］竺效. 论环境侵权原因行为的立法拓展［J］. 中国法学，2015（2）.

［35］竺效. 论环境污染责任保险法律体系的构建［J］. 法学评论，2015（1）.

［36］竺效. 论中国环境法基本原则的立法发展与再发展［J］. 华东政法大学学报，2014（3）.

［37］周珂，于鲁平. 解析新《大气污染防治法》［J］. 环境保护，2015（18）.

［38］周珂，林潇潇. 环境生态治理的制度变革之路——北欧国家环境政策发展史简述［J］. 人民论坛·学术前沿，2015（1）.

［39］周珂，林潇潇. 环境损害司法救济的困境与出路［J］. 法学杂志，2016（7）.

［40］周珂，林潇潇. 美国《清洁空气法》特色制度及其借鉴意义［N］. 法制日报，2016－03－30（12）.

［41］黄锡生，韩英夫. 环评区域限批制度的双阶构造及其立法完善［J］. 法律科学，2016（6）.

［42］黄锡生，周海华. 环境风险管理思维重塑——以预警污染者付费

原则的适用为视角［J］．北京理工大学学报（社会科学版），2017（3）．

［43］黄锡生，谢玲．环境公益诉讼制度的类型界分与功能定位——以对环境公益诉讼"二分法"否定观点的反思为进路［J］．现代法学，2015（6）．

［44］韩英夫，黄锡生．生态损害行政协商与司法救济的衔接困境与出路［J］．中国地质大学学报（社会科学版），2018（1）．

［45］黄锡生，韩英夫．生态损害赔偿磋商制度的解释论分析［J］．政法论丛，2017（1）．

［46］曹明德．中国参与国际气候治理的法律立场和策略：以气候正义为视角［J］．中国法学，2016（1）．

［47］曹明德，王琪．论生态保护红线及其立法思考［J］．清华法治论衡，2015（2）．

［48］郑少华．从"管控论"到"治理论"：司法改革的一个面向［J］．法学杂志，2015（5）．

［49］胡苑，郑少华．从威权管制到社会治理——关于修订《中华人民共和国大气污染防治法》的几点思考［J］．现代法学，2010（6）．

［50］冯嘉．负载有度：论环境法的生态承载力控制原则［J］．中国人口·资源与环境，2013（8）．

［51］汪再祥．中国土壤污染防治立法述评［J］．法学评论，2008（3）．

［52］王欢欢．污染土壤修复标准制度初探［J］．法商研究，2016（3）．

［53］王欢欢．城市历史遗留污染场地治理责任主体之探讨［J］．法学评论，2013（4）．

［54］王欢欢．土壤污染治理责任溯及力研究［J］．现代法学，2017（4）．

［55］何香柏．风险社会背景下环境影响评价制度的反思与变革——以常州外国语学校"毒地"事件为切入点［J］．法学评论，2017（1）．

［56］刘超．环境风险行政规制的断裂与统合［J］．法学评论，2013（3）．

［57］刘超．环境修复审视下我国环境法律责任形式之利弊检讨——基于条文解析与判例研读［J］．中国地质大学学报（社会科学版），

2016（2）.

[58] 戚建刚. 应急行政的兴起与行政应急法之建构［J］. 法学研究，2012（4）.

[59] 戚建刚. 我国行政决策风险评估制度之反思［J］. 法学，2014（10）.

[60] 戚建刚，郭永良. 论衡量制约公共风险监管法制信任度的基本变量——以32起公共事件为分析样本［J］. 江汉论坛，2015（9）.

[61] 戚建刚. 风险规制的兴起与行政法的新发展［J］. 当代法学，2014（6）.

[62] 戚建刚. 风险认知模式及其行政法制之意蕴［J］. 法学研究，2009（5）.

[63] 戚建刚. 风险规制过程合法性之证成——以公众和专家的风险知识运用为视角［J］. 法商研究，2009（5）.

[64] 戚建刚. 风险认知模式及其行政法制之意蕴［J］. 法学研究，2009（5）.

[65] 陈海嵩. 国家环境保护义务的溯源与展开［J］. 法学研究，2014（3）.

[66] 陈海嵩. 雾霾应急的中国实践与环境法理［J］. 法学研究，2016（4）.

[67] 陈海嵩. 绿色发展中的环境法实施问题：基于PX事件的微观分析［J］. 中国法学，2016（1）.

[68] 陈海嵩. 政府环境法律责任的实证研究——以环境风险防范地方立法评估为例［J］. 社会科学战线，2016（4）.

[69] 陈海嵩，陶晨. 我国风险环境治理中的府际关系：问题及改进［J］. 南京工业大学学报（社会科学版），2012（3）.

[70] 陈海嵩. 科技风险认知的差异及其解释——从心理学到社会学［J］. 东北大学学报（社会科学版），2009（5）.

[71] 董正爱. 社会转型发展中生态秩序的法律构造——基于利益博弈与工具理性的结构分析与反思［J］. 法学评论，2012（5）.

[72] 董正爱，王璐璐. 迈向回应型环境风险法律规制的变革路径——环境治理多元规范体系的法治重构［J］. 社会科学研究，2015（4）.

[73] 杜辉. 论制度逻辑框架下环境治理模式之转换［J］. 法商研究，2013（1）.

［74］杜辉. 挫折与修正：风险预防之下环境规制改革的进路选择［J］. 现代法学，2015（1）.

［75］陈海嵩. 论限期治理的法律属性［M］//吕忠梅. 环境资源法学论丛（第八卷）. 北京：法律出版社，2010.

［76］英格沃·埃布森. 通过规制实现健康保护——范围、方法和程序概览［J］. 喻文光，译. 行政法学研究，2015（4）.

［77］陈景良. 反思法律史研究中的"类型学"方法——中国法律史研究的另一种思路［J］. 法商研究，2004（5）.

［78］宋华琳. 论技术标准的法律性质——从行政法规范体系角度的定位［J］. 行政法学研究，2008（3）.

［79］万俊人. 美丽中国的哲学智慧与行动意义［J］. 中国社会科学，2013（5）.

［80］余谋昌. 生态学中的价值概念［J］. 生态学杂志，1987（2）.

［81］余谋昌. 自然价值的进化［J］. 南京林业大学学报（人文社会科学版），2002（5）.

［82］谷树忠，曹小奇，张亮. 科学理解、扎实推进生态文明建设［N］. 人民日报，2012-11-29.

［83］曾晖，吴贤静. 法国土壤污染防治法律及其对我国的启示［J］. 华中农业大学学报（社会科学版），2013（4）.

［84］宋华琳. 风险规制与行政法学原理的转型［J］. 国家行政学院学报，2007（4）.

［85］吴贤静. 论我国少数民族环境权［J］. 云南社会科学，2009（1）.

［86］吴贤静. 生态人的理论蕴涵及其对环境法的意义［J］. 法学评论，2010（4）.

［87］陈爱娥. 行政立法与科技发展［J］. 台湾本土法学杂志，1999（12）.

［88］沈岿. 解析行政规则对司法的约束力［J］. 中外法学，2006（2）.

［89］陈亮. 环境规制俘获的法律防范——基于美国经验的启示［J］. 环球法律评论，2015（1）.

［90］冯嘉. 负载有度：论环境法的生态承载力控制原则［J］. 中国人口·资源与环境，2013（8）.

［91］伏创宇. 风险规制领域行政规则对司法的拘束力［J］. 国家检察

官学院学报，2016（2）.

[92] 叶必丰. 区域合作的现有法律依据研究［J］. 现代法学，2016（2）.

[93] 马波. 论政府环境责任法制化的实现路径［J］. 法学评论，2016（2）.

[94] 沈百鑫. 法治国家和风险社会理念下环境治理机制转型［J］. 中国环境管理，2016（2）.

[95] 刘水林，吴锐. 论"规制行政法"的范式革命［J］. 法律科学，2016（3）.

[96] 郭武. 论中国第二代环境法的形成和发展趋势［J］. 法商研究，2017（1）.

[97] 吴贤静. 土壤环境风险评估的法理重述与制度改良［J］. 法学评论，2017（4）.

[98] 黄锡生，韩英夫. 环评区域限批制度的双阶构造及其立法完善［J］. 法律科学，2016（6）.

[99] 苟正金. 我国突发环境公共事件信息公开制度之检讨与完善——以兰州"4·11"自来水苯超标事件为中心［J］. 法商研究，2017（1）.

[100] 韩翰，王士君，王永超. 城市化与土地资源利用的协调度及优化配置研究——以辽宁沿海经济带为例［J］. 资源开发与市场，2016（10）.

[101] 冯子轩. 学校污染，政府如何防范环境风险［N］. 法制日报，2016-04-20.

[102] 孙秀艳. 场地污染当严厉追责［N］. 人民日报，2016-05-07.

[103] 吴国盛. 什么是科学史［EB/OL］. http://www.skb.gxnu.edu.cn/discourse/views.asp.

[104] 杨晓松，谢波. 区域环境风险评价方法的探讨［J］. 矿冶，2000（9）.

[105] 蔡萍. 环境风险的社会建构论阐释［J］. 兰州学刊，2008（11）.

[106] 苑宣. 美国政府必须管制汽车排放二氧化碳［N］. 中国环境报，2007-04-13（5）.

[107] 吴舜泽，万军. 科学精准理解《"十三五"生态环境保护规划》的关键词和新提法［J］. 中国环境管理，2017（1）.

[108] 周旺生. 重新研究法的渊源 [J]. 比较法研究, 2005 (4).

[109] 吴贤静. 生态文明建设与环境法制度创新 [J]. 江汉大学学报 (社会科学版), 2014 (1).

[110] 戚建刚. 风险概念的模式及对行政法制之意蕴 [M] // 行政法论丛: 第 12 卷. 北京: 法律出版社, 2010.

[111] 柴泽阳, 杨金刚, 孙建. 环境规制对碳排放的门槛效应研究 [J]. 资源开发与市场, 2016 (9).

[112] 胡元林, 康炫. 环境规制下企业实施主动型环境战略的动因与阻力研究——基于重污染企业的问卷调查 [J]. 资源开发与市场, 2016 (2).

[113] 蒋辉, 罗国. 可持续发展视角下的资源环境承载力——内涵、特点与功能 [J]. 资源开发与市场, 2011 (3).

[114] 秦交锋, 等. 修复"毒地"为何致"二次污染"？——常州外国语学校化工污染事件追踪 [N]. 光明日报, 2016-04-21.

[115] 戚建刚. "第三代"行政程序的学理解读 [J]. 环球法律评论, 2013 (5).

[116] 高敬. 污染地块想再次开发要过几道关？——环保部土壤司负责人解读《污染地块土壤环境管理办法（试行）》[EB/OL]. http://news.xinhuanet.com/politics/2017-01/23/c_1120370910.htm.

[117] 杨治坤. 论跨行政区大气污染联合防治机制构建 [J]. 资源开发与市场, 2014 (8).

[118] 孔瑜, 杨大光. 中国资源型城市产业转型的模式选择 [J]. 资源开发与市场, 2014 (1).

[119] 张宏锋, 欧阳志云, 郑华. 生态系统服务功能的空间尺度特征 [J]. 生态学杂志, 2007 (9).

[120] 侯光辉, 陈通, 王颖, 等. 公众参与悖论与空间权博弈——重视邻避冲突背后的权利逻辑 [J]. 吉首大学学报（社会科学版）, 2017 (1).

[121] 谭冰霖. 环境规制的反身法路向 [J]. 中外法学, 2016 (6).

[122] 谭冰霖. 环境行政处罚规制功能之补强 [J]. 法学研究, 2018 (4).

[123] 马允. 美国环境规制中的命令、激励与重构 [J]. 中国行政管理, 2017 (4).

［124］王树义，蔡文灿. 论我国环境治理的权力结构［J］. 法制与社会发展，2016（3）.

［125］尼克·皮金，彼得·西蒙斯，卡伦·韩伍德. 风险、环境与技术［M］∥［英］彼得·泰勒·顾柏，［德］詹斯·O. 金. 社会科学中的风险研究. 黄觉，译. 北京：中国劳动社会保障出版社，2010：85-106.

［126］戚建刚. 非常规突发事件与我国行政应急管理体制之创新［J］. 华东政法大学学报，2010（5）.

［127］吴贤静. 我国少数民族地区环境保护新思考：制度层面的完善［J］. 云南社会科学，2013（2）.

［128］柯坚. 我国《环境保护法》修订的法治时空观［J］. 华东政法大学学报，2014（3）.

［129］钭晓东，张程. 美丽中国的环境法治保障——以环境监管体制改革为视角［J］. 山东科技大学学报（社会科学版），2016（3）.

［130］施业家，吴贤静. 生态红线概念规范化探讨［J］. 中南民族大学学报（人文社会科学版），2016（3）.

［131］王超锋，朱谦. 重大环境决策社会风险评估制度的构建探究［J］. 河南财经政法大学学报，2016（2）.

［132］陈平. 日本土壤环境质量标准体系现状及启示［J］. 环境与可持续发展，2014（6）.

［133］俞海，张永亮，夏光，等. 最严格环境保护制度：内涵、框架与改革思路［J］. 中国人口·资源与环境，2014（10）.

［134］夏光. 建立系统完整的生态文明制度体系［N］. 中国环境报，2013-11-14（2）.

［135］卢风. 生态价值观与制度中立——兼论生态文明的制度建设［J］. 上海师范大学学报（哲学社会科学版），2009（2）.

［136］叶俊荣，施奕任. 从学术建构到政策实践：永续台湾指标的发展历程及其对制度运作影响［J］. 都市与计划，2005，32（2）：103-124.

［137］杜辉. 环境私主体治理的运行逻辑及其法律规制［J］. 中国地质大学学报（社会科学版），2017（1）.

［138］刘湘溶，罗常军. 努力走向社会主义生态文明新时代［J］. 光明日报［N］. 2012-12-01.

［139］常绍舜. 生态文明是社会文明的最高形式［J］. 社会科学报，2000（4）.

［140］曲格平. 从斯德哥尔摩到约翰内斯堡的发展道路［N］. 中国环境报，2002-11-15.

［141］［澳］阿兰·加尔. 法律与生态文明［J］. 杨富斌，陈伟功，译. 法学杂志，2011（2）.

［142］吴贤静. "生态人"：环境法上的人之形象［D］. 武汉：武汉大学，2009.

［143］吴贤静. 生态文明的法律表达［J］. 南京工业大学学报（社会科学版），2015（3）.

［144］卢风. 建设生态文明的理论依据［J］. 绿叶，2013（6）.

［145］权威解读：全面构建我国中华人民共和国土壤污染防治法律制度［EB/OL］. http://www.npc.gov.cn/npc/xinwen/2017-06/27/content_2024626.htm.

［146］臧传琴. 环境规制绩效的区域差异研究［D］. 济南：山东大学，2016.

［147］赵新峰，袁宗. 区域大气污染治理中的政策工具：我国的实践历程与优化选择［J］. 中国行政管理，2016（7）.

［148］李亚，何鉴孜. 耕地红线的话语之争——可持续发展背后的争论及其思考［J］. 北京航空航天大学学报（社会科学版），2016（3）.

［149］邹长新，王丽霞，刘军会. 论生态保护红线的类型划分与管控［J］. 生物多样性，2015（6）.

［150］王学恭，白洁，赵世明. 草地生态补偿标准的空间尺度效应研究——以草原生态保护补助奖励机制为例［J］. 资源开发与市场，2012（12）.

［151］戚建刚. 政府在突发事件应对中负有法律责任［N］. 中国社会科学报，2015-03-18.

［152］刘小冰，纪潇雅. 生态法律治理中的地方偏好及其法律规制［J］. 南京社会科学，2016（7）.

［153］林勇，樊景凤，温泉，等. 生态红线划分的理论和技术［J］. 生态学报，2016（5）.

［154］王金南，许开鹏，陆军，等. 国家环境功能区划制度的战略定位与体系框架［J］. 环境保护，2013（22）.

［155］骆永明，滕应. 我国土壤污染的区域差异与分区治理修复策略［J］. 中国科学院院刊，2018（2）.

［156］何慧爽. 环境质量、环境规制与产业结构优化——中国东、中、西部面板数据的实证分析［J］. 地域研究与开发，2015（1）.

［157］张志强. 环境规制提高了中国城市环境质量吗？——基于"拟自然实验"的证据［J］. 产业经济研究，2017（3）.

［158］何为，刘昌义，刘杰，等. 环境规制、技术进步与环境质量——基于天津市面板数据实证分析［J］. 科学学与科学技术管理，2015（5）.

［159］柴泽阳，杨金刚，孙建. 环境规制对碳排放的门槛效应研究［J］. 资源开发与市场，2016（9）.

［160］吕忠梅.《环境保护法》的前世今生［J］. 政法论丛，2014（10）.

五、外文论文

［1］Fisher E, Lange B, Scotford E, et al. Maturity and methodology: starting a debate about environmental law scholarship［J］. Journal of Environmental Law, 2009, 21（2）: 213-250.

［2］Bell D. Environmental justice and rawls' difference principle［J］. Environmental Ethics, 2004, 26.

［3］Sandlos Y F W. Once there were so many: animals as ecological baselines［J］. Environmental History, 2011, 16（3）: 400-407.

［4］Ashton E C. A baseline study of the diversity and community ecology of crab and molluscan macrofaunain the sematan mangrove forest, sarawak, malaysia［J］. Journal of Tropical Ecology, 2003, 19（2）: 127-142.

［5］Sinclair A R E. Natural regulation of ecosystems in protected areas as ecological baselines［J］. Wildlife Society Bulletin, 1998, 26（3）: 399-409.

［6］Arcese P, Sindair A R E. The role of protected areas as ecological baselines［J］. The Journal of Wildlife Management, 1997, 61（3）: 587-602.

［7］McClenachan L, Ferretti F, Baum J K. From archives to conservation:

why historical data are needed to set baselines for marine animals and ecosystems [J]. Conservation Letters, 2012, 5 (5): 349 – 359.

[8] Lozano-Montes H M, Pitcher T J, Haggan N. Shifting environmental and cognitive baselines in the upper gulf of California [J]. Frontiers in Ecology and the Environment, 2008, 6 (2): 75 – 80.

[9] Sáenz-Arroyo A. Rapidly shifting environmental baselines among fishers of the gulf of california [J]. Proceedings: Biological Sciences, 2005, 272 (1575): 1957 – 1962.

[10] Neshkova M I, Guo H. Public participation and organizational performance: evidence from state agencies [J]. Journal of Public Administration Research and Theory, 2012, 22 (22): 267 – 288.

[11] Rivers J W, Liebl A L, Owen J C, et al. Baseline corticosterone is positively related to juvenile survival in a migrant passerine bird [J]. Functional Ecology, 2012, 26 (5): 1127 – 1134.

[12] Boyce M S. Ecological-process management and ungulates: yellowstone's conservation paradigm [J]. Wildlife Society Bulletin, 1998, 26 (3): 391 – 398.

[13] Treweek J. Ecology and environmental impact assessment [J]. Journal of Applied Ecology, 1996, 33 (2): 191 – 199.

[14] Rhemtulla J M, Mladenoff D J, Clayton M K, et al. Historical forest baselines reveal potential for continued carbon sequestration [J]. Proceedings of the National Academy of Sciences of the United States of America, 2009, 106 (15): 6082 – 6087.

[15] Herian M N, Hamm J A, Tomkins A J, et al. Public participation, procedural fairness, and evaluations of local governance: the moderating role of uncertainty mitchel [J]. Journal of Public Administration Research & Theory, 2015, 66 (4): L43 – L45.

[16] Liu Y S, Wang J Y, Guo L Y. GIS-based assessment of land suitability for optimal allocation in the Qinling Mountains, China [J]. Pedosphere, 2006, 16 (5): 579 – 586.

[17] Managi S, Kaneko S. Environmental performance and returns to pollution abatement in China [J]. Ecological Economics, 2009, 68 (6): 1643 – 1651.

[18] Arquette M. Holistic risk assessment: a new paradigm for environmen-

tal risk management [J]. Race, Poverty & the Environment, 2004, 11 (2): 49 – 52.

[19] Lü Y, Ma Z, Zhang L, et al. Redlines for the greening of China [J]. Environmental Science & policy, 2013, 33: 346 – 353.

[20] Liu X, Heilig G K, Chen J, et al. Interactions between economic growth and environmental quality in Shenzhen, China's first special economic zone, Ecological Economics, 2007, 62 (3 – 4): 559 – 570.

[21] Johannesen A B. Protected areas, wildlife conservation, and local welfare [J]. Ecological Economics, 2007, 62 (1): 126 – 135.

[22] Yu K, Chen Z, Gao J, et al. Relationship between objective and subjective atmospheric visibility and its influence on willingness to accept or pay in China. [J]. PLoS ONE, 2015, 10 (10): e0139495.

[23] Simon, Sandrine. A framework for sustainable water management: integrating ecological constraints in policy tools in the United Kingdom [J]. Environmental Review, 1999, 1 (4): 227 – 238.

[24] Dyjack D T, Soret S, Anderson B. Community-based environmental risk assessment [J]. Public Health Reports, 2002, 117 (3): 309 – 312.

[25] Luo Q, Catney P, Lerner D. Risk-based management of contaminated land in the UK: lessons for China? [J]. Journal of Environmental Management, 2009, 90 (2): 1123 – 1134.

[26] Yasuhara M, Hunt G, Breitburg D, et al. Human-induced marine ecological degradation: micro pale onto logical perspectives [J]. Ecology and Evolution, 2012, 2 (12): 3242 – 3268.

[27] Dickey-Collas M. Why the complex nature of integrated ecosystem assessments requires a flexible and adaptive approach [J]. ICES Journal of Marine Science, 2014, 71 (5): 1174 – 1182.

[28] Neshkova M I, Guo H. Public participation and organizational performance: evidence from state agencies [J]. Journal of Public Administration Research and Theory, 2012 (2): 267 – 288.

[29] Chichilnisky G, Heal G. Global environmental risks [J]. The Journal of Economic Perspectives, 1993, 7 (4): 65 – 86.

[30] Soule E. Assessing the precautionary principle [J]. Public Affairs Quarterly, 2000, 14 (4): 309 – 328.

[31] Mozumder P, Berrensb R P. Inorganic fertilizer use and biodiversity risk: an empirical investigation [J]. Ecological Economics, 2007, 62 (3-4): 538-543.

[32] van Straalen N M. Assessment of soil contamination-a functional perspective [J]. Biodegradation, 2002, 13 (1): 41-52.

[33] Albering H J, van Leusen S M, Moonen E J C, et al. Human health risk assessment: a case study involving heavy metal soil contamination after the flooding of the River Meuse during the winter of 1993—1994 [J]. Environmental Health Perspectives, 1999, 107 (1): 37-43.

[34] Falconer K. Pesticide environmental indicators and environmental policy [J]. Journal of Environmental Management, 2002, 65 (3): 285-300.

[35] Eckerd A, Keeler A G. Going green together? Brownfield remediation and environmental justice [J]. Policy Sciences, 2012, 45 (4): 293-314.

[36] Yao Y. Pollution: spend more on soil clean-up in China [J]. Nature, 2016, 533 (7604): 469.

[37] Campos M, Velázquez A, McCall M. Adaptation strategies to climatic variability: a case study of small-scale farmers in rural Mexico [J]. Land Use Policy, 2014, 38: 533-540.

[38] Bournaris T, Moulogianni C, Manos B. A multicriteria model for the assessment of rural development plans in Greece [J]. Land Use Policy, 2014, 38: 1-8.

[39] Villanuevaa A J, Gómez-Limónb J A, Arriazaa M, et al. Analysing the provision of agricultural public goods: the case of irrigated olive groves in Southern Spain [J]. Land Use Policy, 2014, 38: 300-313.

[40] Dubber D, Gill L. Application of on-site wastewater treatment in ireland and perspectives on its sustainability [J]. Sustainability, 2014, 6: 1623-1642.

[41] Reimer A, Prokopy L. One federal policy, four different policy contexts: an examination of agri-environmental policy implementation in the Midwestern United States [J]. Land Use Policy, 2014, 38:

605-614.

[42] Xu H, Huang X, Zhong T, et al. Chinese land policies and farmers' adoption of organic fertilizer for saline soils [J]. Land Use Policy, 2014, 38: 541-549.

[43] Cappuyns V, Kessen B. Combining life cycle analysis, human health and financial risk assessment for the evaluation of contaminated site remediation [J]. Journal of Environmental Planning and Management, 2014, 57 (7): 1101-1121.

[44] van Straalen F M, Korthals Altes W K. Compulsory purchase for biodiversity conservation in the Netherlands [J]. Land Use Policy, 2014, 38: 223-232.

[45] Gerbens-Leenes P W, Nonhebel S. Consumption patterns and their effects on land required for food [J]. Ecological Economics, 2002, 42: 185-199.

[46] Douay F, Pruvot C, Roussel H, et al. Contamination of urban soils in an area of Northern France polluted by dust emissions of two smelters [J]. Water Air Soil Pollution, 2008, 188 (1-4): 247-260.

[47] Berentsen P B M, Hendriksen A, Heijman W J M, et al. Costs and benefits of on-farm nature conservation [J]. Ecological Economics, 2007, 62: 571-579.

[48] Koontz T M, Newig J. Cross-level information and influence in mandated participatory planning: alternative pathways to sustainable water management in Germany's implementation of the EU Water Framework Directive [J]. Land Use Policy, 2014, 38: 594-604.

[49] Liu T, Liu C, Liu H, et al. Did the key priority forestry programs affect income inequality in rural China? [J]. Land Use Policy, 2014, 38: 264-275.

[50] Horrocks C A, Dungait J A J, Cardenas L M, et al. Does extensification lead to enhanced provision of ecosystems services from soils in UK agriculture? [J]. Land Use Policy, 2014, 38: 123-128.

[51] Zhang W, Wang W, Li X, et al. Economic development and farmland protection: anassessment of rewarded land onversion quot as trading in Zhejiang, China [J]. Land Use Policy, 2014, 38: 467-476.

[52] Rivett M O, Petts J, Butler B, et al. Remediation of contaminated land and groundwater: experience in England and Wales [J]. Journal of Environmental Management, 2002, 65: 251-268.

[53] Szulczewska B, Giedych R, Borowski J, et al. How much green is needed for avital neighbourhood? Insearch for empirical evidence [J]. Land Use Policy, 2014, 38: 330-345.

[54] Cundy A B, Bardos R P, Church A, et al. Developing principles of sustainability and stakeholder engagement for "gentle" remediation approaches: the european context [J]. Journal of Environmental Management, 2013, 129: 283-291.

[55] Volchko Y, Norrman J, Bergknut M, et al. Incorporating the soil function concept into sustainability appraisal of remediation alternatives [J]. Journal of Environmental Management, 2013, 129: 367-376.

[56] Boonman-Berson S, Turnhout E, Tatenhove J. Invasive species: the categorization of wildlife in science, policy, and wildlife management [J]. Land Use Policy, 2014, 38: 204-212.

[57] Ren W, Xue B, Geng Y, et al. Inventorying heavy metal pollution in redeveloped brownfield and its policy contribution: case study from Tiexi District, Shenyang, China [J]. Land Use Policy, 2014, 38: 138-146.

[58] Brandt U S, Svendsen G T. Is local participation always optimal for sustainable action? The costs of consensus-building in local agenda 21 [J]. Journal of Environmental Management, 2013, 129: 266-273.

[59] Agunbiadea M E, Rajabifard A, Bennett R. Land administration for housing production: Anapproach for assessment [J]. Land Use Policy, 2014, 38: 366-377.

[60] Terra T N, Santos R F, Costa D C. Land use changes in protected area sand their future: the legal effectiveness of landscape protection [J]. Land Use Policy, 2014, 38: 378-387.

[61] Demichela M, Pilone E, Camuncoli G. Land use planning around major risk installations: from EC directives to local regulations in Italy [J]. Land Use Policy, 2014, 38: 657-665.

［62］ Karrasch L, Klenke T, Woltjer J. Linking the ecosystem services approach to social preferences and needs in integrated coastal land use management—a planning approach ［J］. Land Use Policy, 2014, 38: 522-532.

［63］ Jennings A A, Li Z. Residential surface soil guidance values applied worldwide to the original 2001 Stockholm Convention POP pesticides ［J］. Journal of Environmental Management, 2015, 160: 16-29.

［64］ Stringer L C, Fleskens L, Reed M S, et al. Participatory valuation of monitoring and modeling of sustainable land management technologies in areas prone to land degradation ［J］. Environmental Management, 2014, 54: 1022-1042.

［65］ Grasmück D, Scholz R W. Perception of heavy metal soil contamination by high-exposed and low-exposed inhabitants: the role of knowledge and emotional concerns ［J］. Risk Anal., 2005, 25 (3): 611-22.

［66］ Williams K J H. Public acceptance of plantation forestry: Implications for policy and practice in Australian rural landscape ［J］. Land Use Policy, 2014, 38: 346-354.

［67］ Ferng J J. Resource-to-land conversions in ecological footprint analysis: The significance of appropriate yield data ［J］. Ecological Economics, 2007, 62 (3-4): 379-382.

［68］ Aloini D, Dulmin R, Mininno V. Risk management in ERP project introduction: review of the literature ［J］. Information & Management, 2007, 44: 547-567.

［69］ Brombal D, Wang H, Pizzol L, et al. Soil environmental management systems for contaminated sites in China and the EU. Common challenges and perspectives for lesson drawing ［J］. Land Use Policy, 2015, 48: 286-298.

［70］ Li X, Jiao W, Xiao R, et al. Soil pollution and site remediation policies in China: a review ［J］. Environmental Reviews, 2015, 23 (3): 263-274.

［71］ Loizou E, Chatzitheodoridis F, Polymeros K, et al. Sustainable development of rural coastal areas: Impacts of a new fisheries policy ［J］. Land Use Policy, 2014, 38: 41-47.

[72] Phan T N, Baird K. The comprehensiveness of environmental management systems: the influence of institutional pressures and the impact on environmental performance [J]. Journal of Environmental Management, 2015, 160: 45-56.

[73] Sklenick P, Janovsk V, Salek M, et al. The farmland rental paradox: extreme land ownership fragmentation as a new form of land degradation [J]. Land Use Policy, 2014, 38: 587-593.

[74] van Gils H, Siegl G, Mark Bennett R. The living commons of West Tyrol, Austria: lessons for land policy and land administration [J]. Land Use Policy, 2014, 38: 16-25.

[75] Buijs A, Mattijssen T, Wageningen B A. The man, the administration and the counter-discourse: an analysis of the sudden turn in Dutch nature conservation policy [J]. Land Use Policy, 2014, 38: 676-684.

[76] Matzdorf B, Meyer C. The relevance of the ecosystem services frameworkfor developed countries' environmental policies: a comparative case study of the US and EU [J]. Land Use Policy, 2014, 38: 509-521.

[77] Ritchie H. Understanding emerging discourses of Marine Spatial Planning in the UK [J]. Land Use Policy, 2014, 38: 666-675.

[78] Kim B F, Poulsen M N, Margulies J D, et al. Urban community gardeners' knowledge and perceptions of soil contaminant risks [J]. PLoS ONE, 2014, 9 (2): 1-9.

[79] Tiller K G. Urban soil contamination in Australia [J]. Australian Journal of Soil Research, 1992, 30 (6): 937.

[80] Montgomery C A. Ranking the benefits of biodiversity: an exploration of relative values [J]. Journal of Environmental Management, 2002, 65: 313-326.

[81] Venn L, Hooper P, Stubbs M, et al. Quality assurance in the UK agro-food industry: a sector-driven response to addressing environmental risk [J]. Risk Management, 2003, 5 (4): 55-65.

[82] Luo Q, Catney P, Lerner D. Risk-based management of contaminated land in the UK: lessons for China? [J]. Journal of Environmental Management, 2009, 90: 1123-1134.

[83] Somers S, Svara J H. Assessing and managing environmental risk: connecting local government management with emergency management [J]. Public Administration Review, 2009, 69 (2): 181 – 193.

[84] Stray S. Environmental reporting: the U. K. water and energy industries: a research note [J]. Journal of Business Ethics, 2008, 80 (4): 697 – 710.

[85] Goovaerts P, Webster R, Dubois J P. Assessing the risk of soil contamination in the Swiss Jura using indicator geostatistics [J]. Enviromental and Ecological Statistics, 1997, 4: 31 – 48.

[86] Eckerd A, Keeler A G. Going green together? Brownfield remediation and environmental justice [J]. Policy Sciences, 2012, 45 (4): 293 – 314.

[87] Rauch S A, Lanphear B P. Prevention of disability in children: elevating the role of environment [J]. The Future of Children, 2012, 22 (1): 193 – 217.

[88] Amarandos A, Strauss D. Environmental insurance as a risk management tool [J]. Natural Resources & Environment, 2000, 15 (2): 88 – 91, 133 – 134.

[89] Webster P J, Jian J. Environmental prediction, risk assessment and extreme events: adaptation strategies for the developing world. Philosophical transactions: mathematical [J]. Physical and Engineering Sciences, 2011, 369 (1956): 4768 – 4797.

[90] Sharfman M P, Fernando C S. Environmental risk management and the cost of capital [J]. Strategic Management Journal, 2008, 29 (6): 569 – 592.

[91] Smith M L, Jehlička P. Environmental values in central and eastern europe: perspectives from east and west [J]. Sociologický Časopis/Czech Sociological Review, 2012, 48 (3): 409 – 419.

[92] Qiu Z, Prato T, McCamley F. Evaluating environmental risks using safety-first constraints [J]. Amer. J. Agr. Econ., 2001, 83 (2): 402 – 413.

[93] Rushton L, Elliott P. Evaluating evidence on environmental health risks [J]. British Medical Bulletin, 2003, 68: 113 – 128.

[94] Liao P, Shaw D, Lin Y. Environmental quality and life satisfaction:

subjective versus objective measures of air quality [J]. Social Indicators Research, 2015, 124 (2): 599-616.

[95] Picou J S, Marshall B K. Contemporary conceptions of environmental risk: implications for resource management and policy [J]. Sociological Practice, 2002, 4 (4): 293-313.

[96] Shapiro M D. Equity and information: information regulation [J]. Environmental Justice, and Risks fromToxic Chemicals, urnal of Policy Analysis and Management, 2005, 24 (2): 373-398.

[97] Goerzen A, Sapp S, Delios A. Investor response to environmental risk in foreign direct investment [J]. MIR: Management International Review, 2010, 50 (6): 683-708.

[98] Macrory R. Maturity and methodology: a personal reflection [J]. Journal of Environmental Law, 2009, 21 (2): 251-254.

[99] Mannion E. What's in a name? Methodological changes in environmental risk assessment [J]. Journal of Appalachian Studies, 2002, 8 (2): 309-331.

[100] Whiteside K H. Response to Scott Barrett's review of "precautionary politics: principle and practice in confronting environmental risk" [J]. Perspectives on Politics, 2009, 8 (2): 158-159.

[101] Grason H A, Misra D P. Reducing exposure to environmental toxicants before birth: moving from risk perception to risk reduction [J]. Public Health Reports, 2009, 124 (5): 629-641.

[102] Gruszczynski L. Regulating health and environmental risks under WTO law: a critical analysis of the SPS agreement [J]. Journal of Environmental Law, 2014, 23: 1.

[103] Zhou Y, Hu G, Li J, et al. Risk assessment along the gas pipelines and its application in urban planning [J]. Land Use Policy, 2014, 38: 233-238.

[104] Sprenger J. Environmental risk analysis: robustness is essential for precaution [J]. Philosophy of Science, 2012, 79 (5): 881-892.

[105] Peel J. Science and risk assessment in international environmental law: learning from the WTOSPS experience [J]. Proceedings of the Annual Meeting (American Society of International Law), 2004,

98: pp. 283-287.

[106] Vasi I B, King B G. Social movements, risk perceptions, and economic outcomes: the effect of primary and secondary stakeholder activism on firms' perceived environmental risk and financial performance [J]. American Sociological Review, 2012, 77 (4): 573-596.

[107] Laurian L, Pottratz D. The distribution of environmental risks: analytical methods and french data [J]. Population (English Edition), 2008, 63 (4): 617-634.

[108] Dunsby J. Measuring environmental health risks: the negotiation of a public right-to-know law [J]. Source: Science, Technology, & Human Values, 2004, 29 (3): 269-290.

[109] Edwards D, Darnall N. Averting environmental justice claims? The role of environmental management systems [J]. Public Administration Review, 2010, 70 (3): pp. 422-433.

[110] Matzdorf B, Meyer C. The relevance of the ecosystem services framework for developed countries' environmental policies: a comparative case study of the US and EU [J]. Land Use Policy, 2014, 38: 509-521.

[111] Brillinger D R. Three environmental probabilistic risk problems [J]. Statistical Science, 2003, 18 (4): 412-421.

[112] Burgers W, Padgett D. Understanding environmental risk for IJVs in China [J]. MIR: Management International Review, 2009, 49 (3): 337-357.

[113] Murphy J, Levidow L, Carr S. Regulatory standards for environmental risks: understanding the US-European Union conflict over genetically modified crops [J]. Social Studies of Science, 2006, 36 (1): 133-160.

[114] Marandola E, Hogan D J. Vulnerabilities and risks in population and environment studies [J]. Population and Environment, 2006, 28 (2): 83-112.

[115] Tie X, Huang R, Dai W, et al. Effect of heavy haze and aerosol pollution on rice and wheat productions in China [J]. Scientific Reports, 2016, 6: 29612.

[116] Erichsen H U, Ehlers D, Burgi M, et al. Allgemeines Verwaltungsrecht [M]. 14 th ed. Berlin: Walterde Gruyter, 2010.

[117] Stigler G J. The theory of economic regulation [J]. Journal of Economics & Management Science, 1971, 2 (1): 3.

[118] Eckerd A, Keeler A G. Going green together? Brownfield remediation and environmental justice [J]. Policy Sci, 2012, 45: 293 – 314.

[119] van Straalen N M. Assessment of soil contamination—a functional perspective [J]. Biodegradation, 2002, 13: 41 –52.

[120] Ray C N. How polluted is Ahmed a bad city? Environmental risk assessment [J]. Economic and Political Weekly, 1997, 32 (40): 2508 –2510.

[121] Muller N Z, Mendelsohn R. Efficient pollution regulation: getting the prices right: reply [J]. The American Economic Review, 2012, 102 (1): 608 –612.

[122] Webster P J, Jian J. Environmental prediction, risk assessment and extreme events: adaptation strategies for the developing world [J]. Philosophical Transactions: Mathematical, Physical and Engineering Sciences, 2011, 369 (1956): 4768 –4797.

[123] Li C, Lo C, Su W, et al. A study on location-based priority of soil and groundwater pollution remediation [J]. Sustainability, 2016, 8: 377.

[124] Fürst C, Helming K, Lorz C, et al. Integrated land use and regional resource management—a cross-disciplinary dialogue on future perspectives for a sustainable development of regional resources [J]. Journal of Environmental Management, 2013, 127: S1 –S5.

[125] Hybel A M, Godskesen B, Rygaard M. Selection of spatial scale for assessing impacts of groundwater—based water supply on freshwater resources [J]. Journal of Environmental Management, 2015, 160: 90 –97.

[126] Bijlsma R M, Bots P W G, Wolters H A, et al. An empirical analysis of stakeholders' influence on policy development: the role of uncertainty handling [J]. Ecology and Society, 2011, 16 (1): 51.

[127] Shaffer G. International law and global public goods in a legal plural-

ist world [J]. The European Journal of International Law, 2012, Vol. 23 no. 3, 669 – 693.

[128] Karsalari A R, Mehrara M, Musai M. Trade, environment quality and income in MENA region [J]. Hyperion Economic Journal Year Ⅱ, 2014, 2 (2).

六、其他

(一) 中文

[1] 中华人民共和国宪法 [N]. 人民日报, 2018 – 03 – 22.

[2] 中华人民共和国环境保护法 [N]. 人民日报, 2014 – 07 – 25.

[3] 中华人民共和国大气污染防治法 [N]. 人民日报, 2016 – 02 – 04.

[4] 中华人民共和国水污染防治法 [EB/OL]. http://www.npc.gov.cn/npc/xinwen/2017-06/29/content_2024889.htm.

[5] 中华人民共和国固体废物污染环境防治法 [N]. 人民日报, 2015 – 01 – 10.

[6] 中华人民共和国环境噪声污染防治法 [N]. 人民日报, 1996 – 11 – 04.

[7] 中华人民共和国海洋环境保护法 [EB/OL]. http://www.npc.gov.cn/npc/xinwen/2017-11/28/content_2032721.htm.

[8] 中华人民共和国环境影响评价法 [N]. 人民日报, 2002 – 10 – 31.

[9] 中华人民共和国循环经济促进法 [N]. 人民日报, 2008 – 09 – 02.

[10] 中华人民共和国清洁生产促进法 [N]. 人民日报, 2012 – 04 – 19.

[11] 中华人民共和国节约能源法 [EB/OL]. http://www.npc.gov.cn/npc/xinwen/2018-11/05/content_2065665.htm.

[12] 中华人民共和国水土保持法 [N]. 人民日报, 2011 – 01 – 26.

[13] 中华人民共和国水法 [N]. 人民日报, 2002 – 08 – 31.

[14] 中华人民共和国土地管理法 [N]. 人民日报, 1998 – 09 – 02.

[15] 中华人民共和国森林法 [N]. 人民日报, 1998 – 05 – 04.

[16] 中华人民共和国立法法 [N]. 人民日报, 2015 – 03 – 19.

[17] 中华人民共和国农业法 [EB/OL]. http://jiuban.moa.gov.cn/zwllm/zcfg/flfg/201301/t20130104_3134804.htm.

［18］中华人民共和国草原法［N］. 人民日报，2003 – 01 – 11.

［19］中华人民共和国野生动物保护法［EB/OL］. http://www. npc. gov. cn/npc/xinwen/2018-11/05/content_2065670. htm.

［20］中华人民共和国水土保持法［N］. 人民日报，2011 – 01 – 26.

［21］中华人民共和国野生植物保护条例［N］. 人民日报，1996 – 10 – 18.

［22］建设项目环境风险评价技术导则［EB/OL］. http://kjs. mee. gov. cn/hjbhbz/bzwb/other/pjjsdz/201810/t20181024_665360. shtml.

［23］中华人民共和国民法总则［N］. 人民日报，2017 – 03 – 19.

［24］中华人民共和国政府信息公开条例［N］. 人民日报，2007 – 04 – 25.

［25］环境信息公开办法（试行）［EB/OL］. http://law. npc. gov. cn: 8081/FLFG/.

［26］推进生态文明建设规划纲要（2013—2020 年）［EB/OL］. http:// sousuo. gov. cn/s. htm?t = zhengce.

［27］21 世纪议程［EB/OL］. http://www. un. org/chinese/events/wssd/ agenda21. htm.

［28］胡锦涛. 坚定不移沿着中国特色社会主义道路前进 为全面建成小康社会而奋斗——在中国共产党第十八次全国代表大会上的报告［N］. 人民日报，2012 – 11 – 18.

［29］中共中央关于构建社会主义和谐社会若干重大问题的决定［N］. 人民日报，2006 – 10 – 19.

［30］中共中央关于制定"十一五"规划的建议［EB/OL］. http:// www. npc. gov. cn/npc/zt/qt/jj125gh/2010-11/30/content_1628250. htm.

［31］中华人民共和国国民经济和社会发展第十一个五年规划纲要［N］. 人民日报，2006 – 03 – 17.

［32］国务院关于落实科学发展观加强环境保护的决定［N］. 人民日报，2006 – 02 – 15.

［33］中共中央国务院关于加快水利改革发展的决定［N］. 人民日报，2011 – 01 – 30.

［34］珠江三角洲环境保护一体化规划（2009—2020 年）［EB/OL］. http://www. gd. gov. cn/gkmlpt/content/0/139/post_139150. html.

［35］国务院关于实行最严格水资源管理制度的意见［EB/OL］. http://

www.gov.cn/zhuanti/2015-06/13/content_2878992.htm.

[36] 水污染防治行动计划 [EB/OL]. http://www.gov.cn/zhengce/content/2015-04/16/content_9613.htm.

[37] 大气污染防治行动计划 [N]. 人民日报, 2013-09-13.

[38] 土壤污染防治行动计划 [N]. 人民日报, 2016-06-01.

[39] 江泽慧: 中国可持续发展林业战略研究主要成果 [N]. 人民日报, 2002-10-28.

[40] 国家林业局, 中国林业发展区划办公室. 中国林业发展区划 [M]. 北京: 中国林业出版社, 2011.

[41] 全国生态功能区划 [EB/OL]. http://www.gov.cn/gzdt/2008-08/02/content_1062543.htm.

[42] 全国主体功能区规划 [EB/OL]. http://www.gov.cn/zwgk/2011-06/08/content_1879180.htm.

[43] 全国海洋功能区划 (2011—2020 年) [EB/OL]. http://www.chinanews.com/gn/2012/04-25/3846144.shtml.

[44] 生态保护红线划定技术指南 [EB/OL]. http://www.mee.gov.cn/gkml/hbb/bwj/201505/t20150518_301834.htm.

[45] 珠江三角洲环境保护规划纲要 (2004—2020) [EB/OL]. http://www.gdep.gov.cn/hbgh/ghjh/index_3.html.

[46] 国务院关于加强环境保护重点工作的意见 [EB/OL]. http://www.gov.cn/zwgk/2011-10/20/content_1974306.htm.

[47] 国务院关于印发全国主体功能区规划的通知 [EB/OL]. http://www.gov.cn/zwgk/2011-06/08/content_1879180.htm.

[48] 国家环境保护标准"十三五"发展规划 [EB/OL]. http://www.mee.gov.cn/gkml/hbb/bwj/201704/t20170414_411566.htm.

[49] 关于印发〈全国生态功能区划(修编版)〉的公告 [EB/OL]. http://www.mee.gov.cn/gkml/hbb/bgg/201511/t20151126_317777.htm.

[50] 中国生物多样性保护战略与行动计划 (2011—2030 年) [J]. 科技成果管理与研究, 2014 (4).

[51] 海洋特别保护区管理办法 [EB/OL]. http://f.mnr.gov.cn/201807/t20180702_1966580.html.

[52] 关于划分国家级水土流失重点防治区的公告 [EB/OL]. http://www.gov.cn/zwgk/2006-05/11/content_277920.htm.

[53] 国家级公益林区划界定办法 [EB/OL]. http://www.forestry.gov.cn/main/72/content-975176.html.

[54] 第四次中国荒漠化和沙化状况公报（2011）[EB/OL]. http://www.forestry.gov.cn/main/69/content-831684.html.

[55] 全国生态环境十年变化（2000—2010年）调查评估报告 [EB/OL]. http://www.cas.cn/yx/201606/t20160630_4566606.shtml.

[56] 生态保护红线划定技术指南 [EB/OL]. http://www.mee.gov.cn/gkml/hbb/bwj/201505/t20150518_301834.htm.

[57] 国务院关于加强环境保护重点工作的意见 [EB/OL]. http://www.gov.cn/zwgk/2011-10/20/content_1974306.htm.

[58] 中共中央国务院关于加快林业发展的决定 [N]. 人民日报，2003-09-11.

[59] 全国生态脆弱区保护规划纲要 [EB/OL]. http://www.gov.cn/gzdt/2008-10/09/content_1116192.htm.

[60] 深圳市基本生态控制线管理规定 [EB/OL]. http://www.sz.gov.cn/zfgb/2005/gb461/200810/t20081019_95062.htm.

[61] 北京市水土保持条例 [N]. 北京市人大常委会公报，2015（3）.

[62] 河北省大气污染防治条例 [EB/OL]. http://he.people.com.cn/n2/2016/0125/c192235-27617756.html.

[63] 贵州省湿地保护条例 [EB/OL]. http://www.gzrd.gov.cn/dffg/sgdfxfg/3405.shtml.

[64] 山东省森林资源条例 [EB/OL]. http://www.shandong.gov.cn/art/2015/4/2/art_2269_7272.html.

[65] 武汉市基本生态控制线管理规定 [EB/OL]. http://gtghj.wuhan.gov.cn/pc-109-56740.html.

[66] 珠海经济特区生态文明建设促进条例 [EB/OL]. http://www.zhrd.gov.cn/zhfg/201901/t20190119_51051556.html.

[67] 贵州省生态文明建设促进条例，[EB/OL]. http://www.gzrd.gov.cn/dffg/sgdfxfg/34644.shtml.

[68] 厦门经济特区生态文明建设条例 [EB/OL]. http://www.xmrd.gov.cn/fgk/201411/t20141106_4882985.htm.

[69] 俄罗斯联邦土地法典 [EB/OL]. http://www.chinaruslaw.com/CN/InvestRu/Law/200932103129_869793.htm.

[70] 俄罗斯联邦森林法 [EB/OL]. http://www.ruslaw.com.cnplusview.

php?aid = 78.

(二) 外文

[1] Directive 2004/35/CE of the European Parliament and of the Council of 21 April 2004 on environmental liability with regard to the prevention and remedying of environmental damage [EB/OL]. https://eur-lex.europa.eu/legal-content/EN/TXT/?qid = 1441179536456&uri = CELEX: 52015JC0032.

[2] Directive 2008/50/ECOF of the European Parliament and of the Council of 21 May 2008 on ambient air quality and cleaner air for Europe [EB/OL]. https://eur-lex.europa.eu/legal-content/EN/TXT/?qid = 1441179536456&uri = CELEX:52015 JC0032.

[3] Air Quality Guidelines for Europe, World Health Organization Regional Office for Europe, Copenhagen, WHO Regional Publications, European Series, No. 91, 2nd ed. [EB/OL]. https://eur-lex.europa.eu/search.html?qid = 1551421156 606&text = Air%20Quality%20Guidelines%20for%20european&scope = EURLEX &type = quick&lang = en.

[4] Convention on Biological Diversity [EB/OL]. https://www.cbd.int/convention/text/default.shtml.

[5] Decisions adopted by the Conference of the Parties to the Convention on Biological Diversity at its First Extraordinary Meeting of the Convention on Biological Diversity [EB/OL]. https://www.cbd.int/convention/text/default.shtml.

[6] The Clean Air Act of the United States, as amended through P.L. 108 – 201, February 24, 2004 [EB/OL]. https://www.epa.gov/clean-air-act-overview.

[7] National Environmental Policy Act of the United States [EB/OL]. https://www.epa.gov/nepa/regional-national-environmental-policy-act-contacts-and-environmental-impact-statements-state.

[8] Environment Protection and Biodiversity Conservation Act of the United States [EB/OL]. https://www.epa.gov/laws-regulations.

[9] Endangered Species Act of the United States [EB/OL]. https://www.epa.gov/laws-regulations.

[10] Resource Conservation and Recovery Act of the United States, [EB/

OL]. https://www. epa. gov/laws-regulations.

[11] Guidelines for Ecological Risk Assessment, EPA/630/R-95/002 F April 1998 [EB/OL]. https://www. epa. gov/laws-regulations.

[12] Assessment of the effectiveness of measures under the Clean Air Act 1993, Report for Defra AEA/R/ED46626/3289Issue1, Date20/07/2012 [EB/OL]. https://www. epa. gov/laws-regulations.

[13] Clean Air Act 1993 of United Kingdom [EB/OL]. http://www. legislation. gov. uk/ukpga/1993/11/pdfs/ukpga_19930011_en. pdf.

[14] Environment Act 1995 of United Kingdom [EB/OL]. http://www. legislation. gov. uk/ukpga/1993/11/pdfs/ukpga_19930011_en. pdf.

[15] Basic Environmental Law of Japan [EB/OL]. http://www. env. go. jp/en/index. html.

[16] Ministry of the Environment of Japan, Becoming a Leading Environmental Nation Strategy in the 21st Century: Japan's Strategy for a Sustainable Society [EB/OL]. http://www. env. go. jp/en/index. html.

[17] Air Polluti on Control Act of Japan (enacted in 1968 and amended in 2006) [EB/OL]. http://www. env. go. jp/en/index. html.

[18] Charte de l'environnement de la France [EB/OL]. https://www. elysee. fr/la-presidence/la-charte-de-l-environnement.

[19] Act on the Prevention of Harmful Effects on the Environment Caused by Air Pollution, Noise, Vibration and Similar Phenomena (Federal Immission Control Act-BimSchG) (Bundes-Immissions schutzgesetz) in the version promulgated on 26 September 2002 (BGBl. Ip. 3830), as last amended by Article 2 of the Act of 11 August 2009 (BGBl. Ip. 2723) [EB/OL]. https://www. umweltbundesamt. de/en/immission-control-law.

[20] Federal Water Pollution Control Act, as Amended Through P. L. 107 – 303, November 27, 2002 [EB/OL]. https://www. umweltbundesamt. de/en/immission-control-law.